本书获得福建师范大学教师博士毕业科研启动项目（项目编号 Z0210553）支持

汉语口语中
建议功能的表达研究

谢婧怡 ◎ 著

中国社会科学出版社

图书在版编目(CIP)数据

汉语口语中建议功能的表达研究 / 谢婧怡著. —北京：中国社会科学出版社，2020.10
ISBN 978-7-5203-7248-0

Ⅰ.①汉… Ⅱ.①谢… Ⅲ.①汉语—口语—研究 Ⅳ.①H193.2

中国版本图书馆 CIP 数据核字（2020）第 175650 号

出 版 人	赵剑英
责任编辑	周慧敏 任 明
责任校对	夏慧萍
责任印制	郝美娜
出　　版	中国社会科学出版社
社　　址	北京鼓楼西大街甲 158 号
邮　　编	100720
网　　址	http：//www.csspw.cn
发 行 部	010-84083685
门 市 部	010-84029450
经　　销	新华书店及其他书店
印刷装订	北京君升印刷有限公司
版　　次	2020 年 10 月第 1 版
印　　次	2020 年 10 月第 1 次印刷
开　　本	710×1000　1/16
印　　张	18
插　　页	2
字　　数	299 千字
定　　价	98.00 元

凡购买中国社会科学出版社图书，如有质量问题请与本社营销中心联系调换
电话：010-84083683
版权所有　侵权必究

序　　言

谢婧怡的学术专著《汉语口语中建议功能的表达研究》即将出版，可喜可贺！

这本专著的基础是谢婧怡的博士学位论文。谢婧怡本科、硕士、博士三个学位皆得自北京师范大学，是"土生土长"的北师大人。硕士毕业后，她就职于福建师范大学，曾作为国家公派教师前往菲律宾从事国际汉语教学，正是那段时间的工作触发了她要重归母校攻读博士学位的愿望，也是那段经历让她有了这个博士学位论文选题的意向，即汉语口语表达功能的研究。

汉语二语教学与母语教学的一个重要不同，在于学习者缺乏母语者与生俱来的语感，教师在教学中要通过汉语语言材料语用特点的分析帮助学习者培养语感。从教学需求讲，汉语教材或教学大纲应当从语用功能的角度向二语教师提供汉语的表达系统，尤其是汉语口语的表达系统。这是汉语二语教学实现对学习者交际能力培养目标的一个重要前提。

然而，现实情况是，汉语二语教学所赖以支撑的研究基础尚不能满足这个需求。主要原因可以从两个方面看。一方面，汉语缺乏形态，采用汉字记词，口语表达与书面语表达之间有明显距离，语法手段更多地要通过意义来实现；另一方面，汉语二语教学在教学语法体系方面主要继承了母语教学语法体系的框架，特别是 20 世纪 50 年代以来建立的暂拟语法体系。这个语法体系主要建立在对汉语句法结构分析的基础上，在句法结构的表达功能方面留下了较多的需要进一步开发的空间。这就需要从二语教学视角对汉语功能系统进行研究。这也是谢婧怡这篇博士学位论文选择"建议"这一汉语表达中的重要功能展开研究的初衷。

我们认为，语言的结构和功能并不是对立的，任何一种语言都存在一个结构系统，也存在一个功能系统。功能是结构在语用上的具体表现，只有通过功能的研究才有可能进一步摸清现代汉语结构体系的语用特点。这既是汉语二语教学的需求，也应当是汉语本体研究的一个未来方向。因为对汉语特点的研究不会也不应该只停留在对结构的描写上。

从谢婧怡论文研究的结论看，"建议"这一功能在60万字的汉语口语转写语料中，其与结构的关系表现为三个方面：第一，带有"建议标记"的结构形式表达建议功能；第二，带有"建议标记"的结构形式既表达建议功能，也表达其他功能；第三，不带有"建议标记"的某些语句通过语境支撑也可以表达建议功能。这就说明，在汉语口语中，功能跟结构不是一一对应的关系，既存在同一语法形式携带多个功能的情况，也存在某一功能可以使用不同结构来表达的情况。这是纯粹以结构为纲的教学语法体系难以适应当前围绕话题展开的教学内容设计与教材编写模式的主要原因。事实上，我们常常发现，不少教材或者教学大纲所罗列的"语言点"虽然已经顾及了某个结构语用功能的解释，但是由于整个教材或教学大纲的"语言点"依旧是以结构为纲的，致使课堂教学难以较为全面的向学习者呈现汉语表达功能的系统。概言之，汉语二语教学的教学语法既需要以结构为纲的汉语语法系统，也需要以功能为纲的汉语语法系统。而对功能系统的开发将是一个长期的持续的需求。从这个角度讲，这篇论文只是开了个头。

培养学习者使用目的语的交际能力，已经成为21世纪二语教学的共识。培养二语学习者语感是交际能力培养目标的重要组成部分。"对外汉语教学"在课堂教学法方面一向主张"精讲多练"，"多练"练的就是语言形式所携带的功能，有经验的教师往往会通过典型语境的设置来帮助学习者培养语感。既然如此，我们为什么不能将这些典型的表达直接提供给学习者呢。

21世纪初以来，随着国际汉语教学的迅速发展，汉语逐渐走进不少国家的国民教育体系，走进海外中小学生的课堂。在非汉语语境的教学条件下，学生缺乏足够的语言环境培养语感，教师必须向学生提供携带功能的结构，而不能仅仅局限于对结构的讲解。这就需要开发汉语结构系统所携带的语用功能，以提供一线教学使用。

20世纪80年代以来，二语教学界已经开始在不少语种开发目的语的语用功能，英语二语教学在这方面走在前列，并为欧洲二语教学共同参考框架的搭建提供了很好的研究基础。如何在已有的汉语语法结构框架的基础上搭建汉语表达功能系统的框架，这既是汉语二语教学界的许多研究者一直致力实现的目标，也是谢婧怡这篇博士学位论文努力实现的目标。

谢婧怡是在哺育孩子的同时完成这篇博士学位论文的写作的。在她攻读博士学位的三年中，她不仅养育了儿子，也修完了所有的必修课程，收集了数十万口语语料，完成了论文的撰写。我惊异于她的勤奋，因为每次师生讨论之后，她都会以最快的速度调整研究路线，提出新的设想；我更惊异于她的坚韧，因为她能坚持在校完成每个学期的学习，只留出寒暑假与儿子分享。古人云"后生可畏"，其是之谓乎？是为序。

朱志平，2020 年于春城

前　　言

本书研究汉语口语中建议功能的表达。主要关注汉语口语中，语言形式表达建议功能时所需的支持条件、影响语言形式选择的情景要素，以及语篇中实现连贯的表达手段问题，以供汉语作为第二语言的学习与教材编写需要。

研究通过视频语料转写，从 60 万字（604585 字）的汉语口语语料中，共提取出 50 种用于表达建议功能的语言形式。根据语言形式在语境中实现建议功能表达所需要的语义条件和情景条件支持情况，这些语言形式在建议功能的表达中可分为三类：1. 能够实现情景自足，独立表达建议功能的形式（如用于表达建议的主从句：我建议/提议+从句）；2. 语言形式（如无标记肯定祈使句）存在多重功能，是否表达建议功能需要语义条件和情景条件的支持；3. 部分形式一般不表达建议功能，在表达建议功能时完全依赖情景条件的支持。在多人参与的会话中，语义条件、情景条件常需要通过一系列的上下文条件获得保持和延续。

建议范畴具有原型范畴的特征，与命令功能、请求许可功能、询问陈述功能、酬应客套功能之间既有区别，又有交叉。建议范畴存在七个内部成员，成员与表达形式之间存在着聚合关系。在建议功能的表达中，有六类情景要素与建议提出者的语言形式选择显著相关：建议提出者与建议接受者双方的权势关系、建议强度、建议预期、上文情景条件、建议策略、建议结果。通过其在影响语言形式选择时的不同表现，即区别特征的"值"，可描写出提议类建议、商榷类建议、劝说类建议、指示类建议、提醒类建议、催促类建议、叮嘱类建议等建议范畴成员。

综合语言形式、语言形式表达建议功能的支持条件、语言形式表达建议功能的范围和特点，本书对无标记肯定祈使句、表达征询意愿的附加问句、助动词、语气词"吧""嘛""呗"、假设复句等语言形式对建议功能的表达手段进行了归纳,还讨论了一般不表达建议功能的语言形式在表达建议功能时的支持条件和表达特点。另外,本书还归纳了三类实现建议功能连贯表达的衔接手段。

　　本书同时考察话语功能及其所在的情景、所使用的语言形式,将三者作为建议功能的三个维度明确关联。对语言形式及其表达条件的研究成果可以用于编制真正面向提高学习者交际能力的汉语中高级口语教材、教学大纲等。

目　　录

第一章　绪论 …………………………………………………… (1)
　第一节　研究源起 ………………………………………………… (1)
　　一　问题的提出 ………………………………………………… (1)
　　二　选题缘由 …………………………………………………… (6)
　第二节　研究内容、目标与研究范围 …………………………… (7)
　　一　研究内容 …………………………………………………… (7)
　　二　研究目标 …………………………………………………… (8)
　　三　研究范围 …………………………………………………… (8)
　第三节　研究的理论基础和理论依据 …………………………… (9)
　　一　基本理论依据 ……………………………………………… (9)
　　二　研究中涉及的具体理论 …………………………………… (11)
　第四节　术语及相关概念界定 …………………………………… (14)
　第五节　研究方法与研究步骤 …………………………………… (18)
　　一　研究方法 …………………………………………………… (18)
　　二　研究步骤 …………………………………………………… (20)
　第六节　研究意义与创新之处 …………………………………… (21)
　　一　研究意义 …………………………………………………… (21)
　　二　创新之处 …………………………………………………… (22)

第二章　相关文献及研究综述 ………………………………… (24)
　第一节　语言形式与功能相关研究 ……………………………… (24)
　　一　系统功能语言学对功能、形式及语境的研究 …………… (25)
　　二　语言形式与交际能力 ……………………………………… (28)
　　三　语言功能的分类与建议功能 ……………………………… (29)
　第二节　汉语中的功能与形式相关研究 ………………………… (31)

一　语言功能对语言形式的制约 …………………………………（31）
　　二　语言形式对话语功能的表达 …………………………………（33）
　　三　汉语口语中建议功能及其表达形式 …………………………（36）
　　四　汉语口语表达中的多义、歧义现象 …………………………（38）
　第三节　有关语境的研究 ………………………………………………（41）
　　一　语境的分类及语境变量 ………………………………………（41）
　　二　语境对话语中语言形式的制约 ………………………………（43）
　第四节　原型范畴理论及相关研究 ……………………………………（48）
　　一　原型范畴的确立与划分 ………………………………………（49）
　　二　原型间的典型成员与区别特征 ………………………………（50）
　第五节　有关话语功能的表达研究 ……………………………………（52）
　　一　话轮中的话语功能表达 ………………………………………（53）
　　二　话语语篇的衔接与连贯 ………………………………………（54）
　　三　话轮间的话语标记 ……………………………………………（56）
　第六节　本章小结 ………………………………………………………（58）

第三章　汉语口语生语料中的建议功能 ……………………………………（60）
　第一节　视频语料的转写与处理 ………………………………………（60）
　　一　语料的转写与切分 ……………………………………………（60）
　　二　表达建议功能语料的初步判断与提取 ………………………（62）
　第二节　语料表达建议功能的有效性验证 ……………………………（63）
　　一　验证材料设计 …………………………………………………（64）
　　二　验证材料评定结果 ……………………………………………（68）
　　三　语料中的建议功能与相邻功能间的区分判断标准 …………（69）
　　四　表达建议功能语料的确定 ……………………………………（82）
　第三节　语料中表达建议功能的语言形式概述 ………………………（84）
　　一　表达建议功能语言形式的提取 ………………………………（84）
　　二　语言形式在表达建议功能时的常用性 ………………………（86）
　　三　语言形式表达功能的多重性 …………………………………（89）
　　四　语言形式表达建议功能的范围 ………………………………（91）
　第四节　本章小结 ………………………………………………………（93）

第四章　建议功能表达的支持条件 (96)
第一节　语言形式的多义性与表达功能的多重性 (96)
第二节　支持建议功能表达的语义条件 (98)
　　一　具有单一、显著的意义的形式 (99)
　　二　具有多重意义的形式 (100)
第三节　支持建议功能表达的情景条件 (113)
　　一　上文条件 (113)
　　二　上文情景条件的保持与延续 (124)
第四节　本章小结 (129)

第五章　建议范畴内的语言形式分布 (132)
第一节　影响语言形式选择的区别特征 (133)
　　一　从情景要素到区别特征 (133)
　　二　区别特征影响语言形式选择的实例 (137)
　　三　建议功能表达的情景要素与区别特征 (151)
第二节　建议范畴成员与表达形式的聚合 (151)
　　一　建议范畴的原型与内部成员 (152)
　　二　建议范畴各成员及其典型语言形式 (156)
　　三　建议范畴成员在口语表达中的实例 (164)
第三节　本章小结 (169)

第六章　汉语口语中建议功能的常用表达手段 (171)
第一节　祈使句对建议功能的表达 (172)
　　一　无标记肯定式祈使句表达建议功能情况概述 (173)
　　二　无标记肯定式祈使句表达建议功能的语义及情景条件 (175)
　　三　无标记肯定祈使句在表达建议功能时的特点及分类 (177)
　　四　无标记肯定祈使句对建议功能的表达手段 (180)
第二节　表达征询意愿的附加问句对建议功能的表达 (181)
　　一　此类形式表达建议功能的语义及情景条件 (181)
　　二　此类形式表达建议功能的特点 (183)
　　三　此类形式对建议功能的表达手段 (187)
第三节　带有助动词的句子对建议功能的表达 (188)
　　一　助动词表达建议功能的语义条件 (189)

二　助动词表达建议功能的情景条件及分类 …………… （191）
　　三　助动词对建议功能的表达手段 ………………………… （199）
第四节　带有语气词"吧""嘛""呗"的句子对建议功能的
　　　　表达 ………………………………………………………… （199）
　　一　语气词"吧""嘛""呗"表达建议功能的语义条件 …… （199）
　　二　语气词"吧""嘛""呗"表达建议功能的情景条件及
　　　　特点 ……………………………………………………… （201）
　　三　语气词"吧""嘛""呗"对建议功能的表达手段 ……… （207）
第五节　假设复句对建议功能的表达 ………………………… （208）
　　一　假设复句表达建议功能的语义条件 ………………… （208）
　　二　假设复句表达建议功能的情景条件 ………………… （210）
　　三　假设复句表达建议功能的分类 ……………………… （211）
　　四　假设复句对建议功能的表达手段 …………………… （214）
第六节　一般不表达建议功能的形式对建议功能的表达 … （214）
　　一　支持此类形式表达建议功能的情景条件分布 ……… （216）
　　二　此类形式表达建议功能的特点与分类 ……………… （219）
　　三　情景条件支持下的形式对建议功能的表达手段 …… （221）
第七节　语言形式表达建议功能中情景条件的衔接手段 …… （222）
第八节　本章小结 ………………………………………………… （226）

第七章　结语 ………………………………………………… （228）
第一节　本书的主要结论 ……………………………………… （228）
第二节　有待进一步研究的问题 ……………………………… （230）

附录 ………………………………………………………………… （232）
附录1　关于汉语口语中的建议功能判断的调查问卷 …… （232）
附录2　研究中表达建议功能的语言形式总表 …………… （253）
附录3　汉语口语中建议功能的表达手段表 ……………… （257）

参考文献 ………………………………………………………… （262）

图目录

图1 本书的理论框架图 ………………………………………………（13）
图2 建议功能与相邻功能之间的区别与关联图 ……………………（83）
图3 语言形式在表达建议功能时的常用性百分比对照图 …………（87）
图4 语言形式在表达建议功能与所有功能的常用性对照图 ………（88）
图5 建议功能在语言形式多重功能中的地位分布图 ………………（89）
图6 表达建议功能的语言形式的功能多重性与常用性对照图 ……（90）
图7 表达建议功能的上文条件分布图 ………………………………（124）
图8 建议功能表达流程模型图 ………………………………………（152）
图9 建议范畴内部成员分布图 ………………………………………（156）
图10 建议范畴典型成员表达形式分布图 ……………………………（158）
图11 建议范畴边缘成员表达形式分布图 ……………………………（158）
图12 提议类建议表达形式分布图 ……………………………………（160）
图13 指示类建议表达形式分布图 ……………………………………（160）
图14 商榷类建议表达形式分布图 ……………………………………（161）
图15 劝说类建议表达形式分布图 ……………………………………（162）
图16 催促类建议表达形式分布图 ……………………………………（162）
图17 提醒类建议表达形式分布图 ……………………………………（163）
图18 叮嘱类建议表达形式分布图 ……………………………………（163）
图19 无标记肯定祈使句表达建议功能的上文条件分布图 …………（176）
图20 无标记肯定祈使句表达建议功能小类分布图 …………………（178）
图21 表达征询意愿的附加问句上文条件分布图 ……………………（183）
图22 表达征询意愿的附加问句建议预期与建议强度分布图 ………（184）
图23 表达征询意愿的附加问句建议双方的权势关系分布图 ………（184）
图24 表达征询意愿的附加问句间建议结果差异图 …………………（185）

图 25　表达征询意愿的附加问句之间上文情景条件分布
　　　　对比图 ………………………………………………………（187）
图 26　带有助动词的句子表达建议功能的上文情景条件分布
　　　　频率图 ………………………………………………………（192）
图 27　上文条件对助动词的选择情况分布图 ……………………（193）
图 28　带有助动词的句子表达建议功能时使用的建议策略
　　　　对照图 ………………………………………………………（194）
图 29　带有助动词的句子表达建议功能时的建议强度分布图 ……（194）
图 30　带有助动词的句子表达建议功能的小类分布图 …………（195）
图 31　带有助动词的句子表达建议功能时建议双方权势地位
　　　　差异分布图 …………………………………………………（196）
图 32　带有语气词"吧、嘛、呗"的句子表达建议功能的上文
　　　　条件分布图 …………………………………………………（202）
图 33　带有语气词"吧、嘛、呗"的句子之间上文情景条件
　　　　分布对比图 …………………………………………………（205）
图 34　假设复句表达建议功能的建议策略分布图 ………………（212）
图 35　一般不表达建议功能的形式表达建议功能时的上文
　　　　条件分布图 …………………………………………………（217）
图 36　一般不表达建议功能的形式使用的建议策略分布图 ………（218）
图 37　一般不表达建议功能的形式表达的建议小类分布图 ………（219）

表目录

表1 ＊《汉语纵横》（会话课本0—4册）表达建议功能条目表……………………………………………………………（2）
表2 本书语料范围及分布表……………………………………（9）
表3 本书涉及的术语及其概念表………………………………（18）
表4 语言形式的提取与归类示例表……………………………（85）
表5 以往研究中涉及的情景语境因素表………………………（133）
表6 情景语境的组成因素与表达形式相关性分析结果表……（135）
表7 建议功能表达情景要素之间的相关性表…………………（136）
表8 建议功能表达的情景要素及其区别特征表………………（151）
表9 建议功能表达范畴成员区别特征表………………………（153）
表10 建议范畴成员与语言形式间的聚合关系表………………（164）
表11 无标记祈使句表达建议功能时的情景条件分布表………（174）
表12 无标记肯定式祈使句表达建议功能时的表达手段表……（181）
表13 表达征询意愿的附加问句建议功能表达手段表…………（188）
表14 带有助动词的句子表达建议功能时的语义条件表………（191）
表15 助动词的选择与情景条件中的相关性表…………………（191）
表16 助动词对建议功能的表达手段表…………………………（200）
表17 带有语气词"吧、嘛、呗"的句子在表达建议功能时的表达手段表…………………………………………………（208）
表18 假设复句表达建议功能的表达手段表……………………（214）
表19 本书语言形式提取结果中一般不表达建议功能的形式表…………………………………………………………（216）
表20 情景条件支持下的表达手段表……………………………（221）
表21 语言形式在表达建议功能时的情景条件及衔接手段表……（225）

第一章 绪论

第一节 研究源起

一 问题的提出

本书重点考察汉语口语中的建议功能的表达。以真实口语语料为研究对象,提炼汉语母语者表达建议功能时所采用的语言形式,分析支持形式完成建议功能表达的情景条件,归纳建议功能表达范畴的各类表达手段,以供汉语作为第二语言的学习与教材编写需要。

建议功能是汉语口语中的重要功能之一,也是口语教学的重要内容。《对外汉语教学初级阶段功能大纲》[①]《对外汉语教学中高级阶段功能大纲》[②]《高等学校外国留学生汉语教学大纲(长期进修)》[③] 中,都将"建议"作为其中的一个功能项目。2015 年最新修订的《HSK 考试大纲》[④] 也将"建议"纳入任务及话题要求。例如,在《HSK 考试大纲(三级)》的"话题大纲"中,就含有"能在看医生、买药等语境中,描述病情、询问药品服用方法和健康建议等"的话题要求。在英语教学中,建议功能也同样重要。早在 1983 年,以功能为主线的《意念大纲》

---

① 杨寄洲:《对外汉语教学初级阶段功能大纲》,北京语言大学出版社 1999 年版,第 126 页。

② 赵建华主编:《对外汉语教学中高级阶段功能大纲》,北京语言文化大学出版社 1999 年版,第 19 页。

③ 国家对外汉语教学领导小组办公室:《高等学校外国留学生汉语教学大纲(长期进修)(附件二)》,北京语言大学出版社 2002 年版,第 95 页。

④ 孔子学院总部/国家汉办编制:《HSK 考试大纲(三级)》,人民教育出版社 2015 年版。

中就有关于建议功能（advise/suggest）的及其表达所需语言形式的相关教学要求。①

但在国际汉语教学实践中，建议功能与其表达所需的语言形式、情景条件之间的关联却较为模糊。在 2020 年年初，我们对全球五大洲 32 个国家 82 所中小学的汉语教师进行调查后发现，在教授"建议"这一功能时，不同的老师选择的语言点多达 7—10 个，包括"可以……吗""……怎么样？""你可以……""你能不能……""还是……吧""你最好……""我建议……""你想不想……""我要……，你呢？""我觉得……"等（按选择频率从高到低排列）。其中，最常教的语言形式为"可以……吗？"和"……怎么样？"而非带有明确形式标记的"你最好……"和"我建议……"。② 这一方面说明了建议功能确实比较复杂，另一方面也说明了该功能在教学中，尤其是在初级阶段的教学中，存在着教学内容模糊，随意性较大的情况。

这样的"模糊"同样存在于大纲、教材中。在 2015 年版的《HSK 考试大纲（三级）》中，虽然同时具备语言点大纲和话题大纲，但在"语言点大纲"中所列出的语言形式，并不适用于谈论"话题大纲"中所示的建议相关话题。同样，汉语口语教材中，语言形式与语言功能、情景条件之间的对应关系也常常语焉不详。以北京语言大学出版社 2011 年版的《汉语纵横》（会话课本）（共 5 册）为例，教材中对语言形式及其表达的功能分别称为"语言点"和"功能项目"。其中，对表达建议功能的语言形式的说明摘录如下：

表 1　＊《汉语纵横》（会话课本 0—4 册）表达建议功能条目表③

序号	语言点	功能项目	出现册序
1	"吧"	用"吧"提出建议	0，1
2	……建议……	表达一种建议	2
3	……可以……	表示建议	2

---

① D. A. Wilkins., Notional Syllabuses, Oxford：Oxford University Press, 1983, p. 47.
② 数据源自谢婧怡、马思宇、朱志平《"国际少儿汉语教学"调研报告》，2020 年 4 月。
③ 表 1 中所示"语言点"及"功能项目"来源于《汉语纵横》系列教材课后注解或单元小结。

续表

序号	语言点	功能项目	出现册序
4	……怎么样？	用在句子后边表示提出一种建议	1，2
5	最好	用来提出自己的首要意愿或选择	1
6	若图……最好……	常常用于为别人提供某种参考性的建议或劝告	2
7	还是……吧	用"还是……吧"委婉地给出不同于对方的建议	1
8	我看，你还是……吧	用于建议和劝告对方，同时也表示说话人认为对方的想法或做法不妥或行不通。	2

从表 1 内容可见，教材虽然介绍了 8 种表达建议功能的语言形式，但对这些语言形式与语言功能、情景条件之间的对应关系的说明不够明确。

首先，对这 8 种语言形式所表达的建议功能之间区别、联系的说明不够明确。例如，对"吧""……建议……""……可以……"这 3 种形式的功能项目说明分别为"提出建议""表达一种建议""表示建议"，三者几乎相同。在"还是……吧"与"我看，你还是……吧"的介绍中，指出了"还是……吧"的语气较为委婉，而"我看，你还是……吧"含有"劝告"功能的区别。但这是否意味着"我看"加重了"还是……吧"的建议语气？教材中也未对其进行明确说明。

其次，对这 8 种语言形式用于表达建议功能时的情景条件的说明不够明确。介绍中只有对"怎么样？"的介绍中涉及使用条件："用在句子后边"。但这也并非情景条件。

另外，这些形式几乎都具有多义性，其各个意义也并非全部适用于建议功能的表达。例如，"最好"是常见的多义词，表达建议功能时就存在一定的语义限制。

汉语口语教材是汉语口语学习者学习、模仿的对象，应同时兼顾话题、情景、话轮这些必备要素。[①] 但现有口语教材常把注意力放在语法点的描述上，很少说明语法点的使用条件，即语法点的语用条件。[②] 表 1 中

---

① 刘元满：《高级口语教材的话题、情景和话轮》，《北京师范大学学报》（社会科学版）2008 年第 5 期。

② 杨德峰：《上世纪 80 年代以来的对外汉语语法教材的"得"与"失"》，《汉语学习》2012 年第 2 期。

对语言形式在何种情景条件下才能表达建议功能，不同形式间、相同形式的不同意义间所表达的建议功能是否存在区别这两方面的说明，显然不能完全满足汉语口语教材对语言形式及其表达功能、情景条件的要求。

除了对语言形式与语言功能、情景条件之间的对应关系的说明不够明确以外，该口语教材提供的用于建议功能表达的语言形式与汉语口语中的实际使用情况也并不完全吻合。根据本书对 60 万字汉语口语语料的分析结果来看，运用表 1 中的形式表达建议功能的语料仅占全体表达建议功能语料的 19.54%，有 80.46% 的建议功能并未采用以上形式表达。在我们的调研结果中教师选择频率最高的"可以……吗？"也未见于教材。这主要由于以下两个原因：

一方面，表 1 中的一些形式在日常口语对话中缺乏实用性，如"若图……最好……"等项目存在"将叙述体改为 A、B 之间的对话"① 的痕迹。

另一方面，这些形式中至少缺少了两个重要部分：一、无标记肯定祈使句。该类语言形式占本书语料中建议功能表达的 21.58%。虽然该类语言形式是建议功能表达中最重要的表达形式之一，但由于其没有明确可被提炼出的有标记的语言形式，而往往未能进入口语教材的教学范围。二、通常情况下不表达建议功能，但在一定的情景条件下用于建议功能表达的语言形式。该类语言形式占本书语料中建议功能表达的 10.09%。例如：

例 1-01② (在综艺节目《花样姐姐》中，嘉宾和导游的妻子一同商量在住家的大客厅中筹办一台化装舞会。)

奚美娟：你们去问问，有人在这儿跳过舞吗？要是在他那个厅里。

导游妻子：其实他们也是很喜欢开这种 party 呀，这种舞会的，他们是很喜欢，能办起来吗？

大家：可以。

马天宇：(用手在一块空地上比画) <u>大的音箱</u>。

---

① 赵金铭：《论对外汉语教材评估》，《语言教学与研究》1998 年第 3 期。

② 本书中的语例按照章节进行编号。编号共三位数：第一位为章节号，第二、第三位为该语例在章节中的出现序号。下同。

林志玲：对，可以的。

马天宇：（用手在另一块空地上比画）**放一个滑板鞋。**

——语例来源：《花样姐姐》20150510 期

在例 1-01 中，众人围绕"如何在客厅中筹办一台化装舞会"进行讨论。马天宇提出了两个建议："**大的音箱。**"和"**放一个滑板鞋**"。这两句话都表达了建议功能。在以上表达中，就没有使用表 1 中所示的"……吧。""……怎么样？"等表达建议功能的语言形式。像这样依靠上下文的情景条件来实现建议功能表达的情况，也不常见于口语教材。

从语言教学的角度而言，汉语作为第二语言教学的终极目标，是培养学习者具有在现实生活中自由运用汉语进行交际的能力。① 学习者的学习目的应是能听懂领会交际对象的意图，能选择相应的词汇和语法形式较准确地表达自己的意思。② 只有这样，才能说真正掌握了交际用法，获得"交际能力"③。因此，学习者要掌握建议功能的表达，正是应当掌握建议功能表达的语言形式及其使用的情景条件。

在实际的教学、大纲、教材中，语言形式与语言功能、情景条件之间的对应关系的说明不够明确、在建议功能表达中占重要地位的语言形式缺失，使得在教学中对建议功能的介绍无法继续深入，对建议功能的表达形式的介绍往往只出现在初中级以下。而根据情景条件灵活选择各类表达手段正是中高级口语学习者所需要掌握的语言技能。

要解决这个问题，就需要从语言本体的角度描写、分析建议功能的表达及其各项条件。因此，本书将主要围绕以下问题：

1. 汉语口语中的建议功能由哪些语言形式表达？

2. 这些语言形式在表达建议功能时，需要获得哪些语义条件和情景条件的支持？

---

① 赵金铭：《汉语作为第二语言教学：理念与模式》，《世界汉语教学》2008 年第 1 期。
② 杨寄洲：《对外汉语教学初级阶段功能大纲》，北京语言大学出版社 1999 年版，第 3 页。
③ 徐渊：《从历时十年之久的一场辩论中得到的启发——再谈关于 D. A. 威尔金斯〈意念大纲〉之争》，《外语界》1983 年第 1 期。

3. 汉语中的建议功能包含哪些类型，每种类型对应哪些语言形式？哪些因素影响了语言形式的选择？

4. 说话人在表达建议功能时，用怎样的表达手段才能实现得体、连贯的表达？

二　选题缘由

随着汉语国际教育事业的日益发展，中高级口语教材、中高级口语教学大纲的编写和制定需求日益增长，现有研究中语言形式、话语功能、情景条件三方面的研究各自为政的现状已经无法满足以交际能力为目标的汉语口语教学（尤其是中高级口语教学）的需要。

要满足这样的需求，研究首先应对汉语口语中实现口语功能表达的语言形式进行描写。与书面语相比，汉语口语的语法机制存在一些不同的成分（语音、词汇、语法及话语），有着相对独立的运作机制。① 然而语言学的研究却从来都是以书面语为核心的。② 因此，只有从汉语口语的真实语料入手，提取功能表达中具有/不具有形式标记的语言形式，才能对汉语口语功能的表达形式有更为全面系统的了解。

在对语言形式进行充分描写的基础上，研究还应分析在表达口语功能时，影响语言形式选择的情景条件。在二语学习中，学习者学习的最终目的一般来说应是达到以这种语言为母语的人所具备的那种灵活性和语言创造性。③ 有限的语言形式在语境中能够形成丰富的句子，而只有对制约语言形式选择的情景条件进行了足够的分析和提炼，才能使学习者在掌握相关知识，掌握在情景中实现得体表达的交际能力。这样才能将语言形式研究、功能表达研究、情景条件研究相结合，从根源上弥合汉语教学中形式、功能、情景之间的裂痕，研究成果才能真正服务于今后的汉语作为第二语言的口语教学。

这样的研究不可能一蹴而就。因此，本书以建议功能为例，对汉语口语中建议功能的表达进行研究，同时关注表达建议功能的语言形式与情景

---

① 张旺熹：《汉语口语成分的话语分析》，北京语言大学出版社2012年版，第2页。
② 陶红印：《口语研究的若干理论与实践问题》，《语言科学》2004年第1期。
③ ［英］威尔金斯：《外语学习与教学的原理》，刘幼怡、李宝琨译，国际文化出版公司1987年版，第3—4页。

条件。研究提取实现建议功能表达的语言形式，分析其在实现建议功能表达时所需的语义条件、情景条件，区分功能表达的范畴、分类，总结与建议功能表达范畴及其分类特点相适应的语言形式、情景条件，归纳适用于教学的表达手段。研究通过对汉语口语中建议功能及其表达手段的描写，将为今后的研究中在更大范围内描写、分析汉语口语功能的表达手段进行理论和实践的探索，为汉语高级口语教学的开展、教材的编写、教学大纲的制订提供参考和依据。

第二节 研究内容、目标与研究范围

一 研究内容

本书以真实的口语语料为研究对象，考察汉语口语中建议功能的表达，包含提取表达建议功能的语言形式、研究语言形式表达建议功能所需的语义、情景条件，归纳建议范畴的成员组成、基本特征及其表达形式，提炼汉语口语建议功能的表达手段等内容。

在提取表达建议功能的语言形式时，研究主要集中于自建口语语料库、表达建议功能的语言形式的提取、验证、分析等。通过调查问卷，对汉语口语中建议功能与其他功能的分野进行了界定。分析了语言形式在建议功能表达中的常用性、多重功能性，以及语言形式表达建议功能时的范围限制性。

在分析语言形式表达建议功能所需的语义、情景条件时，本书主要明确了形式的多义性与其表达的多功能性之间的对应关系，以及形式在表达建议功能时实现情景自足（self-sufficient）的语义条件。对无法实现情景自足的形式，研究还分析了使其实现建议功能表达的情景条件，并对能够引发建议功能的情景条件进行了描写和归纳。

在描写汉语口语中建议功能的典型成员与语言形式的聚合关系时，本书主要通过对情景条件的标注、与语言形式间的相关性分析，提取能够对说话人语言形式选择的情景条件，作为构建建议范畴成员的区别特征，对建议表达范畴的典型成员进行描写。

最后，本书还根据常用于表达建议功能的语言形式及其情景条件，提炼出适用于汉语作为第二语言教学的建议功能表达手段（见附录2）。

二 研究目标

通过此次研究，我们希望在一定范围的口语语料内，构拟出汉语口语环境中建议功能的表达系统。具体来说，包括以下目标：

1. 提取汉语口语中表达建议功能的语言形式；
2. 分析汉语口语中语言形式在表达建议功能时所需的语义条件和情景条件；
3. 描写汉语口语中建议功能表达范畴的特征、分类和典型成员；
4. 提炼汉语口语中建议功能的表达手段。

三 研究范围

本书在真实口语环境中考察建议功能的表达。在语料选取上，本书以真实口语语料作为研究对象。但由于兼具真实性与情景丰富性的语料不易获取，综合考虑语料真实性、情景丰富程度及资源实际掌握情况后，本书决定选取贴近自然语料、表达方式以口语为主、对话发生语境较为丰富的真人秀电视节目作为语料来源。

赵金铭（1998）指出，汉语教材语料选择有两点要求：一是选取真实的语言材料；二是选取受学习者欢迎的语言材料。[①] 本书以服务于语言教学为研究目标，因此，语料范围的选择以汉语学习者所关心的话题为中心，选取"婚恋类""体育竞技类""健康美食类""旅行出游类""学习生活类""家庭生活类"六类话题作为本书中真人秀节目的选择范围。在综合考虑了收视率、时效性、完整性、话语内容、语料规模等因素后，语料范围最终确定为《非诚勿扰》《极限挑战》《美食地图》《花样姐姐》《我去上学啦》《爸爸回来了》这六档真人秀节目2015年的播出内容。由于每个节目的播出时长、每季期数不尽相同，为保证语料的话题组成基本平衡，语料转写时以综艺节目实际播出的集次为单位，将每个节目的语料总量控制在10万字左右，共获得语料共计604585字。具体语料分布如下：

[①] 赵金铭：《论对外汉语教材评估》，《语言教学与研究》1998年第3期。

表 2　　　　　　　　　本书语料范围及分布表

节目	期数	字数
爸爸回来了	11 期	92143
非诚勿扰	8 期	110017
花样姐姐	10 期	97205
极限挑战	8 期	108654
美食地图	17 期	103355
我去上学啦	11 期	93211
小计		604585

在以上语料中出现的建议功能的表达均纳入此次研究范围。

第三节　研究的理论基础和理论依据

本书以功能语言学关于形式和意义的观点为基础，主要依据系统功能语言学的基本观点为理论出发点，对汉语口语中建议功能的表达进行描写和分析。研究过程中借鉴了语境理论、原型范畴理论、汉语口语功能与形式研究的相关成果，还使用了会话分析理论中对话轮转换、衔接手段的分析方法。

一　基本理论依据

人类的语言表达是以意义作为表达核心的。语言作为符号的一种，说话人在表达语义（ideational components）时，实际上是综合依据上文条件，进行功能选择，进而选择符合表达功能、切合情景语境条件的某一语言形式进行表达，并最终利用衔接手段实现意义连贯，形成语篇的过程。① 而第二语言学习者需要学习的，也正是交际中所需的语言形式以及使该形式实现得体表达的一系列条件。②

人们在言语交际过程中，意义的交流是交际的内容和目标。口语表达

---

① Halliday. M. A. K., "Text as Semantic Choice in Social Contexts", in Van Dijk. T. A. and J. Petöfi eds., *Grammars and Descriptions*, Berlin: Walter de Gruyter, 1977, pp.176-226.

② 徐渊:《从历时十年之久的一场辩论中得到的启发——再谈关于 D. A. 威尔金斯〈意念大纲〉之争》,《外语界》1983 年第 1 期。

就是说话人将在完成功能（意义）选择后，再根据语境进行词汇和语法选择的过程，也是语言形式的意义潜势实现的过程（The structure of the adult language still represents the functional meaning potential. How language varies- how we make different selections in meaning, and therefore in grammar and vocabulary, according to the context of use.）。① 因此，要研究口语功能的表达，可从意义、形式、语境三个方面入手。

意义之间的划分从来不是严格的非此即彼、互相隔绝，而是具有原型范畴特征的一个连续统。即使是语言的三种元功能之间，也是互相关联、互相影响的。② 语言的人际意义、概念、语篇等功能都不可分割地联系在一起。③ 据此，在意义方面，本书关注口语功能的划分和特征描写，借助了原型范畴理论的相关原则和研究成果。

语言形式，即语言的语音、语法、词汇等，是意义交流得以通过语言实现的物质载体。在此过程中，语言形式能够实现（enable）概念意义和人际意义，形成不同的语篇。而能够实现意义传递的语言形式（词汇和语法等）并不唯一，存在着语法隐喻（Grammar metaphor）的现象。④ 同一功能可通过不同的形式进行表达，这就需要对语言形式进行归纳、整理。在对语言形式的研究方面，形式语言学取得了丰硕的研究成果。因此，在形式方面，本书即以现代汉语研究中对功能和形式的研究成果为基础，对表达建议功能的语言形式进行提取和描写。

在语境中确定语言形式的选择，需要一系列的条件。⑤ 例如，社会角色关系决定话语的人际功能（interpersonal function），而人际功能将影响说话人在具有不同语气系统（mood system）、情态（modality）意义的形

---

① Halliday. M. A. K., *Explorations in the Functions of Language*, London: Edward Arnold (Macmillan of Canada), 1973, p.140.

② Halliday. M. A. K., "Text as Semantic Choice in Social Contexts", in Van Dijk. T. A. and J. Petöfi eds., *Grammars and Descriptions*, Berlin: Walter de Gruyter, 1977, pp.176-226.

③ M. A. K. 韩礼德、姜望琪、付毓玲：《篇章、语篇、信息——系统功能语言学视角》，《北京大学学报》（哲学社会科学版）2011年第1期。

④ Halliday. M. A. K.: Computing meanings: Some reflections on past experience and present prospects. Paper presented to the second conference of the Pacific Association of Computational Linguistics. University of Queensland. Brisbane. 1995. 笔者译。

⑤ 同上。

式中进行的选择。① 因此，在语境方面，本书主要关注影响语言形式选择的语境条件。在以往研究中，语境理论及其相关研究主要关注情景语境及其构成要素的切分和分析，本书在对语境中影响语言形式选择的要素进行全面梳理时则借鉴了相关成果。

说话人在确定表达功能，完成形式选择后，还需要在一定的语境中实现得体地表达，才真正实现了语言的交际功能。韩礼德（1976）认为，一个语篇应与产生该语篇的情景语境和谐一致，才能实现连贯。而连贯则在语篇内通过衔接纽带（包括主位结构、信息结构、及物性结构、语气结构、语音语调等语言形式）连接起来。② 本书对衔接手段、情景条件延续手段的研究，是以话语分析理论的相关研究为基础的。

综上所述，本书对汉语口语中建议功能的研究，是以系统功能语言学理论中对语言功能和形式的看法为理论基础，结合原型范畴理论、汉语口语中功能与形式等研究的方法和成果、语境理论、会话分析理论，实现的建议功能的语言形式、情景条件、表达手段的综合研究。

二 研究中涉及的具体理论

（一）原型范畴理论

本书主要关注原型范畴理论中对范畴成员的划分及特征描写方法，以分析汉语口语中建议功能的特征及内部分类。该理论认为，一个范畴中的成员地位通常是一个程度问题，存在着典型成员和边缘成员，③ 最初被 Berlin & Kay、Rosch 等用于解释颜色词的颜色范畴。④ 该理论中的"家族

---

① Halliday. M. A. K.，"Modes of Meaning and Modes of Expression: Types of Grammatical Structure and Their Determination by Different Semantic Functions", in D. J. Allerton, E. Carney and D. Holdcroft eds., *Function and Context in Linguistic Analysis: Essays Offered to William Haas.*, Cambridge: Cambridge University Press, 1979, pp. 57-59.

② Halliday. M. A. K. & Hasan. R.，*Cohesion in English*, London: Longman, 1976, p. 4.

③ ［美］兰盖克：《认知语法基础》，牛保义、王义娜、席留生、高航译，北京大学出版社2013年版，第16页。

④ Berlin. B. & P. Kay, *Basic Color Terms: Their University and Evolution*, Berkeley: University of California Press, 1969, pp. 22-29. Rosch. E., *Natural Categories, in Cognitive Psychology*, Vol. 4, 1973, pp. 328-350. 转引自张敏《认知语言学与汉语名词短语》，中国社会科学出版社1998年版，第52—53页。

相似性原则""容忍原则"常被用于描写各类语言现象。本书中的建议功能无论是内部分类还是与其他功能的分野中,都具有连续统(continuum)及家族相似性的特征。因此,本书在讨论建议功能表达范畴的特征、描写建议范畴内部成员时借鉴了该理论的成员特征及特征表征描写方法,以及范畴类型描写的相关研究思路及研究成果。

(二)汉语口语功能与形式的研究

本书关注20世纪80年代以来,研究者对汉语口语的功能特点、语言功能对语言形式的制约、语言形式对语言功能的表达等方面进行的研究成果,以提取、归纳、分析表达汉语口语中建议功能的语言形式。此类研究主张把语言放到实际的使用环境中,将语言使用者和语言的交际功能联系起来,从而对语言形式的出现规律进行解释,从词汇、句法、语篇等层面讨论各类因素对词语和句法的选择和调整。同时,研究对建议功能及其表达方式也已经有了一定的成果。本书对建议功能的语言形式的提取、表达手段的归纳都以现代汉语中功能与形式的研究成果为基础。

(三)语境理论

本书中的"语境"的英语对应词是context。研究中主要关注该理论对语境的类型、语境变量,及语境各要素对语言形式的影响和制约关系的阐述,以分析制约语言形式选择的条件。Malinowski在该理论中提出了"情景语境"和"文化语境"的概念。[①] 前者指说话人在语言交际活动时所处的客观环境,后者指说话人在进行语言交际活动时所处的社会文化背景。本研究对汉语口语中建议功能表达的语境分析,主要是指"情景语境";在提取情景要素、归纳情景条件等方面借鉴了该理论分类方法及结论;借鉴了该理论对语境因素(如会话参与双方因素、话语内容因素、外部环境因素等)对话语中语言形式的制约关系的研究成果。

(四)会话分析理论

本书主要关注话语分析(Conversation Analysis,又称会话分析)理论中对话语的衔接与连贯手段、交际互动因素对语言表达方式乃至语法手段的研究,以分析汉语口语中建议功能的连贯、得体表达。话语分析主要分析话轮转换方式、话轮转换中的衔接方式、连贯条件、话轮中的言语策略

---

① 朱永生:《语境动态研究》,北京大学出版社2005年版,第7页。

等。汉语口语中的建议功能是建议提出者结合话语情景，在话轮间进行建议功能表达，使用衔接手段使意义得到连贯，使用言语策略以最终形成建议功能的结果。因此，本书借鉴了会话分析理论的分析方法及研究成果，以话轮为单位对语料进行切分与统计，分析话轮内建议功能的实现、跨话轮的话题衔接、话语中言语策略的使用等建议功能的实现方式。

综上所述，本书以系统功能语言学的对语言功能和形式的为基本看法为框架构建语言表达模型，从而确定研究内容、制定研究方法。研究的基本观点是，言语交际的过程是语言实现功能表达的过程。在此过程中，说话人参照语境条件进行功能选择，在一定的语境条件作用下进行语言形式选择，并借助衔接手段实现意义的连贯表达。在具体研究过程中，在对情景语境及其构成要素进行切分时，参考了语境理论；在对以情景要素、语言形式构成的建议功能小类（即语域，register）进行综合描写时，参考了原型范畴理论；在提炼、归类和分析汉语口语中表达建议功能的语言形式时，借鉴了现代汉语研究的相关成果；在对意义表达（意义潜势浮现）的衔接手段进行分析时，研究通过话语中的实例分析情景中的功能表达，采用会话分析理论。见图1：

```
语言对功能的表达  建语言表达模型（基于系统功能语言学理论构）
    ┌─────────────────────────────────────┐
    │         参照语境条件                 │
    │ （借鉴了语境理论对语境要素的研究      │
    │        成果分析情景条件）            │
    └─────────────────────────────────────┘
                    ↓
    ┌─────────────────────────────────────┐
    │         选择功能                     │
    │ （通过原型范畴理论讨论建议功能的     │
    │        内部成员特征）                │
    └─────────────────────────────────────┘
                    ↓
    ┌─────────────────────────────────────┐
    │         选择形式                     │
    │ （借鉴了汉语口语功能与形式的研究     │
    │   成果、方法等分析表达形式、         │
    │        表达条件）                    │
    └─────────────────────────────────────┘
                    ↓
    ┌─────────────────────────────────────┐
    │   形成意义表达（意义潜势浮现）       │
    │ （本书通过话语中的实例分析情景中的   │
    │   功能表达，采用会话分析理论分析     │
    │         衔接手段等）                 │
    └─────────────────────────────────────┘
```

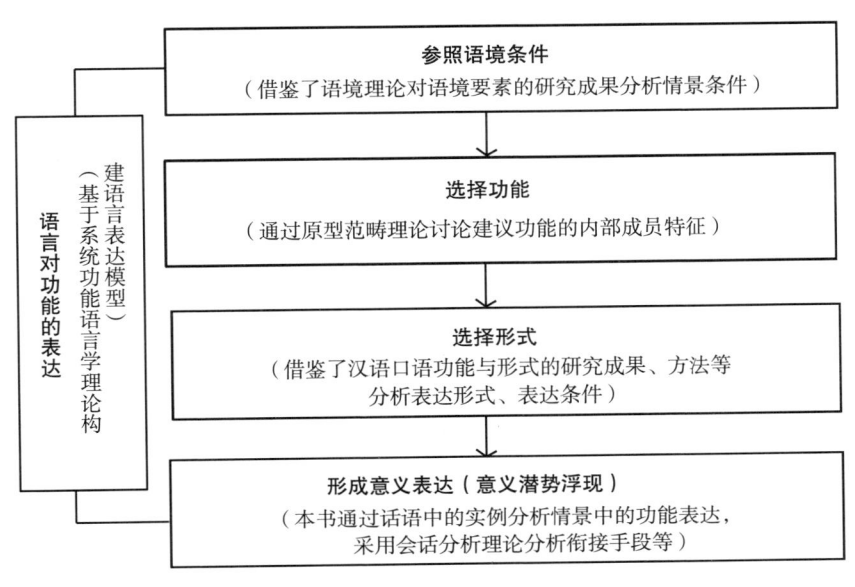

图1　本书的理论框架图

第四节　术语及相关概念界定

本书的研究内容涉及汉语口语中的建议功能的表达、情景条件切分、建议范畴的确定及区别特征分析等。相关概念界定如下：

1. 汉语口语

口语与书面语是汉语研究中重要的两个方面。有学者从语言的传播媒介对其进行切分：一种语言的口语与书面语都指说话的个人在实际情景中说出的具体话段，是语言的运用。口语是语言存在的口头形式，以语音为物质材料。书面语则以口语为基础建立和发展，是语言存在的书面形式，以文字记录语言[①]。

也有的学者认为应从语言的表达方式进行切分：口语与书面语的不同，体现为表达方式的不同。例如，作为书面传媒的书信，其内部也有方式的区别，有的较口语化，有的更为正式。一般认为，语体也存在典型语体与非典型语体的区分。传统上的口语和书面语的说法实际上带有典型性视点。传统上所说的口语指的是典型的口语，即传媒和方式都是口语。无论从哪一方面来说，对话体都应该看作典型的口语语体，但其中也有典型和非典型之分：朋友间随意的聊天较正式的采访而言更为典型[②]。

本书中所指称的汉语口语，为典型的口语语体，即传媒与表达方式均为汉语口语的非正式、无准备的对话语体。

2. 建议

以往研究中，研究者对建议功能的定义主要从三个方面进行：1. 信息传递性：建议功能的定义中多提到建议提出者应为"专家、知识广博的人"；2. 指令性：建议指发出者向建议接受者提出"指导""劝告"等；3. 受益性：建议接受者得到了"对听者有益"的"见解""帮助"等。这与 Searle（1979）提出的建议特点：指令性（directives）、信息性（informative）、受益性（beneficial）不谋而合。

Searle（1979）提出，在建议中，"言者认为听者将会从建议行为中

[①] 赵金铭：《汉语作为第二语言教学：理念与模式》，《世界汉语教学》2008 年第 1 期。
[②] 陶红印：《试论语体分类的语法学意义》，《当代语言学》1999 年第 3 期。

获益；倘若言者不建议，那么听者一般是不会从事该行为的"。① 从建议行为的整体过程来看，建议提出者对建议接受者的行为影响体现了指令性的特征。建议内容的通过载体的传递体现了"信息性"的特征。而听者在此过程中获益体现了"受益性"的特征。

综上所述，本研究对建议的定义如下：建议发出者在对话语情景进行判断后，通过言语向建议接受者传递有益信息，试图发生行为影响的言语行为。

3. 功能

在现代汉语研究中，功能的定义存在不同范围"一个是语言形式在其所处的结构中的作用（比如语法功能），另一个是语言（形式）在交际中的职能或功用"②。

在以往研究中，对语言功能的分类、定义多有不同，如韩礼德（1975）提出语言存在三种元功能和七种基本功能③、Searl（1979）从话语分析的角度将语言分为五种功能④等。从教学角度出发，威尔金斯（1983）按照交际目标将语言的交际功能分为六大类。⑤ 国内的学者也将"功能"与言语行为的目的、意图相关联，如"功能"是说话人采取某些特殊的表达方式来达到某种目的或者实施某种言语行为。⑥ "功能"一般指言语行为，即说话人意图使用语言来完成什么行为，比如寒暄、感谢、告别、祝贺等。⑦

本研究的出发点为语言教学。因此，研究中的功能贴近人际功能、交际功能范畴，指的汉语口语日常言语行为中说话者的目的或意图。

---

① John R. Searle, *Expression and meaning*, Cambridge: Cambridge University Press, 1979, pp. 12-20.
② 黄国文、辛志英：《什么是功能语法》，上海外语教育出版社2014年版，第2页。
③ Halliday, M. A. K., *Learning how to mean: Explorations in the Development of Language*, London: Edward Arnold, 1975, p. 164.
④ John R. Searle, *Expression and meaning*, Cambridge: Cambridge University Press, 1979, pp. 12-20.
⑤ D. A. Wilkins., *Notional Syllabuses*, Oxford: Oxford University Press, 1983, p. 41.
⑥ 李泉：《第二语言教学中的功能及相关问题》，《中国人民大学学报》1997年第6期。
⑦ 杨寄洲：《对外汉语教学初级阶段功能大纲》，北京语言大学出版社1999年版，第126页。

4. 情景

"情景"是语境研究中的重要概念,陈望道(1950)提出"题旨情境"的概念,认为语言表达是用"语言文字的一切可能性"以适合"题旨和情境"。① 在Malinowski(1923、1935)提出的"情景语境(context of situation)"与"文化语境(context of culture)"中,前者指与语言交际活动直接相关的客观环境,后者指语言交际活动参与者所处的社会文化背景。② Van Dijk(1985)所提到的"情景",指的是"话语所处的环境"。③

在研究中,对情景的定义与交际活动相关,即情景为对进入其中的话语意义、表达形式制约和选择作用的非言语要素。

在现有的研究中,"场景""情境""语境"等概念与本书中所使用的"情景"一词的概念存在部分重叠:

"场景"指的是话语发生的时间、地点等周边物理环境,它的所指范围略小于本书中的"情景"。

"语境"是与"语篇"相对的一个概念,包含上下文、语体风格、传播媒介、社会文化等诸多因素,研究正是从"语境"的诸多因素中归纳、抽取与语言交际活动直接相关,直接影响表达功能、表达形式等内容的要素,确定为"情景"要素。

"情境"来源于英文中的"Situated","情境研究"即"Situated Analytics"。因此,情境有场所的意思,尤其指在某一时间内,事情的发展或个体行为活动的状况、情势或即时条件。④ 这一概念在目前的研究中,多用于教育学、心理学研究,主要指对个体行为、判断、决策产生影响的精神/物质条件、内部/外部条件等,常见"生活情境""戏剧情境""应激情境"等研究对象。而本书中对"情景"的讨论则主要关注会话的完整性,讨论其在口语功能表达中的制约、选择等作用。两者的角度、范围皆有所不同。

---

① 陈望道:《修辞学发凡》,复旦大学出版社2008年版,第6页。
② 朱永生:《语境动态研究》,北京大学出版社2005年版,第3—4页。
③ Van Dijk T. A.,"Cognitive situation models in discourse production", in J. P. Forgas ed., *Language and Social Situations*, New York: Springer-Verlag, 1985, p.61.
④ 苏敬勤、张琳琳:《情境内涵、分类与情境化研究现状》,《管理学报》2016年第4期。

5. 区别特征

在20世纪初,洪堡地、索绪尔分别提出了用"语义特征""差别成分"来考察语言系统的设想。20世纪20年代,俄国学者别什科夫斯基提出,词义可以分解为独立的成分。布龙菲尔德在1933年以前提出"语义特征"这一用语。我国的高名凯先生也于20世纪60年代提出"素位理论"。此后,许多国家的各种语义学派几乎都研究并运用语义成分分析法。美国各学派多使用成分分析法(componential analysis)这一术语,而西欧和苏俄则多使用义素分析法(sememe analysis)这一术语。①

区别特征本是布拉格学派音系学研究中所用的一个术语,指的是语音中一个最小单元同另一个最小单元的区别。② 这样的最小单位被称为音素。它所具有的特征由正号表示,它不具有的特色由负号表示。③ 如将元音[i]分解为[+元音]、[+高]、[+前]、[+非圆唇]这些特征组成的音位结构。区别特征用于语义研究中,则是用于描写语义的最小的意义单位,即义素。如将"叔叔"分解为[+男性]、[+旁系]、[+长辈]这些语义成分等。④ 如将用于句法语义描写中,能够描写句子的句法语义特征。如将"小陈自己动手做了套合身的衣服。"分解为[+施事]、[+施行]、[+同一]。⑤ 区别特征也常用于语义场中的语义比较。如"裤子"和"袄"的区别特征即为[-有袖]、[+有袖]。

本书借用区别特征的概念,以描写语言形式在表达建议功能时的情景条件,以区分不同情景条件中的情景要素。在符号使用上,[ ]表示情景条件中区别特征的名称,用+表示具备这一情景要素,-表示不具备这一情景要素。例如,表达建议功能的句子发生于"父亲对儿子说话""儿子对父亲说话"的两个情景中,为区别两个情景间的对话双方的权势关系,本书将其情景条件的区别特征分别描写为[+权势顺差]、[-权势顺差]。

综上所述,本书主要关注口语中的交际功能及其表达手段,文中易与

---

① 张志毅、张庆云:《词汇语义学》,商务印书馆2012年版,第19—20页。
② 吴宗济:《什么叫"区别特征"》,《国外语言学》1980年第1期。
③ 杰弗里·N. 利奇:《语义学》,李瑞华等译,上海外语教育出版社1987年版,第14页。
④ 兰盖克:《认知语法基础》,牛保义、王义娜、席留生、高航译,北京大学出版社2013年版,第20页。
⑤ 史有为:《施事的分化和理解》,《中国语言学报》第4期,商务印书馆1991年版。

其他研究中的概念产生混淆的术语列表如下：

表3　　本书涉及的术语及其概念表

序号	术语	对应英文术语	概念界定
1	功能	function	本书中的"功能"一般指"交际功能"，即汉语口语日常言语行为中说话者的目的或意图。
2	建议发出者	performer	在言语行为中发出具有建议功能的句子的说话人。
3	建议接受者	receiver	在言语行为中接收具有建议功能的句子的听话人。
4	句子/小句/从句	Utterance/sentence/clause	本书中的"句子"指的是会话中表达某一功能的语句。"建议句"即会话中用于表达建议功能的句子。 小句可与其他形式（如语气词）叠加，形成句子以表达建议功能。 从句指指复合句中不能独立成句，但具有主语部分和谓语部分的语言形式。
5	情景	context of situation	本书中的"情景"为"情景语境"的简称，为与交际活动相关的，对进入话语具有意义制约和形式选择作用的非言语要素。
6	情景条件	factors（of the context situation）	本书中的"情景条件"指的是具体的语言形式在表达某一功能时，情景中需要具备的支持条件。
7	区别特征	distinguished feature	用以区分建议范畴中不同成员的情景条件，用[ ]表示。
8	形式	semiotic forms	本书中的"形式"是与"功能"相对的概念，即用于表达某种功能的语言结构等。
9	义项	meanings	本书中的"义项"借用了词典学中对意义的解释单位，指的是多义形式在具体语境中表达的具体意义。
10	值	value	区别特征的不同表现，用+，-表示，例如在"父母向孩子表达建议功能"和"孩子向父母表达建议功能"时，情景中的"双方的权势关系"的区别特征分别存在[+权势顺差]和[-权势顺差]两个值。

第五节　研究方法与研究步骤

一　研究方法

本书立足于真实口语环境，以一定范围的语料作为研究对象，研究汉语口语中建议功能的表达。研究中主要采用了以下几种方法：

1. 语料库语言学方法

在收集语料的过程中，本书根据语料库语言学的相关原则，采用录音转写的方式自建口语语料库。语料转写内容包括说话人、话语内容、话语时长、话语来源等。研究使用 Excel 等软件对转录文本进行记录、检索、标注，使用 SPSS 等软件对语料标注结果进行相关性分析及验证，形成满足本书要求的口语研究语料。

2. 话语分析方法

话语分析应"在对话中研究语言"。在分析句子的时候，首先要考虑它的前句（和后句）是什么。[①] 而对口语成分进行话语分析，将从另一全新的视角充分地刻画和揭示汉语口语的生命特征。因此，本书研究从对话框架分析入手，借鉴话语分析理论的相关方法，如话轮切分、会话序列分析等。

话轮转换是会话推进的重要手段。本书的语料切分以话轮为单位，以话轮转换作为语料条目的开始、结束标志。

在对表达建议功能的语料作为语例进行分析时，则以会话序列，即某个情景中共同实现功能表达的一个或若干个话轮作为语例的基本单位。

3. 语言学相关分析方法

在区别语言形式在建议功能中的不同特点时，本书综合运用结构语言学对语言形式的提取、描写、分析方法，如层次分析法、形式变换分析法等。

在对表达建议功能的语言形式的多重多义现象进行分析时，本书运用了功能语言学分析方法中的词汇化理论、语义特征分析理论中的具体方法。

在对建议范畴进行描写时，本书借鉴了区别特征分析法，对建议范畴内、外特征进行描写。

4. 问卷调查方法

在对研究收集的表达建议功能的语料进行验证时，本研究采用了问卷

[①] 刘勋宁：《在对话中研究语言."2009 年语言教学与研究国际学术研讨会"参会论文（未刊稿）》，引自张旺熹《汉语口语成分的话语分析》，北京语言大学出版社 2012 年版，第 4 页。

调查法，让母语者对研究收集的表达建议功能的语料进行判断，最终确定研究范围，以避免语料收集过程中的主观性。在对建议功能的内、外部特征进行描写时，也参考了母语者对建议/非建议功能的判断结果。

二 研究步骤

1. 语料转写与切分

本书首先对收集到的真人秀节目录像视频进行转写，并对原始语料进行筛选和切分。在剔除广告、外文、大段独白、旁白等与研究内容几乎无关的语料之后，本书以话轮转换中的相邻对为单位，对语料进行切分，并依此进行条目标注。

2. 提取、验证表达建议功能的语料

语料切分完成后，本书根据建议功能的引发、回应为起始标志，结合会话情景确定会话序列，提取包含建议功能的语料条目。参考母语者对建议/非建议范畴的判断结果，归纳出建议范畴的基本特点以及与相邻范畴间的区别特征，并记录表达话语内容的语言形式。

为避免在功能确定中存在主观性，本书对提取结果在母语者中进行了抽样验证。

3. 标注、分析表达建议功能的语言形式

本书根据语言形式的标记结果，统计了包含各语言形式的条目在表达建议功能的条目中的使用比例和在全部语料的总条目中的使用比例，从而分析语言形式在建议功能表达中的常用性、多义性、使用范围的有限性。

4. 分析语言形式表达建议功能所需条件

本书通过分析语言形式实现建议功能表达时的不同条件，分析形式实现情景自足的语义条件，以及支持语言形式实现建议功能表达的情景条件。

5. 分析建议范畴的组成成员特征与语言形式

本书通过对各情景要素对建议功能表达形式的相关性分析，提取影响形式选择的情景条件。通过建议功能表达中不同语例的对比，描写建议范畴典型成员的区别特征，归纳相应的语言形式，对建议范畴的典型、边缘成员进行描写。

6. 描写建议范畴的典型表达手段

本书综合以上分析结果，描写采用无标记肯定祈使句、附加问句、助动词、表达建议功能的语气词、表达建议功能的假设复句等语言形式进行的建议表达手段及一般不表达建议功能的形式在情景条件支持下的建议功能表达。

第六节 研究意义与创新之处

一 研究意义

1. 本书填补了汉语第二语言的口语教学中，语法体系中功能，特别是建议功能研究欠缺的空白。

在中高级口语教学中，越来越多的汉语教材、教学大纲已经开始关注语言形式的功能表达和语言形式的使用条件。但现有研究中将语言形式、话语功能、情景条件三方面结合的研究，尤其是能够直接应用于口语教学的研究及其成果还有所欠缺。本书对建议功能的表达形式、情景条件的研究能直接服务于以交际能力为目标的汉语口语教学（尤其是中高级口语教学）。

2. 有助于完善真实口语环境中的汉语建议功能表达及其情景要素研究。

本书将在由真实口语语料转写的一定的语料范围内，穷尽性地搜索表达建议范畴的话语实例，在此基础上进行分类、提炼，结合汉语中表达建议功能的语言形式的多义性，以及在口语中存在大量无标记语言形式等特点进行有针对性的研究，将有利于了解真实口语环境中建议范畴特点、语言形式、情景要素的分布及组合，补充真实口语环境中的汉语建议功能表达及其情景条件研究。

3. 有助于汉语口语研究中形式、功能、语境研究在意义上的贯通。

表达形式、表达功能、话语语境是汉语口语研究中重要的三个研究角度。从研究现状来看，三者的研究表现出各自为政的特点。以表达建议功能的语言形式、表达功能、话语语境的研究为例，在语言形式研究中，有关注"最好""还是……吧"等建议功能结构的语法化过程的；在表达功能研究中，有关注建议功能的分类及应答类型的；在话语语境研究中，有关注建议功能在家庭、报刊等媒体中的话语风格特点的。然而，将三者进行关联，并建立模型将三者置于同一模型中进行考量的却不多见。本书从语料入手，提炼表达建议功能的语言形式，分析其表达的语义条件、情景条件，描写其对建议功能不同侧面的表达特点，从而提取建议功能的表达条件与表达特点，对建议功能进行范畴化描写，最后把语言形式、表达功能与情景条件关联起来，形成多层面、多维度的整体表达手段描写。因此，本书将有利于汉语口语研究中形式、功能、语境研究在意义上的贯通。

4. 有助于完善汉语第二语言口语教学中与建议范畴相关的教学体系。

在对汉语口语教材进行考察后发现，教材中对建议功能的介绍存在以下问题：一是表达建议功能的语言形式与情景条件之间的关系不明确。二是表达建议功能的语言形式介绍与实际情况存在出入，一些常用于表达建议功能的语言形式未见介绍。本书从真实的汉语口语语料出发，研究汉语学习者关注度较高的六大话题中的建议功能表达，在语料中穷尽性地梳理表达建议功能的语言形式，为解决以上两个问题提供参考材料；本书对建议功能情景要素的分析、组合，则能够为教材中建议功能实现所需情景条件的介绍提供参考材料。

二 创新之处

本书的创新之处存在于以下方面：

1. 研究在一定语料的基础上，相对全面地研究了汉语口语中的首次通过生活中的口语材料研究建议功能的表达。

2. 研究对形式以外的情景条件进行了探索。本书通过一定范畴内语言材料的分析，对表达建议功能的语言形式及其支持条件进行了提取，同时考察话语功能及其所在的情景、所使用的语言形式，将三者作为建议功能的三个维度明确关联。

3. 填补了功能语言学相关理论在应用语言学中转换研究的空白。

本书将表达话语功能时所包含的情景条件，进行特征分析，使情景条件成为可标注、统计的区别特征，便于今后用于其他功能的表达手段研究为语料库实现情景标注进行了样本建设。

本书对汉语口语中建议功能及其表达手段的研究方法、研究成果可以推广至其他口语功能，从而实现对汉语口语功能表达的全面描写，也为汉语二语口语教学大纲标准制定时的汉语本体研究打下了基础。

4. 利用本书的研究成果编制的汉语教材、汉语口语教学大纲，可以在介绍语言形式的同时，也对该语言形式表达的话语功能、使用的语义条件、情景条件进行介绍，让学习者能真正在交际中对其进行使用，切实提高学习者的交际能力。

第二章 相关文献及研究综述

本书主要考察汉语口语中建议功能表达范畴。研究内容包括表达建议功能的语言形式及其实现功能表达的语义、情景条件,建议范畴的特征,建议范畴的表达手段等方面。

表达建议功能的语言形式、语义条件方面,需关注语言形式与功能相关研究,尤其是汉语口语的功能及语言形式研究。情景条件方面,需关注语境理论及相关内容。建议功能表达范畴的构建及成员特征描写,涉及范畴化与原型理论。另外,本书对情景条件中非典型语言形式表达建议功能的研究,还涉及口语中话语意义的衔接与连贯等方面,也需对话语分析与话语标记的相关研究进行了解。以下将围绕这几个方面,对相关方面的研究进行梳理和总结。

第一节 语言形式与功能相关研究

在索绪尔的语言结构论提出之后,很长一段时间内,语言的结构研究在语言研究中占主要地位。而随着各民族经济文化交流的日趋紧密,人们日益重视言语交际功能的社会现实逐渐影响了语言研究的发展方向。

人类学家马林诺夫斯基(Malinowski)首先揭示了语言的交际特征。语言学家弗斯(Firth)进一步指出话语的意义在于使用,并认为语言既有内部语境,也有情景语境;既有情景意义,也有形式意义;既有结构,也有系统。①

在研究方法上,Newmeyer(2003)也认为,"问题不在于语法是否具有功能动因,而在于哪里有,有多少,以及是否在你的研究工作中,把这

---

① 朱永生:《语境动态研究》,北京大学出版社2005年版,第3—4页。

个作为你关注的中心。"① 功能主义将语言看成一个开放的系统，认为语言是为满足交际的需要而产生的。因此研究语言不仅要重视语言发生的言谈语境（linguistic context），同时也要重视言谈环境（extra-linguistic context）。② 不仅要充分描写语言结构现象，更需要考虑产生这些现象的交际环境、交际参与者（听话人、说话人）等因素，从语言的外部机制入手探讨语言的生态环境，即语言的交际功能③。传承"语言环境"和"系统"理论而走向系统功能语言学对语言与形式的关系进行了系统化讨论，而由此发展起来的交际能力理论，则对语言教学的教学内容、教学方法都产生了巨大影响。

一 系统功能语言学对功能、形式及语境的研究

系统功能语言学是在多民族交流、多文化交融的特定语境中生成的，结合了语言学、民族学、人类学研究三方面的思想，注重从民族社会学角度来分析"人类是如何运用语言的意义潜势来实现传递信息、构建社会现实、维系或建立社会关系的"④。另外，系统功能语言学受布拉格学派和哥本哈根学派的影响也不小。如布拉格学派的"功能句子观"就被其"借用"，不过系统功能语言学中的"功能"主要指语言的交际功能或社会功能，即语言的元功能。⑤

马林诺夫斯基（Malinowski）指出，对词语的真正的理解必须来源于（derived from）这些词语的现实背景，并据此提出了"文化语境（context of culture）"：语言的意义由语境决定而不是由语言本身决定，即语义就是情境中的语言。美国语言学家萨丕尔（Sapir）和沃夫（Whorf）将语境与语言的关系进行了更为严密的论证，讨论了社会共同经验与语义之间的

---

① Newmeyer J. Frederick, "Grammar is Grammar and Usage is Usage", *Language*, Vol. 79, 2003, pp. 682–707.
② 张伯江：《功能语法与汉语研究》，《语言科学》2005年11月。
③ 王海峰：《现代汉语离合词离析现象语体分布特征考察》，《语言文字应用》2009年8月，第81—89页。
④ M. A. K. 韩礼德、姜望琪、付毓玲：《篇章、语篇、信息——系统功能语言学视角》，《北京大学学报》（哲学社会科学版）2011年1月。
⑤ 黄国文：《语篇分析与系统功能语言学理论的建构》，《外语与外语教学》2010年第5期，第1页。

相互关系。① 在欧美两大传统中,对语境的研究存在着一定的互补性。前者侧重于对情景的研究,将语言看作一种行为的形式(a form of action),由社会关系、社会进程(process)决定。而后者则强调文化作为一个"语境"存在,而语言则作为一个系统,是对社会文化的一个反映(The system is a meaning potential, which is actualized in the form of text; a text is an instance of social meaning in a particular context of situation)。②

系统功能语言学认为,语言是一个社会意义系统,形式是"意义行为"的体现,是实现意义的手段。整个系统是一个意义潜式(meaning potential),一个文本就是社会意义在一个特定的情景语境中的实例。③ 每个言语行为(也即意义行为,act of meaning)都有一个情景语境,即一个(意义)发出和理解的环境,这使得人们能够对即将获得的信息有一个猜测④。这样的情景语境包括社会领域(field)里在发生什么,人物交流之间有什么样的基调(tenor),以及对话本身的形式(mode),即"做什么""谁在做""怎么做"。⑤ 这三个方面常被翻译为语场、语旨和语式(A situation in which language has some place are the field of social process, the tenor of social relationships and the mode of discourse it self:(1)what is going on,(2)who are involved,(3)what part of the text is playing.)。⑥ 这些方面共同形成了意义表达,也影响着人们在表达时的形式选择。在研究

---

① Whorf B. L., "Language. Mind and Reality, Language. Thought and Reality", John B. Carroll ed., *Selected Essays*, Cambridge: MA and New York: MIT Press and Wiley, 1956, p. 246.

② Halliday. M. A. K., "Towards probabilistic interpretations", in E. Ventola ed., *Functional and Systemic Linguistics: Approaches and Uses*, Berlin: Mouton de Gruyter, 1991, pp. 39-61.

③ Halliday. M. A. K., "Text as Semantic Choice in Social Contexts", in Van Dijk. T. A. and J. Petöfi eds., *Grammars and Descriptions*, Berlin: Walter de Gruyter, 1977, pp. 176-226.

④ Halliday. M. A. K., "Modes of Meaning and Modes of Expression: Types of Grammatical Structure and Their Determination by Different Semantic Functions", in D. J. Allerton, E. Carney and D. Holdcroft eds., *Function and Context in Linguistic Analysis: Essays Offered to William Haas.*, Cambridge: Cambridge University Press, 1979, pp. 57-59.

⑤ Halliday. M. A. K., "Modes of Meaning and Modes of Expression: Types of Grammatical Structure and Their Determination by Different Semantic Functions", in D. J. Allerton, E. Carney and D. Holdcroft eds., *Function and Context in Linguistic Analysis: Essays Offered to William Haas.*, Cambridge: Cambridge University Press, 1979, pp. 57-59.

⑥ 黄国文、辛志英:《什么是功能语法》,上海外语教育出版社2014年版,第92页。

影响形式选择的条件的同时，也要研究意义（语义）是怎样通过形式（词汇语法）来体现的。在意义的表达中，语言的功能与形式之间的关系存在着复杂的关系：

第一，形式与其表达的意义之间存在着系统关系。语言交际就是在语言的意义潜势中，即从系统网络中进行选择的过程。① 在选择中，语言的词汇语法系统要适合于体现语言的意义系统。选择概念是韩礼德的语言观的中心。语言的意义系统要通过选择语言的词汇语法系统来体现、表达。

第二，形式和功能之间存在着复杂对应关系。韩礼德（1998）将语言视为意义行为（acts of meaning），分为"内容（content）"和"表达（expression）"两个相互作用的两个方面。② 在表达中，不同形式在表达相同内容时，存在着语法隐喻（grammatical metaphor）的现象。语法隐喻的现象与我们通常所说的"隐喻"不同，指的是一个语法-语义组合不是通过通常的某一类形式实现，而是通过另一类，通常表达别的意义的（形式）实现。语法隐喻不仅是词的意义，而是包括了分类中的连接。③ 一个功能可以通过多种形式得到实现。同时，不同的形式有着各自不同的表达特点。有些形式，它们只是从语法特点上是对等的，在功能上的价值是不同的。而两个所谓"相同"的句子之间，可能在概念意义或者人际意义上有相同之处，但在语篇功能上却不同。或者，在语篇功能的某些方面不同，比如在主位结构上不同，在信息结构上不同，因此表现出不同的信息组织方式。

第三，在交际过程中，形式的选择受到语义、语用、功能等因素的多重影响。④ 系统功能语言学注重语言形式对概念、人际功能的实现（enable），以及语言形式与语篇之间的适用性（applicability）。语篇类型（text

---

① 张德禄：《功能语言学语言教学研究成果概观》，《外语与外语教学》2005 年第 1 期。

② Halliday. M. A. K., "Grammar and daily life: concurrence and complementarity", in Tuen A. van Dijk ed., *Functional Approaches to Language, Culture and Cognition*, John Benjamins, pp. 221-237.

③ Halliday. M. A. K., *Computing meanings: Some Reflections on Past Experience and Present Prospects*, Paper presented to the second conference of the Pacific Association of Computational Linguistics, University of Queensland, Brisbane, 1995.

④ 廖秋忠：《也谈形式主义与功能主义》，《国外语言学》1991 年第 2 期。

type）受到语言的功能（semiotic functions）、人际关系等共同影响。① 语篇分析是系统功能语言学研究的一个重要部分。而语篇不仅包括上下文条件，也包括了特定的文化环境和社会环境。从语篇分析的角度分析语言的使用，不仅可以分析语言（或者说语篇）在人类社会活动中的作用，还可以考察语言的使用与社会的结构、体系之间的关系，可以考察语言的使用是怎样反映特定社会中人们的关系以及语言使用和社会体系之间的相互作用。②

第四，影响形式选择的"语篇"本身就具有形式特征，可以成为语言学的研究对象。对某些语篇进行分析，研究者可以归纳出语言的特点，发现语言中同类的、相类似的或者不同类的语言现象。这时，语篇就是语言的样本③。

二 语言形式与交际能力

系统功能语言学的形成，从大的社会背景看，首先是得益于20世纪50—60年代西方世界兴起的文化热潮的推动，与不同种族、不同文化背景的人的跨文化交际有直接的内在关联。在此影响下，语言作为交际工具，仅仅掌握语言形式和语法规则已不能满足交际需求，需要掌握运用它们的知识。海姆斯（Hymes）称为"使用规则"，并提出了"交际能力"这一概念。这一观点引发了卡内尔和斯威恩（Merrill Canale and Michael Swain）、巴赫曼（Lyle F. Bachman）、威尔金斯（D. A. Wilkins）等语言学家的兴趣。威尔金斯还将这一理论直接用于指导语言教学，编写了《意念大纲》（1983）等语言教学著作。

威尔金斯（1987）指出，交际的需要以及对语言的调节功能的认识会给第二语言的学习提供非常强大的动力。语言学习就是学习如何在交际中表达意义。学习外语的主要任务是掌握能获得语言创造性的有限法则体

---

① Halliday. M. A. K., "Text as Semantic Choice in Social Contexts", in Van Dijk. T. A. and J. Petöfi eds., *Grammars and Descriptions*, Berlin: Walter de Gruyter, 1977, pp. 176-226.
② 辛志英、黄国文：《系统功能语言学研究方法论》，《外语研究》2010年第5期。
③ 黄国文：《语篇分析与系统功能语言学理论的建构》，《外语与外语教学》2010年第5期。

系，以及随时能够影响说话者对形式选择的因素。[①] 从这个角度来看，系统功能语言学可从两方面为交际教学法提供帮助：一方面，从内容上为学生提供可用于实际交际过程的"选择集"（sets of options）；另一方面，则可以提供如何进行选择的训练。[②]

威尔金斯等人提出的交际能力理论，从语言的交际功能角度去分析学生的学习需要，以选择、组织教学内容。在语言的三大元功能的基础上，发展出语言教学中的三个意念范畴：语义——语法范畴（即借助语法形式来表达意义）、情态意义范畴（即借助情态动词来表达意义）和交际功能范畴（即说话人的目的或意图）。而外语教学成败的标准，则是在于学生是否具备了有效地使用语言来表达思想的能力。意念范畴和语言形式都是必需的。也就是说，外语教学内容应该包括如下两个方面：

1. 目的语中表达意义的语言形式

例如，威尔金斯的《意念大纲》，根据学习者使用语言以完成的功能，如询问、劝告、道歉、请求帮助等需要表达的意义，列出表达所需的语言形式。在该大纲中，语音、词汇、语法、句型等项目的安排，都服从语言交际功能的分类。

2. 目的语中语言形式的使用规则

除了掌握语言形式外，学习者还须掌握"交际规则"，即 Hymes 所说的"使用规则"。而这样的规则不仅包括语言形式、语法规则本身，还包括情景条件、社会文化等诸多因素。学习外语的最终目的是看学生能否使用这种语言形式构造新的句子以在语境中得体地表达意义。

三 语言功能的分类与建议功能

功能语言学家们提出过语言的诸多功能。例如，系统功能语言学则认为语言存在三种元功能（概念、人际、语篇）和七种基本功能（工具、调节、互动、自称、启发、想象、信息）。广义的功能包括语法功能和语用功能，常用于说明语言单位在与其相关的语言结构系统中起到的作用，即一般所说的结构功能。而"功能主义"中的"功能"，则往往指的是语

[①] 威尔金斯：《外语学习与教学的原理》，刘幼怡、李宝琨译，国际文化出版公司 1987 年版，第 1—3 页。

[②] 张德禄：《功能语言学语言教学研究成果概观》，《外语与外语教学》2005 年第 1 期。

言在满足人类需要时所发挥的工具功能。①

狭义的功能定义则将功能作为口语的表达、语用的研究对象。徐盛桓（1999）将其分为表义功能和交际功能。② 表义功能指语言能对客观对象进行基本的刻画表述，交际功能则指交际者在表义功能的基础上进行社会交际。其中，表义功能是元功能，是交际功能的基础；交际功能只有在表义功能的基础上才能形成。在交际功能中，以往的研究者也提出了不同的功能分类方法，如 Searle（1979）将语言分为八种功能：Request（要求）/Assert/ Question（提问）/ Thank（致谢）/ Advise（建议）/ Warn（警告）/ Greet（打招呼）/ Congratulate（庆祝）。③ 利奇（1987）则认为语言具有五种功能：信息、表达、指示、酬应、美学。④ Miller（1988）在对儿童语言进行测试时，也提炼出语言的八种功能：Requests（请求）、Responses to requests（回应）、Descriptions（描述）、Statements（陈述）、Acknowledgements（确认）、Organization Devices（酬应）、Performatives（叙述）、Miscellaneous（其他，如没回答等）。⑤

威尔金斯从语言教学的角度出发，按照交际目标将语言的交际功能分为六大类：判断与评估（Judgment and evaluation）、劝告（Suasion）、讨论（Argument）、推理与说明（Rational enquiry and exposition）、个人情绪表达（Personal emotions）、情感关系（Emotional relations）。在分类中，劝告这一大类的主要特点为"试图影响他人行为"，因此，威尔金斯按对行为的影响，将劝告分为了"诱发（Inducement）""强制（Compulsion）""预测（Prediction）""容忍（Tolerance）"四个小类。而建议则在"诱发"之下，即建议的主要功能是引发听话者的某种行为。⑥

在上述分类中，有的直接提到了"建议"功能，如 Searle（1979）的分类等。威尔金斯的研究则将"建议"放在"诱发"大类之下。我国学

---

① 廖秋忠：《也谈形式主义与功能主义》，《国外语言学》1991年第2期。

② 徐盛桓：《疑问句探询功能的迁移》，《中国语文》1999年第1期。

③ John R. Searle, *Expression and Meaning*: Studies in the Theory of Speech Acts, Berkeley: Cambridge University Press, 1979, pp. 12-20.

④ 杰弗里·N. 利奇：《语义学》，李瑞华等译，上海外语教育出版社1987年版，第59页。

⑤ Jon F. Miller, *Assessing Language Production in Children*: Experimental Procedures, Boston: Allyn and Bacon, 1988.

⑥ D. A. Wilkins., *Notional Syllabuses*, Oxford: Oxford University Press, 1983, pp. 41-55.

者袁毓林（1993）在研究汉语祈使句时，将建议功能放在指示功能之下，在命令功能、乞求功能之间。可见建议功能确实是口语交际中的重要功能之一，且建议功能与能够引发、指示动作的意图存在着密不可分的关系。

第二节　汉语中的功能与形式相关研究

语言研究不仅对语言结构现象进行充分描写，更重要的是要考虑产生这些现象的交际环境、交际参与者（听话人、说话人）等因素。[①] 在讨论汉语中的功能和形式时，研究者主张把语言置于使用语言的实际环境中，将语言使用者和语言的交际功能联系起来，揭示语言形式的出现规律。[②] 因此，本节主要梳理了语言功能的各因素对词语和句法的影响研究、汉语中语言形式对不同语言功能的表达手段研究以及以往汉语中对建议功能及其表达手段的研究。另外，在语境中确定语言形式的表达含义，也是传统语言学中"消歧"方法之一。因此本节还关注了语言形式的多义/歧义现象和"消歧"手段的相关研究。

一　语言功能对语言形式的制约

语法是在实际运用中，由认知方式、社会需求和话语交互作用等因素的促动下形成的。[③] 对语言形式信息传递功能的了解不仅是对其结构分析的充分条件而且也是必要条件。为语法现象真正的解释可以大多数通过功能分析构建起来。[④]

自20世纪80年代后期起，汉语语法研究开始引入功能主义的语法分析。这些研究显示了如下特点：1）突破了形式研究中只关注内省的句式的做法，更多地注意各种语言行为的相关因素在话语组织中的影响；2）突破了在形式研究中只将注意力集中于类型异同的做法，而较多地关注实例的多少反映出的倾向性规律；3）突破了形式研究中将对象视为静态成品的做法，而较多地视为一个动态过程，研究听说双方的语言认知策

---

① 张伯江：《功能语法与汉语研究》，《语言科学》2005年第6期。
② 袁毓林：《语言学研究的现状和发展趋势》，《汉语学习》2001年第3期。
③ 张伯江：《功能语法与汉语研究》，《语言科学》2005年第6期。
④ 戴浩一著，廖秋忠译：《〈功能学说与中文文法〉导言》，《国外语言学》1990年第3期。

略；4）突破了形式语法中孤立地看待句子（甚至仅是一个结构）的做法，而重视联系语境进行分析。①

此类研究一般从语义功能的角度解释结构的分布、结构使用条件、变换条件等制约条件，通过语义指向和语义功能揭示句法规则。这一研究是当下的汉语功能语法研究的热点之一，篇章语言学、互动语言学等领域都有相关的研究及论著。

首先，功能、篇章含义可能对某一语法规则是否成立产生影响。如陆俭明（1990）对量词短语的句法功能研究。文中指出，汉语中的一些结构在缺少同现的作为名词短语或者动词短语的那一部分数量词时，不能成立。同时，有些结构只有在它们没有数量词时才能够成立。而在一些会话情景中，当无定或泛指陈述已经足够的时候，数量词的存在将会使得句子不能成立。② 这说明，话语功能对话语结构存在着制约作用。这样的制约存在着一定的层次性，制约成分的作用范围大小也存在差异。作用范围越小的，功能就越具体，句法强制性则越强；作用范围越大的，功能和意义就越抽象，也就能够越多地体现出客观意义减弱和主观意义增强的特点。

其次，某些语言结构在功能表达、语篇衔接中会产生意义的变异与分化。如徐盛桓（1999）对疑问句探询功能的迁移研究③、董秀芳（2002）对主谓式复合词成词的条件限制的研究④、杨德峰（2015）对主动宾句的宾语话题化考察⑤、方梅（2016）对互动功能下语气词"呀""啦""哪"的研究⑥等，讨论了语义、功能对语言形式的产生、凝固、变换的影响。

另外，说话人根据话语功能的不同，选择的形式也不同。语言交际就

---

① 张伯江、方梅：《汉语功能语法研究》，江西教育出版社1996年版，第3页。
② 陆俭明：《On the Functions of Classifiers and Measure Words in Chinese（现代汉语中数量词的作用）》，载戴浩一、薛凤生编《功能学说与中文文法》。转引自戴浩一著、廖秋忠译《〈功能学说与中文文法〉导言》，《国外语言学》1990年第3期。
③ 徐盛桓：《疑问句探询功能的迁移》，《中国语文》1999年第1期。
④ 董秀芳：《主谓式复合词成词的条件限制》，《西南民族学院学报》（哲学社会科学版）2002年第S4期。
⑤ 杨德峰：《主动宾句的宾语话题化考察》，《语言科学》2015年第4期。
⑥ 方梅：《北京话语气词变异形式的互动功能——以"呀""哪""啦"为例》，《语言教学与研究》2016年第2期。

是在语言的意义潜势（meaning potential）的系统中进行选择的过程。从各种不同的选择集合中，及时做出适当的选择是进行得体、流利的语言交际的基础。① 例如："祝愿"与"祝贺"似乎有些相似，但是"祝愿"可以用"感谢"或者反过来以原"祝愿"作为应答语，而"祝贺"不仅可以用这两种方式应答，还可以用表示"谦虚"的词来应答，但"谦虚"却不能用作"祝愿"的应答语。所以它们是两种不同的对答类型。

当前的研究热点——构式研究实际上也反映了语义、功能对语言形式的制约作用。构式的意义来自认知域的意象图式。具体来说，"每个构式都是某个具体的语言中所存在的、由以该语言为母语的说话人在认知域中形成的意象图式，投射到语言中所形成的语义框架在该语言中具体呈现的、表达人们对客观世界的某一方面的认识的句法形式。"② 构式的最大特点即表示在意义对形式的"压制性"。也就是说，语言的意义、口语中的语言功能，直接影响了形式的凝固及进入形式中的结构选择。

话语功能中，结构及其功能表达还存在着"动态浮现"的特点。这一观点与把语法看成是一个固定的、共时的系统的经典语法观相对立，将语法结构视为在话语力量的驱动下不断做出的反应。因此，该观点特别关注语言使用的频度，同时也关心使用该频度是如何对语言形式产生影响的。③

二 语言形式对话语功能的表达

本书要归纳表达建议功能的语言形式，需涉及汉语口语功能的表达形式研究。从交际的角度看，人们在言语交谈的过程中，往往通过句法形式以表达自己的思想。④ 汉语功能可以通过词汇、句法等形式进行表达，还可以通过语篇、语境等超文本形式加以实现。本节即围绕此三方面，对汉语语言形式对汉语功能的表达研究进行梳理。

---

① 张德禄：《功能语言学语言教学研究成果概观》，《外语与外语教学》2005年第1期。
② 陆俭明：《句类、句型、句模、句式、表达格式与构式——兼说"构式-语块"分析法》，《汉语学习》2016年第1期。
③ 张伯江：《功能语法与汉语研究》，《语言科学》2005年第6期。
④ 赵金铭：《汉语句法结构与对外汉语教学》，《中国语文》2010年第3期。

(一) 有关词汇手段的研究

语法实际上是一组词汇单位以特征的和谐匹配为基础的组合，它们在本质上是或大或小的关系。两个词组合在一起便会产生语法关系，随着词汇组合数目的增加，词汇特征的匹配要求便会越来越复杂。语法就是由一组特征和谐的词汇单位所构成的特定关联。① 词汇是表达语言功能的重要手段。

此类研究主要关注具体词语的功能表达和句法特点。如李明 (1995) 以红楼梦中词语为例，对儿化韵表义功能的研究②、董秀芳 (2004) 对疑问标记"有没有"的研究③等。邵敬敏、朱晓亚 (2005) 还将口语中的此类词专门命名为"功能词"，认为其具有以下特点：1. 单用，不作任何句子成分。2. 不表达具体的词汇意义，只具备某一种话语功能。3. 可以后附语气词，例如"的""啊""吧""了"等，并分别显示出不同的功能色彩④。张旺熹、李慧敏 (2009) 对副词"可"的语义功能进行了探讨，认为副词"可"往往出现于对话框架中，以凸显听者/说者的"预期"，激活对话的交互性。副词"可"是用于观照听者/说者间的主观期望，激活对话交互性的一个元语言成分。⑤

在汉语功能词汇表达的研究中，语法化研究的地位同样举足轻重。自20世纪90年代以来，语言学界从事语法化研究的学者普遍将频率看作语法化的一个重要条件和因素。⑥ 这一类的研究主要是针对单个词或某类词的表达功能研究。从历时层面上看，主要关注词、词组的语法化现象。如姚占龙 (2009) 对方位词"里、内"的方位表达及其范畴化研究⑦、张美兰、穆涌 (2015) 对称谓词"兄弟"历时演变及其路径研究⑧等。邵敬

---

① 张旺熹：《汉语句法的认知结构研究》，北京大学出版社2005年版。
② 李明：《从〈红楼梦〉中的词语看儿化韵的表义功能》，《世界汉语教学》1995年第1期。
③ 董秀芳：《现代汉语中的助动词"有没有"》，《语言教学与研究》2004年第2期。
④ 邵敬敏、朱晓亚：《"好"的话语功能及其虚化轨迹》，《中国语文》2005年第5期。
⑤ 张旺熹、李慧敏：《对话语境与副词"可"的交互主观性》，《语言教学与研究》2009年第2期。
⑥ 赵金铭：《汉语句法结构与对外汉语教学》，《中国语文》2010年第3期。
⑦ 姚占龙：《方位词"里、内"的方位表达及其范畴化》，《汉语学习》2009年第6期。
⑧ 张美兰、穆涌：《称谓词"兄弟"历时演变及其路径》，《中国语文》2015年第4期。

敏、朱晓亚（2005）对"好"的话语功能及虚化轨迹的研究，说明了"好"在表示积极就对、消极应对、话语衔接、某种特殊的语用功能。①

（二）有关句法手段的研究

这类研究一般关注句式在篇章中的语义变化，句式对话语信息传递的作用，以及句式对话语结构的作用（如话题转换，新内容提起，旧内容结束等）。主要有功能词组以及功能结构（句式）的研究。如"之所以"的词汇化研究②、"把"字句的位移图式③、"人称代词+NP"复指结构的话语功能分析④等。

此类研究还关注结构、句式的凝固过程及其表达功能。如吕叔湘（1982）对文言中的"以……为"到口语中的"把……当"句式演进研究。⑤ 张先亮（2011）对"可不是"的语篇功能及词汇化的研究，表明现代汉语中的习用语"可不是"，从分布和功能的角度来看，主要有两个：一是应答语，记为"可不是1"；二是篇章连接成分，记为"可不是2"。"可不是1"有赞同、确认、知晓、应酬、转换话题、信道等六种功能；"可不是2"有强化肯定、提醒注意、语段连接等三种功能。⑥ 张旺熹（2010）在对"人称代词+NP"结构的功能分析中指出，该结构的话语功能在于：对言者来说，要指称一个具有特定［+属性］内涵的言谈对象，进而启动谈论的话题。⑦

（三）有关篇章手段的研究

话语功能表达还可以通过篇章手段。即用两个以上小句来突出一个焦点成分。如张伯江，方梅（2014）在对焦点信息传递的研究中展示了连用两个以上的否定形式来表达同一个否定态度的篇章表达方式："**过一筛**

---

① 邵敬敏、朱晓亚：《"好"的话语功能及其虚化轨迹》，《中国语文》2005年第5期。
② 肖奚强、王灿龙：《"之所以"的词汇化》，《中国语文》2006年第6期。
③ 张旺熹：《汉语句法的认知结构研究》，北京大学出版社2005年版，第5页。
④ 张旺熹：《汉语口语成分的话语分析》，北京语言大学出版社2012年版，第71页。
⑤ 吕叔湘：《中国文法要略》，《吕叔湘全集（第一卷）》，辽宁教育出版社2002年版，第99页。
⑥ 张先亮：《"可不是"的语篇功能及词汇化》，《世界汉语教学》2011年第2期。
⑦ 张旺熹：《汉语"人称代词+NP"复指结构的话语功能——基于电视剧〈亮剑〉台词的分析》，《当代修辞学》2010年第5期。

子又过箩的材料，还能假吗？能假得了吗？"以及情景中，问话人发问时，答话人对预设不持异议。而答话人先做出一个一般性的否定回答，再进而否定问话人不持异议的预设，形成了对问话人的意外打击，加强了否定效果的篇章表达方式："我们不管，我们管得着吗？"。①

另外，研究者在篇章层面上的研究还关注语气、衔接等超句法层面的功能表达手段。如杨才英（2006）对语气隐喻功能的研究，表明语气可以表达礼貌、商讨和连贯等言语功能。②尹相熙（2011）对祈使语气对祈使范畴表达的研究，揭示了语气对语气强烈程度的表达影响，并以语气对命令、建议功能的区分为例，揭示语气在功能表达中的重要作用。③而李宗江（2009）对"我告诉你""你看你"的各类变体形式，如"你瞧你""你瞅你"等的考察中，对"人称代词+看/说/想"类结构对话语衔接的作用进行考察。④

事实上，在现有的研究中，对形式与功能间表达的研究往往是各个侧面研究的综合。如杨德峰（2012）对"V来V去"的研究，既考察了结构、篇章对构成成分的制约，也考察了该结构的句法功能即衍生格式。⑤袁毓林（1993）则在讨论说话人在表达"请求"和"乞免"时选择的语言结构时，也综合了词汇、句法、语篇的多影响因素。例如，在使用请求句时，常具备特定的语境：往往是说话人在某一方面有求于听话人。请求常通过祈使句来表达，语气是多少有点谦卑、恭敬的，可以在句尾加上语气词"吧"，句中常用"请""劳驾""借光"等敬词，主语常用第二人称代词敬称式"您"。⑥

三 汉语口语中建议功能及其表达形式

国内学者对建议功能及其分类的研究，主要体现在教学、考试的纲领

---

① 张伯江、方梅：《汉语功能语法研究》，江西教育出版社1996年版，第134页。
② 杨才英：《礼貌性、商讨性和连贯性》，《外语研究》2006年第3期。
③ 尹相熙：《现代汉语祈使范畴研究》，博士学位论文，复旦大学，2011年。
④ 李宗江：《"看你"类话语标记分析》，《语言科学》2009年第3期。
⑤ 杨德峰：《再议"V来V去"及与之相关的格式——基于语料库的研究》，《世界汉语教学》2012年第2期。
⑥ 袁毓林：《现代汉语祈使句研究》，北京大学出版社1993年版，第15页。

性文件中。如《对外汉语教学初级阶段功能大纲》《对外汉语教学中高级阶段功能大纲》等。前者归纳了六大类，共计 121 个项目功能项目；后者则在此基础上归纳了七大类、152 个功能项目：包括打招呼、感谢、拒绝、祝愿等社交活动中的表达功能；叙述、说明、评价等对理性认识的表述功能；如肯定与否定、同意与反对、批评与表扬等对客观情况的表达功能；喜欢与厌恶、希望与失望、谦虚、称赞等对主观情感的表达功能；同情、原谅、推诿等对道德情感的表达功能；如请求、建议、劝告、命令等对使令意义的表达功能；开始话题、改变话题、回避、结束交谈等对交际策略的表达功能。此外，《高等学校外国留学生汉语教学大纲（长期进修）》中也列出了汉语主要功能项目，内容与前两者大致相同。

对建议范畴的表达手段的研究存在于词汇、句法、语篇三个层面中。在词汇层面中，乐耀（2010）论证了表达建议功能的主观性标记副词"最好"的语法化过程。该文根据性质形容词"好"的语法化轨迹，通过能否在"最好"后加附着性成分"是"，论证了表达建议的主观性标记副词"最好"的来源应该是程度副词"最"+性质形容词"好"。这两个成分先经历了词汇化过程，再经历了语法化过程，其中还伴随了主观化，最终演变成表达建议功能的主观性标记副词。① 尹相熙（2011）则指出句末标记"吧"、情态动词"要""得""应该"具有表示说话人建议听话人做某事的功能。

在句法层面中，谢敏（2013）从陈述句、祈使句、疑问句三个方面举例说明了一些可表达建议范畴的结构形式。研究发现，在陈述句中，建议范畴一般通过施为动词（如建议、提议等）或心理动词（如觉得、认为等）来体现。形式可描写为"我+施为动词/心理动词+小句。"在祈使句中，建议常有通过"请……"和"……吧"两种形式表达，主语多为第二人称。在疑问句，常通过一般疑问句（常用结构为："是不是/好不好/……""……好吗/行吗？"）、特殊疑问句（如"……怎么样/如何"）、选择疑问句（如"是……还是……""或（者）……或（者）……"等）、反问句（如"为什么不……"）等进行表达。② 尹相

---

① 乐耀：《汉语中表达建议的主观性标记词"最好"》，《语言科学》2010 年第 2 期。
② 谢敏：《对外汉语教学中"建议"功能项目教学研究》，硕士学位论文，华中师范大学，2014 年。

熙（2011）也列举了"可以……嘛"等表达建议功能的语言形式。①

在语篇层面中，曾炯巍（2013）对建议专栏中的语气隐喻及其功能研究发现，建议功能的语言组织方式与其能否被求助者接受并实施直接相关。即使在陈述语气中，专家也更倾向于运用更为间接的方式发表建议，避免有强加个人意志之嫌。在专家使用与"命令"这一祈使语气来表达建议功能时，能够在一定程度上凸显建议专栏的专业性和权威性。同时，专家也倾向于使用语气隐喻的方式来发表建议，作为一种间接而委婉的语言策略，该方式能降低建议行为的面子威胁性，减少求助者对专家这一权威角色的心理抵触，提高其接受的可能性。②

另外，对建议、商量、商榷等功能表达的研究，还散见于祈使句、助动词、疑问句、语气词的研究中。本书的第六章将集中梳理相应形式对建议功能表达的研究，并讨论建议功能的表达手段。

四　汉语口语表达中的多义、歧义现象

歧义和多义都指的是一种言语表达形式具有一种以上的意义，但是两者并不相同。多义是静态的、客观的存在，而歧义是动态的、理解上的不同（王维成，1988）。从赵元任、朱德熙开始，20世纪80—90年代，该课题的研究一直居于语法研究关注度的前列。根据中国期刊网统计，1980—2011年，有关歧义的研究文章总共达到720多篇，专著也出版了好几本。③

目前，对多义和歧义的定义众说纷纭。例如："歧义是指同一语言形式表达几种不同意义的现象。④""歧义就是一种语言形式有两种或几种可能的意义解释，这是自然语言中普遍存在的现象。⑤""歧义现象是指交际过程中受话者对言语片段的理解不是一解而是多解，语篇语境因素影响着

---

① 尹相熙：《现代汉语祈使范畴研究》，博士学位论文，复旦大学，2011年。
② 曾炯巍：《建议专栏中的语气隐喻及其功能》，《语文学刊》2013年第7期。
③ 邵敬敏：《寻求歧义研究的解释力度：从认知视角到社会视角——兼评〈现代汉语歧义识别与消解的认知研究〉》，《当代修辞学》2011年第3期。
④ 尤庆学：《汉语歧义研究综》，《汉语学习》2001年第4期。
⑤ 林新年：《歧义结构分析方法述评》，《福建论坛》（文史哲版）1998年第3期。

歧义产生的全过程。①"等。它反映了研究者在歧义定性认识方面存在较大分歧。本书关注建议功能在汉语口语中的表达情况，因此不对其概念分歧进行深入探索，主要关注对多义、歧义现象的分化和消解方面研究。关于消除歧义的途径和手段。多义词是形成歧义的一个重要原因，句法结构关系的不同也是歧义形成的原因，语境也可以形成歧义。② 可见，歧义主要来源于词汇、句法结构、语境三个层面。

在词汇层面，有研究者从历时、认知的角度解析词汇的多义现象。③ 在多义词的义项分化上，多义词的区分可通过语义分析来实现，例如义素分析法、引申义列梳理法等。不同的方法间也存在着一定的适用范围，例如，义素分析法适用于检验由于词义扩大、缩小和转移而产生的多个义项在现时语感中是否还有联系。而词源考索法则适用于验证现时语感有联系的意义是否有词源的联系。引申义列梳理法在分析附丽于同音形的众多义项时更为有用。相关比较法则在处理与隐喻、通感和虚化等相关的词义衍化现象时比较有效。④ 另外，研究者也关注在汉语作为第二语言教学中对多义词的教学。教学中，多义词如果具有多个义项，在不同的义项上往往会有不同的用法，学习者在使用中的偏误也常表现出不同的倾向。因而应当注意区分多义词在不同义项上的偏误特点，以便在教学中更有针对性地预防、纠正学生的错误。⑤ 在教学中，提供核心义也可以帮助学习者消除多义词的歧义困扰。⑥

在句法形式层面，对歧义现象产生的研究大致可分为三类：1. 从句法形式中入手，分析歧义产生的根源，例如乔姆斯基的转换生成语言学；2. 从语义关系中入手，分析句法形式产生歧义的潜在可能，例如冯志伟

---

① 刘兴林：《歧义的语境解读》，《徐州师范大学学报》2006 年第 5 期。
② 徐思益：《在一定的语境中产生的歧义现象》，《中国语文》1985 年第 5 期。
③ 林正军、杨忠：《一词多义现象的历时和认知解析》，《外语教学与研究》（外国语文双月刊）2005 年第 5 期。
④ 张博：《现代汉语同形同音词与多义词的区分原则和方法》，《语言教学与研究》2004 年第 4 期。
⑤ 李慧、李华、付娜、何国锦：《汉语常用多义词在中介语语料库中的义项分布及偏误考察》，《世界汉语教学》2007 年第 1 期。
⑥ 张江丽：《提供核心义对汉语第二语言学习者多义词词义猜测的影响》，《语文文字应用》2013 年第 6 期。

的"潜在语义论";3. 将句法形式的生成与语义解释的组合相对应,分析歧义现象产生的过程,例如蒙塔古语法。在歧义消解方面,消除歧义的手段大致有五种:语音,上文,下文,环境,情理。另外,改换词语或句式也是消除歧义的常用方式。① 书面语中的歧义消除常可以通过同义词语的替换、词语的增添、语序的变换或增加语境等方法。② 冯志伟(1996)归纳了自然语言处理中的歧义消解方法,提出"潜在歧义论"。即所有的歧义格式在一定的条件下都可能实例化为非歧义结构。歧义格式自身就包含了消解歧义的因素,而这一因素的实质则是结构中词类间的语义关系。所谓的人工消歧手段指的就是使用某种手段使歧义结构意义单一化。③

句法层面中的歧义,也常由于词汇多义造成。一个词不只有一个语义特征,词在某一个语言结构中,其语义特征并不都体现出来,仅显示部分语义特征。就歧义格式中的词来说,造成歧义的仅是其语义特征中的某些关键性的特征,当一词在一个语言结构中出现,在其中体现出几个相互对立排斥、本应互补分布的语义特征时,歧义就产生了。例如"说"出现在"我也 V 不好"中,与其他词语搭配,使它的 11 个义项中有 4 个相互对立排斥,本应互补分布义项显现出来,在这一格式中形成了 4 种歧义。④

在语篇层面中,相对于"句法歧义",还存在"语境歧义"的概念。不少研究者探寻在语境层面中,通过语篇外的信息补充,达到消除歧义的效果。⑤ 如研究者对传统的歧义句"鸡不吃了"进行消歧:

例 1:
(餐厅中,服务员端上一盘鸡,就餐者看了以后,露出不满意的神情)
就餐者:鸡不吃了。

---

① 吕叔湘:《歧义类例》,《中国语文》1984 年第 5 期。
② 任家英:《歧义结构试析》,《杭州大学学报》1986 年第 4 期。
③ 冯志伟:《自然语言处理中的歧义消解方法》,《语言文字应用》1996 年第 1 期。
④ 丁崇明:《歧义格式"我也 V 不好"》,《云南民族大学学报》(哲学社会科学版)2006 年第 3 期。
⑤ 王金娟:《语境———消除歧义的最佳途径》,《浙江师范大学学报》1996 年第 1 期。

例2：

(养鸡场的饲养员看着不肯进食的鸡，叹了一口气)

饲养员：鸡不吃了。

例1和例2对"鸡不吃了。"这个句子的消歧，就是通过补充说话人说出该句子的情景条件，利用"语篇外信息"进行了歧义消解。①

诚然，上句也可以通过传统的变换分析、层次分析法进行消歧。由此可见，歧义的层次之间存在着内部联系，歧义格式是可以通过建立演绎模型得到消歧的。正因为歧义具有一定的系统性，所以"我们可考虑通过建立歧义关系的演绎模型，由具体到抽象，由零散到系统，使歧义研究的方法具有可操作性。"②

第三节 有关语境的研究

在交际中，语境的不同可能导致语篇变体（即语域，"根据使用界定的变体"）的出现。在语域变体中，词汇语法某些部分的使用频率常发生变化，以建立与语境的某些方面相呼应的模式。特定的语境常常与特定的词汇语法特征有关。比如，在使用说明类的程序性语篇中，祈使语气的使用频率往往高于平均值。③ 如果话语讨论的是假设性的问题，就很可能使用 if（如果）、when（当……的时候）等词语。④ 因此，我们将关注两个方面的研究：形成语篇变体的语境类型及其组成要素（即语境变量）的研究和语境对语言形式的影响方式研究。

一 语境的分类及语境变量

"语境"的英语对应词为 context。这个词最初只是指某个词句的"上

---

① 刘兴林：《歧义的语境解读》，《徐州师范大学学报》2006年第5期。
② 施春宏：《歧义现象的演绎分析——以一组层次构造歧义的系统性分析为例》，《语言教学与研究》2000年第1期。
③ M. A. K. 韩礼德、姜望琪、付毓玲：《篇章、语篇、信息——系统功能语言学视角》，《北京大学学报》（哲学社会科学版）2011年第1期。
④ 陈平：《〈话语分析手册〉（第二卷）：话语的各个方面述评》，《国外语言学》1987年第2期。

下文",即 Catford 后来所说的 co-text。① 人类学家 Malinowski 于 1923 和 1935 年提出了"情景语境"和"文化语境"的概念。我国学者陈望道（1950）则提出"题旨、情境"的概念，认为"自然社会环境""人们（说话时的）信念、欲望、意志"等能够影响人们在语言表达时对形式的选择。②

从 20 世纪 60 年代开始，语境的研究开始重视语境变量的分类以及语境变量与语义结构之间的关系。韩礼德（1961）将情景因素归纳为三种：1. 话语范围。2. 话语基调。3. 话语方式。③ Jakobson 将语境因素分为六种：说话者、受话者、信息、语境、代码和接触。Hymes（1974）则将语境变量归纳为八种，简写为：SPEAKING。其中，S 指的是场所和场景（setting and scene）。P 指的是参与者（Participant），即说话者和受话者。E 指的是说话的目的（Ends）。A 指的是行为序列（Act sequence），即信息的内容与组织形式；K 指的是基调（Key），即说话者的语调、态度；I 指的是媒介（Instrumentalities），即交际的渠道，包括语言渠道和非语言渠道；N 指的是（Normal），即相互交流和理解的规范；G 指的是语类（Genre），即语篇所属的类型或体裁。Lyons（1977）则将语境变量分为六个：1. 参与者扮演的角色和地位。2. 参与者所处的时空位置。3. 交际的正式程度。4. 交际的实现媒介。5. 交谈的话题以及说话者对话题的态度。6. 话题涉及的范围和领域。Van Dijk 则认为与话语相关的语境因素包括参与者的知识、信念、目的和意图、话语行为的本身及其结构、即时语境的时空特征等。另外，Firth（1957）、Gregory（1978）、Jakobson（1960）、Van Dijk（1977）、Cook（1992）等语言学家也都从各自的研究角度对语境要素做出了分类，共涉及时空位置、范围、领域、话题、场景、行为序列、参与者、行为目的、话语正式程度、话语媒介、话语意图、话语结构等数十种语境要素。④

我国学者的研究中，在国内，张志公（1985）将语言环境分为狭义

---

① 朱永生：《语境动态研究》，北京大学出版社 2005 年版，第 6 页。
② 陈望道：《修辞学发凡》，复旦大学出版社 2008 年版，第 7—9 页。
③ Halliday. M. A. K., "Categories of the Theory of Grammar", *Word*17 (3), 1961, pp. 241-292.
④ 参见朱永生《语境动态研究》，北京大学出版社 2005 年版，第 6—22 页。

的和广义的,即包括交际双方个人的情况和社会性质和特点等。除了对国外语境研究的介绍、例证外,申小龙、高飏、程裕祯等学者也对中华文化、社会心理、社会制度、文化传统、文化习俗对语言表达的制约进行了研究。① 又如王建华(2002)指出,汉民族的言语行为中处处联系着"得体、宽容、谦逊、赞扬、尊敬、同情"等礼貌观念。这样的观念影响了人们的说话方式和说话内容。在本民族之间进行交际,同样有正确把握文化语境的必要,否则可能造成交际上的阻碍。②

综上所述,国内外研究者从不同角度,提取出了影响语言表达的数十个语境要素。这些要素可以分为会话参与双方、话语内容、外部环境三类。

二 语境对话语中语言形式的制约

语篇与语境之间为互补关系,两者互为前提。语篇在语境中产生,而语篇又可以创造、改变甚至重构语境。语言形式,如语法-词汇可以用于构建语篇,然而语篇又与情景语境紧密相关。即情景语境制约语篇生成,而语篇的生成又制约语法-词汇的选择和使用。③ 韩礼德(1956)认为,语音学研究的是物质即语音物质和语符物质,而语言学研究的是形式层,即词汇-语法层,以及与此相关的音系层和语境层。语言作为一种意义表达系统,一个语篇(例如日常生活中的一个简单请求 Can you open the door?)就是语言系统的一个实例(instance)。④ 语境和语篇可比作"气候"与"天气",语篇与语境之间存在着"双向预测""相互创造"的关系。社会中的角色关系决定说话人的人际功能(interpersonal function),而人际功能将在说话人对语气系统(mood system)、情态(modality)意义进行选择时产生影响。⑤

---

① 参见朱永生《语境动态研究》,北京大学出版社 2005 年版,第 23—25 页。
② 王建华、周明强、盛爱萍:《现代汉语语境研究》,浙江大学出版社 2002 年版,第 265 页。
③ John Lyons, *Semantics*, Cambridge: Cambridge University Press, 1977, Vol.1, p.1.
④ 黄国文:《语篇分析与系统功能语言学理论的建构》,《外语与外语教学》2010 年第 5 期。
⑤ Halliday. M. A. K., *Introduction to Functional Grammar*, London: Edward Arnold, 1985, 2nd rev. edn. 1994, p. 524.

我国学者对语境的研究最早是从修辞角度入手。陈望道在《修辞学发凡》中所指的"题旨情境"的内涵即与"语境"类同。语境–语篇之间存在如下关系：1. 言语交际过程中，除了语音这一物质承载，还需要依托说话人的所在环境得以实现。2. 说话人要根据不同情境选择不同的意图、说话方式，而选择相应的话语结构。3. 现实存在的情景对能够进入该情景的话语具有意义制约和结构选择的作用。① 后朱德熙（1980）、王建华（1987）、西槙光正（1991）结合语境解释省略、回指、流水句、言外之意的使用条件及歧义的消除手段等。②③④

关于语境如何影响语言表达，具体的研究主要集中在以下三个方面：

（一）交际双方因素影响语言形式的选择与表义

在以往的研究中，交际双方因素的影响主要体现在言语策略、话语意义及语言形式选择等方面。例如，说话者会根据交际双方的人物关系选择不同的言语策略。说话双方的人物类型不同，导致了话语行为过程不同。交际双方的人物关系会对交谈中的词语意义、句子意义的产生影响。⑤ 例如，在劝解场景下，人物关系、人物地位、角色类别等因素能够通过"人家"一词影响"移情"功能的发生。⑥

系统功能语言学中提出的话语基调是由人物关系决定的，Poynton（1985）指出，话语基调中存在三种变量：权力、接触和情感。同样的功能，将由于话语基调的不同而采用不同的表达语气（陈述句、祈使句、疑问句）。威尔金斯（1983）认为，一种交际功能可以通过多种表达手段来实现，而表达手段的选择与语境、语言知识等条件密切相关。一些词汇、句子、结构有着相似的交际功能。如"I suggest going to the zoo." "Shall we go to the zoo?" \\ "How about going to the zoo?" \\ "Another

---

① 陈望道：《修辞学发凡》，复旦大学出版社 2008 年版，第 6—9 页。
② 朱德熙：《汉语句法中的歧义现象》，《中国语文》1980 年第 1 期。
③ 王建华：《语境歧义分析》，《中国语文》1987 年第 1 期。
④ 西槙光正：《语境与语言研究》，《中国语文》1991 年第 2 期。
⑤ Poynton, C: Language and Gender: Making the Difference. Geelong, Vic.: Deakin University Press, 1985. 转引自朱炜《话语基调研究动态概览》，《外语与外语教学》2009 年第 9 期。
⑥ 张旺熹、韩超：《人称代词"人家"的劝解场景与移情功能——基于三部电视剧台词的话语分析》，《语言教学与研究》2011 年第 6 期。

possibility would be go to the zoo."均可表达"建议去动物园"这一交际功能。而学习者需要根据人物关系、表达目的等条件进行判断，从而选择出合适的表达手段。① "只有了解了在什么样的语言环境中，为了何种表达需要才会使用该语言形式"，交际的准确性、得体性才能实现。②

（二）话语内容对语言形式的选择与制约

从话语内容上看，语篇被看作语义单位而不是语法单位（韩礼德，1978），它与小句的关系不是"构成"（composition）和被构成的关系，而是"体现"（realization）与被体现的关系：语篇由小句体现，语义由词汇语法体现。③ 语篇内容、话语目的对语言形式的选择和使用有着决定性的影响。Thompson（1992）的研究显示，正是由于疑问句的功能是"转换话轮"，而否定句的功能是"否定内容"，因此疑问表示法总是在句子平面，而否定表示法总是在谓语中心。④

话语内容、目的的表达可能带来新的语言形式。Talmy（1996）指出，语言可以通过明确提及情景的某一部分，使其成为注意的焦点，同时通过省略的方法将该情景的其他部分成为背景部分。这一现象被称为"注意力窗口化"，语言发生的情景被称为"事件框架"，被说话人置于焦点的部分称为"窗"，同时，被背景化的部分称为"省略部分"。⑤

话语内容、目的还能够对话语结构的选择产生影响。张伯江、方梅（1996）对汉语特指疑问句的选择问题的研究显示，同义句的形式选择往往与情景语境与句子功能的契合程度有关。在汉语特指疑问句中，疑问词一般有在动词前和动词后两种位置。这两种问句的实质区别，就在于预设

---

① D. A. Wilkins., *Notional Syllabuses*, Oxford: Oxford University Press, 1983, p. 47.

② 赵金铭：《对外汉语语法教学的三个阶段及其教学主旨》，《世界汉语教学》1996年第3期。

③ 黄国文：《语篇分析与系统功能语言学理论的建构》，《外语与外语教学》2010年第5期。

④ Thompson, Sandra A., Functional Grammar, in William Bright ed., *Oxford International Encyclopedia of Linguistics*, Oxford: Oxford University Press, 1992, pp. 37-40. 转引自张伯江《功能语法与汉语研究》，《语言科学》2005年第6期。

⑤ Talmy. L., "The Windowing of attention in language", in Shibatani. M. & Thompson. S. A. eds., *Grammatical Constructions: Their Form And Meaning*, Oxford: Clarendon Press, 1996.

的性质乃至焦点性质不同。例如：在对（1）王朔是谁？（2）谁是王朔？这两句话的形式选择中，当有人谈论"王朔"的时候，如果听话人对句中的"王朔"一无所知，而要求对方说明"王朔"这个人，他就会采用（2）句，其中的疑问焦点"谁"属于常规焦点。假如说话人知道"王朔"是个作家，也知道"王朔"在场，但是辨认不出来，这时候他就会采用（1）句。①

（三）外部环境因素对语言形式的选择与制约

此类研究关注研究口语成分出现的典型会话场景具有怎样的特征及其所在的会话场景对其基本的表达功能具有怎样的制约作用。巴赫金（M. M. Bakhtin）认为，所有的话语都是言语交际链条中的一环，传播的信息与传播的形式、方式、具体条件是不可分的。② 对于说话人来说，交际时的重点并不在于形式是否一致，而在于说话人是否能在具体语境中获得新的、具体的意义。意义是说话人和听话人凭借语音综合体相互作用的结果。口语研究中，语言分析不仅要重视语言发生的语言内语境（linguistic context），同时也要重视情景（语言外）语境（extra-linguistic context）。情景语境决定了在情景中可能发生的事件、行为类型，例如游戏、交流、任务、讨论等。在这些情景中，人的行为是有结构的，如在商店买东西的程序等。③ 这样的结构程序规定了可能选择的话语类型和语言形式。

场景外部环境因素对语言形式的影响，还表现在场景对语篇语体的影响。语体是话语在其功能的影响下，做出的语言承载形式的选择。人们一般把语体分为口语语体和书面语体等。随着语言研究的不断深入，人们越来越深刻地认识到：不同语体具有不同的语言特征，不同的语体里有不同的语法，语言研究必须区分不同的语体。韩礼德（2011）指出，语篇类型的变异，即语域变体（register）——"根据使用界定的变体"与语言的外部环境存在一定的相关性。例如，说话人的语言角色，即那些用语言系统可以定义的角色，如在对话角色中的，提问者，回答者，反馈者，怀

---

① 张伯江、方梅：《汉语功能语法研究》，江西教育出版社1996年版，第74页。
② 王永祥、潘新宁：《对话性：巴赫金超语言学的理论核心》，《当代修辞学》2012年第3期。
③ 张德禄：《功能语言学语言教学研究成果概观》，《外语与外语教学》2005年第1期。

疑者，反对者等，事实上与说话人的社会角色有关。比如在"教师-学生"这一组交谈者之间，"教师"一般是"提问者"而学生一般是"回答者"。这样的角色不同，自然会影响交谈参与者对信息组织方式、连贯手段等。而"活动类型（activity type）""场境（setting）"，特别是机制性场境，如工作面试或者法庭审问等，对语言形式选择的影响是不言而喻的。"语篇种类"（discourse genre）这一术语就常常用于描述这类变体。①

（四）语体对语言形式的影响

语体是话语在功能风格上的体现，人们一般把语体分为口语语体和局面语体等。陶红印（1999）阐述了语体在语言研究中的重要意义："不同语体具有不同的语言特征，不同的语体里有不同的语法，语言研究必须区分不同的语体。"②

汉语研究中则有不少针对同一问题研究而产生结果迥异的现象，这些往往跟语体的区分有关。朱德熙（1987）也曾批评过把不同汉语变体揉在一起寻找共同语法规律的做法，他提出"应该对口语语法和书面语语法分别进行细致的研究"。③

陆俭明（1985）发现"去+VP"倾向于自由地运用于普通话书面语和南方方言，很少用于北京口语，"VP+去"则是北京口语以及许多北方方言的首要选择，而语体分工带到普通书面语中又继之形成了功能分工。④ 汉语中SVO语序与SOV语序的分布问题、汉语的易位句问题、形容词的主要功能是作定语还是作谓语之争等，也都跟语体有关。⑤

李咸菊（2008）通过分析北京口语常用的话语标记"嗯""啊""哎"等，揭示出汉语口语与书面语的不同：现实交际中的语句，往往是缺少严密的计划的。句子中会有断断续续、突然跳脱、重复啰唆、追加补

---

① M. A. K. 韩礼德、姜望琪、付毓玲：《篇章、语篇、信息——系统功能语言学视角》，《北京大学学报》（哲学社会科学版）2011年第1期。
② 陶红印：《试论语体分类的语法学意义》，《当代语言学》1999年第3期。
③ 张伯江：《功能语法与汉语研究》，《语言科学》2005年第6期。
④ 陆俭明：《关于"去+VP"和"VP+去"句式》，《语言教学与研究》1985年第4期。
⑤ 王海峰：《现代汉语离合词离析现象语体分布特征考察》，《语言文字应用》2009年第3期。

充、自我纠正、照应不周等现象。口语中的话语标记可能有不同的使用情况和社会分布特征。①

方梅（2013）通过不同语体材料的对比分析，说明句法特征具有语体分布差异，句法限制具有语体相对性，句法形式的语义解读具有语体依赖性。语体特征在宏观上规定了句子的语气类型和功能类型。叙事语体里，体现事件过程的前景信息与体现时间、处所、方式和状态等内容的背景信息要采用不同的编码方式；而疑问、命令等出现于互动交际模式的语句，则有其相应的焦点和语气、情态要求。②

第四节　原型范畴理论及相关研究

范畴是事物在认知中的归类，是人们在互动体验的基础上对客观事物普遍本质在思维上的概括反映，是由一些通常聚集在一起的属性所构成的"完型"概念构成的。根据认知语言学的定义，范畴指一个事物的集合。集合中的事物构成范畴的成员。范畴化是指人类建立范畴的过程。概念是范畴的心理表征。③④

如何看范畴的界定、范畴的分合、范畴的形成，称为范畴观。徐通锵（1997）指出语言中具有［离散/连续］一对范畴。⑤ 离散范畴由一些客观特征，或者是必要充分条件界定，符合这些特征或条件的就属于这个范畴，不符合的就不属于这个范畴。而连续范畴之间则没有明确的分界，存在着许多过渡状态。从维特根斯坦提出范畴成员的"家庭相似性"开始，哲学家、心理学家、语言学家、人类学家分别在各自的领域发现了不少连续范畴。一个连续范畴的内部成员地位不均等，有的是典型成员，有的是非典型成员，找不出共同特征来［只存在"家族相似性（family resem-

---

① 李咸菊：《北京口语常用话语标记研究》，博士学位论文，北京语言大学，2008年。
② 方梅：《谈语体特征的句法表现》，《当代修辞学》2013年第2期。
③ 廖秋忠：《也谈形式主义与功能主义》，《国外语言学》1991年第2期。
④ 吴世雄、陈维振：《论语义范畴的家族相似性》，《外语教学与研究》1996年第4期。
⑤ 徐通锵：《语言论——语义形语言的结构原理和研究方法》，东北师范大学出版社1997年版，第488页。

blance）"］，所以连续范畴也叫"典型范畴"（prototype category）。① 事实上，语言中的许多现象都是一个程度问题，语言中的关系并不无可能是全有或全无，语言中的范畴也并不总是有清晰的界定或在范畴边界上没有模糊现象。②

本书在对汉语建议情景的表达情景、表达手段进行分析之后，还将构拟汉语口语的中建议功能的表达范畴，描写范畴成员及其区别特征。因此，本节将梳理以往研究中对范畴及原型的界定及相关理论，借鉴以往研究中对范畴的划分及典型成员的确立和描写方法。

一 原型范畴的确立与划分

范畴化是"出于某些目的，把各种不同的、有时甚至是迥异的成分视为等同成分"的过程。按照"家族相似学说"，一个范畴的内部成员之间并没有什么共同特性，只有相似性。范畴中的成员地位通常是一个程度问题，存在着典型成员和边缘成员。③ 认知语言学认为，典型成员和边缘成员之间不是简单的对应关系，成员之间存在认知加工环节，即范畴化环节。

牛保义（2012）归纳了两种范畴化路径：原型范畴化比较和图式范畴化比较。原型范畴化比较，指的是以范畴的原型成员为标准，被范畴化的对象为目标，比较被范畴化对象与原型成员的相似性，对其适切性（well-formedness）或成员资格做出判断。图式范畴化比较指的是以图式性范畴为标准，以原型范畴和边缘范畴为目标，将后者范畴化为图式性范畴的实例（instance）的过程。一般情况下，原型范畴化比较的标准与目标之间为延伸关系（extension），因为目标与标准之间存在着不同程度的差异或不匹配的情况。而图式范畴化比较的标准与目标之间为阐释关系（elaboration），因为所有实例的特征都包含在图式范畴的特征里。④

---

① 沈家煊：《从语言看中西方的范畴观》，《中国社会科学》2017年第7期。
② ［美］兰盖克：《认知语法基础》，牛保义、王义娜、席留生、高航译，北京大学出版社2013年版，第18页。
③ 沈家煊：《不对称和标记论》，江西教育出版社1999年版，第14页。
④ 牛保义：《"Bake NP NP"是属于动词还是属于构式？——以使用为基础的研究》，《外语研究》2012年第1期。

认知语言学对语义模型的建构常采用图式范畴化的方法，通过汉语句法结构层面上的语言实例，建构认知序位及更大的认知图式。概念与语言形式的关系为"基本行为→概念化（即范畴化和图式化）→语言形式"。① 语义理解的基础是一个涉及背景知识的复杂认知结构。这种复杂的认知结构反映着特定社会各种相关认知域里的文化环境中的说话人对某个或某些领域里的经验具有统一的、典型的、理想化的理解。这种经验结构，普遍反映在某一社团的人们的思维、认知行为之中，并在其语言系统之中表现出来。这就是所谓的"理想化的认知模型"（ICM）。②③ 以"连"字句为例，"连"字句的语言形式，反映了从"理想化的认知模型"到"情理值"再到"序位化"的认知过程，这也是汉语"连"字句形成的语义基础。④

原型范畴化则常与原型间的典型成员的确定、区别特征的描写相关。

二 原型间的典型成员与区别特征

范畴常常是以原型实例（prototypical instance）为中心组织起来的。原型实例指的是一个范畴中常见的、普通的成员。在范畴中，范畴成员的资格是一个程度问题：原型实例是完全属于该范畴，在范畴中占有中心地位的成员。而其他实例，根据它们偏离原型的程度与方式，构成一个由中心到边缘的渐变等级。缺少一个明显的基本特征不会使人们把它们从范畴中排除出去，只不过是将其视为非原型的成员罢了。⑤

对原型的研究始于20世纪60年代末。Berlin & Kay（1969）在调查了98种语言后，发现了"焦点色"（人们对颜色进行范畴化的参照系统）的存在。⑥ 罗施（Rosch）等心理学家通过实验表明，颜色的概念也是以原型范畴的形式存在的。如颜色范畴"红"，有些光波似乎最纯或最

---

① 熊学亮：《第一人称零主语的ICM分析》，《现代外语》2001年第1期。
② 张敏：《认知语言学与汉语名词短语》，中国社会科学出版社1998年版，第61页。
③ 沈家煊：《不对称和标记论》，江西教育出版社1999年版，第10页。
④ 张旺熹：《汉语句法的认知结构研究》，北京大学出版社2005年版，第19页。
⑤ [美]兰盖克：《认知语法基础》，牛保义、王义娜、席留生、高航译，北京大学出版社2013年版，第17页。
⑥ Berlin. B. & P. Kay: Basic Color Terms: Their University and Evolution, 1969, pp. 22-29.

好，与其他似乎也属于"红"的光波相比，这些光波更引人注意（eye-catching），存在认知显著性。以此为焦点或中心组织的相邻却光波，常被统称为"红"。罗施假设典型的光波是由人的感知特征（perceptional properties）决定的，人类的视觉系统对最"红"部分的色调比较敏感。罗施和麦尔维斯（Rosch, E. & Mervis C., 1975）根据维特根斯坦的"家族相似"理论提出了范畴化过程中的"容忍原则"，即家族相似性原则。一个事物是否可被视为某个范畴的成员，需对该事物与该范畴内的原有成员进行家族相似性的比较。所谓家族相似性，指的是某一事物所具有的属性与目标范畴内原有范畴成员的属性的重合（overlapping）程度。①

研究者通常通过特征和特征表征以描写、区别范畴成员。特征表征主要是为了分类目的而提出的，比如在语音分类中，人们提出［+高］这样一个特征，是根据一些音共有并系统使用的同一特征，因而将它们划归一类。这样的概念被广泛地运用于各类语言描写中。如牛保义（2012）在认知语法的范畴化理论框架内探讨了"bake NP NP"与双及物构式"V NP NP"之间的范畴化关系，认为"bake NP NP"是"V NP NP"通过原型范畴化和图式范畴化将"bake NP NP"范畴化为"give NP NP"家族的边缘成员"transfer NP NP"式的一个实例。并据此得出"bake NP NP"既属于动词又属于构式的结论。② 彭宣维（2004）通过讨论与"火"不同方面引申出的不同词串，讨论不同范畴内的隐喻映射与词义范畴的关系③。周瑞英（2016）则通过范畴对比，讨论了英语词义的模糊性、多样性、层次性、变化性和民族性等特点。④ 区别特征也被用于以描写句法特点，对进入该结构的形式进行特征区分。在祈使句的句法语义特征进行描写时，对能够进入该结构的动词进行特征描写，能凸显祈使句的句法特点。例如，在对陈述句与祈使句进行对比时，举了在"大风把帽子刮走

---

① Rosch, E.: Natural Categories，转引自张敏：《认知语言学与汉语名词短语》，中国社会科学出版社1998年版，第52—53页。
② 牛保义：《"Bake NP NP"是属于动词还是属于构式？——以使用为基础的研究》，《外语研究》2012年第1期。
③ 彭宣维：《认知发展、隐喻映射与词义范畴的延伸——现代汉语词汇系统形成的认知机制》，《北京师范大学学报》（社会科学版）2004年第3期。
④ 周瑞英：《英语词义特点原型范畴理论视角研究》，《湖南社会科学》2016年第3期。

了"与"把帽子刮走!"中,VC[-人]能够进入陈述句,但不能进入祈使句的例子,以说明祈使句的句法结构特征对动结式进行的语义选择。①

原型范畴理论也适用于汉语第二语言教学。杨德峰(2011)的研究表明,同一个格式中宾语的各语义类出现的频率有很大的差别,即宾语存在着范畴化现象,有典型宾语和边缘宾语的区别。在对外汉语教材编写和教学中,应该"有意识地先出典型宾语或先教典型宾语,后出边缘宾语或后教边缘宾语。"②

同时,原型范畴理论也受到了一些研究者的批评。如俞建梁、黄和斌(2008)的研究指出,原型理论研究的范畴数量有限,因此在理论的系统性和解释性方面都有缺陷。他们以反训词"扰"为例,证明并非所有语义范畴都具有原型范畴特征。他们的研究表明,语义范畴"扰"含有两个对立的核心意义,二者共同构成该范畴的核心,没有主次之分;义项之间的家族相似性不彻底;范畴兼容两个截然相反的语义次范畴。③

第五节 有关话语功能的表达研究

Firth(1935)指出:"只有在会话中,语言学家才能找到更好地理解语言是什么和它是怎样工作的关键。"④ Stubbs(1983)给话语下的定义包括以下几点:1. 是自然发生的;2. 比句子和分句大的语言单位;3. 包括口语和书面语;4. 语句间是有关联的;5. 在社会环境中使用的语言。⑤ 话语分析(Conversation Analysis,又称会话分析)是篇章语言学的一个门类,本书仅关注其中对话语功能的表达手段、话语语篇的衔接与连贯手段及话轮间的话语标记等相关研究。

而语篇的"连贯"也需要通过一定的衔接手段:"语言自身的谋篇机

---

① 袁毓林:《现代汉语祈使句研究》,北京大学出版社1993年版,第25页。
② 杨德峰:《VC_ 1OC_ 2中宾语的语义类及范畴化现象》,《华文教学与研究》2011年第1期。
③ 俞建梁、黄和斌:《原型理论的缺陷与不足》,《外语学刊》2008年第2期。
④ Firth. J. R.,*The technique of semantics*,1935,转引自刘虹《会话结构分析》,北京大学出版社2004年版,第7页。
⑤ Stubbs. M.,*Discourse Analysis*,Oxford:Blackwell,1983,转引自刘虹《会话结构分析》,北京大学出版社2004年版,第4页。

制包括小句的主位结构与信息结构，以及非结构性的衔接手段，如指称、省略或替代、连接，以及词汇的重复、搭配和意义关系"。①

汉语口语中建议功能的形成、表达，是说话人在语境中产生表达建议功能的意愿后，在语言形式中进行选择，在话轮间进行功能表达，使话语中的各个语句连贯、衔接，最终形成话语意义的结果。本书对话语分析理论的运用，主要在表达建议功能的形式如何在话语的语境中实现连贯、采用了哪些衔接手段，如何在话轮中传递建议需求等。相应地，本节将梳理关于话语功能的表达手段。

一 话轮中的话语功能表达

人们在言语交际中通过话轮转换实现多种功能，如表意功能、操作功能、词性功能和想象功能等。在口语中，话语功能的实现往往依靠一个或数个话轮实现。Schegloff & Jefferson（1977）提出的"话轮转换"理论指出，一次会话至少包括发话人和听话人双方各自发出一个话轮。会话的参与者通过"话轮转换规律"交替发话，互相配合构成一篇连贯的会话。由不同的交际者各自所说的两个或两个以上话轮交替组合构成的结构叫"话轮对"。② 在话轮进行过程中，说话人常常使用一些会话手段使焦点得以突出，以实现语段的话语功能。因此，对话语功能的研究可通过话轮为单位进行，研究话语功能的表达范围、表达手段。

在话语功能的表达范围研究中，张治（2010）采用了"相邻对"③ 的概念，通过应答语选择范围研究话轮所表达的功能范围。如果应答语选择范围不同，那就分属两类不同的对答结构。反之，若引发语的选择范围不同，那么相同的应答语也可能表示不同的功能。描写了可引发"同意"应答语的满足条件，并对"同意"应答语的引发机制进行了研究。研究

---

① Halliday. M. A. K. & Hasan. R., *Cohesion in English*, London: Longman, 1976, p. 5.

② Schegloff. E. A., Jefferson. G. & Sacks. H., "The Preference for Self-correction in the Organization of Repair in Conversation", *Language*, Vol. 53, 1977, pp. 361–382.

③ "话轮对"中话轮的位置可能是紧挨着的，也可能中间插入了其他话语。人们发现位置紧邻的那些话轮对的上句和下句常固定地配对出现，语义也呈现出一定的联系。如一方进行问候，另一方也同样回以问候一方提问，另一方给以回答等。这样一些紧挨在一起的"话轮对"被称为"相邻对"。引自张治《面向对外汉语教学的同意应答语研究》，博士学位论文，武汉大学，2009年。

将"同意"应答语分为"认同""确认""接受"三种语用类型，进而分析能引发"认同"应答语的可以是表达"主观性观点""事实性观点""建议性观点""评价性观点""怨责性观点""猜测性观点"的引发语。而与"确认"对应的则可能是直接猜测句、陈述猜测句、疑问猜测句、缓和猜测句、零形猜测句。与"接受"相对应的引发语则可能是表达"请求""要求""命令""建议""提供""邀请""道歉"的规约形式。董博宇（2016）也通过话轮序列的研究，揭示了"问题浮现序列""懊悔序列"对建议功能的引发，以及多人环境中的"多人劝说序列""互相嘱咐序列""多次提醒序列"对劝说、嘱咐、提醒功能的引发。[1]

在话语功能的表达手段研究中，除本书第二章第二节中介绍的词汇手段、句法手段、篇章手段之外，话语功能表达还常使用语音手段。对语音手段的研究主要集中于重音、轻音、长音等语音手段对话语意义的表达功能。"为了表达特殊的思想和感情而把句子的某些方面读得特别重的现象，可以叫作强调重音"。有些句子，重音的位置不同，会直接影响对句子基本意思的理解，如：（1）我不会跳舞。（2）我不会跳舞。前句强调的是能力，而后者强调的是跳舞这一活动，"我"可能会一些别的活动。[2] 冯胜利（2011）认为，"句法不受语音制约"的假说是不正确的。句法必须为韵律提供一个通道，以便核心重音规则能够在韵律句法中排除非法的句法操作。[3]

二　话语语篇的衔接与连贯

话语功能通过一个语篇的"连贯"而实现。在系统功能语言学中，语篇被看作语义单位而不是语法单位，它与小句的关系不是构成（composition）和被构成的关系，而是体现（realization）与被体现的关系：语篇由小句体现，语义由词汇语法体现（黄国文，2010）。

Halliday & Hasan（1976）认为连贯是采用衔接方法与手段得到的效果，一个连贯的篇章必须同时满足两方面的条件：1. 语域的一致性，即

---

[1] 董博宇：《汉语家庭交流中建议会话分析》，博士学位论文，吉林大学，2016 年。
[2] 周家庭：《汉语句子重音的位置和句意》，《汉语学习》1980 年第 6 期。
[3] 冯胜利著、张道俊译、黄梅校：《句法真的不受语音制约吗?》，《汉语学习》2011 年第 6 期。

具有与篇章外部的情景语境相联系的连续意义；2. 衔接性，即篇章内部的各个部分之间有效地黏结在一起。① Brown & Yule（1983）认为连贯是篇章使用者利用背景知识或百科知识对篇章进行阐释的结果，是篇章的语言形式衔接带来的一种感觉。事件之间的因果关系、时间链条、逻辑关系、大众的世界知识和推理规则、篇章内统一的话题，合理的顺序，前后的呼应等，都是决定篇章连贯与否的重要因素。事件之间在时间上的先后顺序、事件或状态之间的因果关系等也是体现事件或句际之间语义关系的重要方式。②

在国内学者的研究中，张德禄和刘汝山（2003）把篇章连贯的特征归纳为四点：分级性、连接性、整体性以及功能性。所谓分级性就是指篇章的连贯不是有无的问题，而是程度上的区别。连接性指的是各语义成分之间、各原子事件之间、各句子之间在语义上以某种关系联系起来，才可以说句子或成分之间是连贯的。整体性指的是，一个篇章在意义上最后形成一个整体，是篇章衔接要达到的主要目标。功能性指的是，任何篇章都是由于其在社会交际中的作用而生成的。在实际的交际场合中，如果所生产的篇章不适合当时的情景语境，无法完成预期的交际目的，那么，无论篇章在表层形式上多长衔接有序，也不能算是一个连贯的篇章。

杨雪燕（2012）以1982年8月17日发表的《中美就解决美国向台出售武器问题的联合公报》为例，指出该文中句群的指称、词汇意义关系、主位结构等，均是语篇实现连贯，进而完成功能表达的手段。③ 在董博宇（2016）对家族交流中建议会话分析中发现，建议功能往往通过多个话轮才能得到实现。一段对话可能都是围绕同一话题展开，虽然各自序列之间的关系并不相同，但整体功能却属于建议话段。另外，在家庭交流中，多人劝说、多次提醒、互相嘱咐等话语行为也只有在一个语段中才能观察得出。会话者的交流意图通过始发语表达、知识信息传递等手段实现语篇连贯，社会文化的规约特性也在建议会话结构的构建中起到一定的补

---

① Halliday. M. A. K. & Hasan. R., *Cohesion in English*, London：Longman, 1976, pp. 4-7.
② Brown. G. & Yule. G., *Discourse Analysis*, Cambridge：Cambridge University Press, 1983, 转引自刘虹《会话结构分析》，北京大学出版社2004年版，第4页。
③ 杨雪燕，《系统功能语言学视角下的话语分析》，《外语教学》2012年第2期。

充作用。①

三 话轮间的话语标记

话语标记作为语篇衔接、连贯手段,具有一定特异性,具有成分出现位置灵活、语音形式上可以比较长(因为其具有话语上的连接功能,要求其韵律上必须自足,不能是黏附成分),可以长期存在变体形式等特点。话语成分出现位置灵活,从句法上看是孤立的,不与其他句子成分发生直接的句法上的关联,也往往不能被看作某种特定的句法成分。话语标记的使用则是可选的(optional),可以删除而不影响话语的基本表义功能(董秀芳,2010)。其来源主要来自词汇、句法的语用化凝结。

在词汇来源方面,话语标记"这""那"的研究是其中的代表。最初的研究中,吕叔湘(1985)主要是从历时比较的角度研究了"这""那"的来源和功能嬗变②。之后,吕叔湘在《现代汉语八百词》中,对"这""那"在现代汉语中的用法进行了详尽的描写。张伯江、方梅、曹秀玲、沈家煊等研究者也从功能角度考察了"这""那"虚化的语法意义、在篇章中的作用以及不对称现象,并从认知角度进行了比较合理的解释和说明③。同时,研究者也根据所收集的日常会话语料来考察它们的话语标记功能,如陶红印(1999)④、方梅(2000)⑤等。刘丽艳(2009)还考察了口语交际中的"这个"和"那个"在作为话语标记时,对语篇的组织功能,如话轮转换、话语衔接、占据话轮等,及二者之间的功能差异和所出现语境的差异⑥。另外,还有王海峰、王铁利(2003)对"什么"作为话语标记的研究⑦、齐沪扬(2005)现代汉语祈使句句末语气词选择性研究⑧、崔

---

① 董博宇:《汉语家庭交流中建议会话分析》,博士学位论文,吉林大学,2016年。
② 吕叔湘著,江蓝生补:《近代汉语指代词》,商务印书馆2017年版,第194页。
③ 徐默凡:《"这""那"研究述评》,《汉语学习》2001年第6期。
④ 陶红印:《试论语体分类的语法学意义》,《当代语言学》1999年第3期。
⑤ 方梅:《自然口语中弱化连词的话语标记功能》,《中国语文》2000年第5期。
⑥ 刘丽艳:《作为话语标记的"这个"和"那个"》,《语言教学与研究》2009年第1期。
⑦ 王海峰、王铁利:《自然口语中"什么"的话语分析》,《汉语学习》2003年第2期。
⑧ 齐沪扬、朱敏:《现代汉语祈使句句末语气词选择性研究》,《上海师范大学学报》(哲学社会科学版)2005年第2期。

希亮（2011）对汉语对话语篇中"哈"的交互主观性的标记研究[①]、席建国（2008）对插入式语气标记语"吧""嘛"语用功能研究[②]等，均是针对词汇层面的话语标记的分布、话语功能、标记化过程等进行的考察。

在句法结构来源方面，话语标记可以是自由短语或小句等话语成分反复运用而形成的规约化。董秀芳（2010）以话语标记"我告诉你"为例，揭示了由句法结构产生的话语标记特点。[③] 同样是从完整小句形式变来的话语标记还有表示责怪的"你看你"（李宗江2009）[④]、"你知道"（刘丽艳，2006）[⑤] 等。张旺熹（2009）依据人称代词的不同，对结构的话语标记能力和话语标记功能所表现出的系统性的不对称性进行描写，并从主观性、交互主观性以及对话框架的角度对这种不对称性进行理论阐释[⑥]。另外，卢英顺（2012）对"这样吧"的话语标记功能的研究[⑦]、郝琳（2009）对话语标记"不是我说你"的研究等[⑧]，均对话语标记的分布、语篇功能、互动特征等进行了详尽的分析和描写。

在研究某一范畴中的话语标记时，来源不同的话语标记往往会得到综合考察。如张治（2009）对同意应答语研究时，发现能表示"同意"的话语标记包括语法形式（如独词"行"及其重叠用法"行行"）、篇章回指手段（虚指的"这""那"，常放在句首）、副词手段（表"类同"的副词"也"）、语篇层面的话语标记（"独词句+准熟语句""好好，就算我听错了"）等。[⑨]

[①] 崔希亮：《语气词"哈"的情态意义和功能》，《语言教学与研究》2011年第4期。
[②] 席建国：《插入式语气标记语语用功能研究》，《外语研究》2008年第1期。
[③] 董秀芳：《来源于完整小句的话语标记"我告诉你"》，《语言科学》2010年第3期。
[④] 李宗江：《"看你"类话语标记分析》，《语言科学》2009年3期。
[⑤] 刘丽艳：《话语标记"你知道"》，《中国语文》2006年第3期。
[⑥] 张旺熹、姚京晶：《汉语人称代词类话语标记系统的主观性差异》，《汉语学习》2009年第3期。
[⑦] 卢英顺：《"这样吧"的话语标记功能》，《当代修辞学》2012年第5期。
[⑧] 郝琳：《语用标记语"不是我说你"》，《汉语学习》2009年第6期。
[⑨] 张治：《面向对外汉语教学的同意应答语研究》，博士学位论文，武汉大学，2009年。

第六节　本章小结

根据本书的研究内容和研究目标，本章对语言形式与功能的关系、汉语功能与形式、语境理论、原型范畴理论、话语分析及话语标记等相关方面的研究进行了梳理。

在语言形式与功能的关系上，上文从国内外系统功能语言学的相关理论着眼，梳理了以往研究者对二者的系统关系、复杂对应关系、相互间的多重影响因素、互相选择与系统表达等方面的讨论。从语言教学的角度出发，整理语言形式与交际能力的研究，归纳本书中建议功能的定位和特点。在以往研究中，对建议这一功能在怎样的语境条件中得到浮现、如何通过语言形式进行表达，还未见具体的分析和研究。

在对汉语中建议功能的形式及相关研究的梳理中，上文主要关注汉语中语言功能对语言形式的制约作用、语言形式对话语功能的表达手段、汉语口语表达中的多义、歧义现象等方面。同时，对汉语口语中已有的对建议功能及其表达形式的研究进行了总结。现有研究中，对词汇手段、句法手段、篇章手段在汉语口语功能表达中的作用已有一相当数量的探索及成就，但针对建议功能本身的表达手段研究还十分有限，这也是本书的研究重点之一。以往研究中语言功能、篇章对形式是否成立存在的影响，语言结构在功能表达、语篇衔接中产生意义的变异与分化、语言功能存在词汇、句法、篇章等多种手段等事实，都在本书中为有关建议功能对语言形式的影响研究、建议功能的表达手段研究、建议功能表达形式的多义和歧义现象提供了方法和思路。

在以往对语境的研究表明，交际双方因素、外部环境因素、话语内容、语体都可能对话语结构的选择产生影响。交际双方因素还可能影响言语策略及话语意义，外部环境因素可能对语篇、语体内容产生影响。本书对建议功能产生语境的分析将参考以上因素，并进一步分析与语言形式选择相关的情景条件。

上文还梳理了有关原型范畴理论、原型范畴的与划分、原型的典型成员与区别特征研究。本书在构拟建议范畴及其原型时，将吸收相关理论的研究成果和方法，关注建议功能的外部特征，对建议范畴及其相邻范畴进行描写、区分。同时，也将关注建议功能内部特征，对建议范畴及其原型进行描写。

以往研究表明，衔接和连贯手段是语篇意义产生、传递的重要手段。现有研究对语音、词汇等话轮衔接、连贯手段均展开了研究，但针对建议功能的话轮转换、连贯手段的研究还显不足。因此，本研究也将以话轮为语料切分单位。在建议功能的产生情景、产生条件的研究中，也将重视对衔接、连贯手段及其标记的捕捉和提取。

综上所述，在以往研究的基础上，本书对汉语口语中建议功能表达的研究，将包括建议功能的表达形式、产生建议功能的情景条件、建议功能表达范畴的特点、建议功能表达实现衔接和连贯的手段等方面。研究对象则是以汉语真实口语为蓝本转写的汉语口语语料。在下一章中，研究将主要讨论该语料中建议功能的提取过程及验证方法，并对语料中提取出的语言形式进行初步分析。

第三章 汉语口语生语料中的建议功能

语言表达是一种意义行为（Act of meaning），它是符号行为（semiotic acts）的一种，即要通过语言形式来实现意义的表达。意义在语言的使用中表现为语言的功能，需要通过一系列的形式来实现。而第二语言学习者需要掌握的正是这些语言形式及其使用条件。第二语言学习者的学习、交际均以母语者为蓝本，因此，本书对汉语口语中建议功能表达的研究首先需要对汉语母语者在口语中用于表达建议功能的语言形式进行提取和分析。

本章的讨论分为三个部分。首先，介绍语料的切分、转写过程，讨论接下来提取表达建议功能语料的提取标准。其次，依据初步提取的语料在母语者中的验证结果，进一步明确汉语口语中的建议功能的范畴与分野，确定最终研究对象。最后讨论语料中提取的表达建议功能的语言形式的特点，分析形式在表达建议功能时存在的常用性差异、表达功能时的功能多重性及语言形式表达建议功能的范围，为第四章中对语言形式表达建议功能的支持条件的讨论作铺垫。

第一节 视频语料的转写与处理

本书语料来源为《非诚勿扰》《极限挑战》《美食地图》《花样姐姐》《我去上学啦》《爸爸回来了》这六档真人秀电视节目 2015 年的播出内容。视频转写结果共计 604585 字。以话轮转换为标志进行语料切分，共获得语料 38450 条。研究还根据本书对建议功能的定义，对语料中表达建议功能的句子进行了初步提取。

一 语料的转写与切分

本书语料的转写主要参考美国会话分析学派常使用的转写系统及简化

的转写规范。视频内容转写以话轮为单位记录该话轮的参与者、说话内容、所属节目集次、该话语内容发生时的情景信息，如谁、在哪儿、做什么等。转写过程中还记录在非语言层面中的重音、停顿及非言语行为，如说话人的动作、说话人的说话方式等。

在进行语料切分时，研究主要以话轮为基本单位，以话轮转换作为语料条目的切分标志。语篇是实际使用中的语言的基本单位，能够表达相对完整的思想。因此，本书在对语料中的建议功能进行分析时，以语篇为单位，即建议功能的引发、表达、回应为一个完整实例对语料进行截取。在截取时，尽量保证表达建议功能的句子具有清晰的对话双方的权势关系、上下文条件等情景信息，具备话题的特点。

为确保语体的一致性，语料切分完成后，本书剔除了与研究内容无关且大量重复的广告插入语（如，"跟途牛一起去马尔代夫吧！"等）、电视节目转接语（如，"广告过后精彩继续"等）、外文及方言等，并将不处于话轮情景中的旁白、独白等作为上下文情景的一部分。为了便于分析，语料中还对相关内容进行了标注：

下加点：重音　　——：延长音　　（）：括号内表示建议表达发生时的情景

楷体字：对话发生的情景描述

楷体字加黑：对话内容

下划线：表达建议功能的句子

以《花样姐姐》2015 年 3 月 15 日播出的节目中，视频语料转写片段（2 分钟）为例，视频语料转写结果如下：

例 3-01（宋茜与李治廷在综艺节目《花样姐姐》中被要求一起在伊斯坦布尔过夜。而当他们抵达酒店时，发现酒店只剩下一间空房。宋茜不想和李治廷住一个房间，李治廷意识到了这一点。）

宋茜：**但是今天晚上真的要住一个房间啊，我们两个。**

李治廷：**对啊——，要不怎么办呢？你要不要我问一下，他有没有一个备用的小房间？**

宋茜：（微笑）

李治廷：好，我下去问一下。

——语例来源：《花样姐姐》20150315 期

二 表达建议功能语料的初步判断与提取

由于本书关注的是建议功能在情景中的表达，因此，研究还需对切分后的语料进行初步的会话分析，以便提取表达建议功能的相关语料及其语言形式。分析步骤分为三步：1. 确定会话序列。2. 确定会话双方的行为。3. 记录执行行为的言语结构及话语标记。具体操作方法如下：

1. 确定会话序列

从会话分析角度确定序列的关键在于对序列边界的划定。序列的开始与结束都是交际双方共同协商的结果，序列开始于言者发起某个行为，当交际的言听双方将注意转向新的行为时，标志着序列的结束。本书中，建议序列开始于建议需求的浮现序列，结束于建议的接受者对该建议的反馈序列。如上文例3-01中，建议序列的记录从宋茜的不满开始，而结束于建议接受者（也是提出者）李治廷的行为"下去问一下"。

2. 确定会话双方的行为

行为是会话分析中最重要的概念，识别出交际者在序列中执行何种行为，也就完成了会话分析步骤中的"确定行为"步骤。本书语料分析的主要目标，也是捕捉语料中的会话序列中"提出建议"这一会话行为，即：建议发出者在对话语情景进行判断后，通过言语向建议接受者传递有益信息，试图发生行为影响的言语过程。

结合 Searle（1979）对建议言语行为的分析，研究中，会话序列中的话语如果满足典型建议行为的特征，具有"指令性、信息性、受益性"的特点，即提取为表达建议功能的会话序列，纳入研究对象。

例如，在例3-01中，会话语段中的第一句："**宋茜：但是今天晚上真的要住一个房间啊，我们两个。**"中虽然隐藏有"表示不满"的"信息性"及"希望对方解决该问题"的"指令性"，但并未提供可使自己、对方、情景受益的新信息，因此不具备"受益性"特点，语料分析中将其会话行为判断为"表达情绪"，不纳入建议功能的表达。

语段中的第二句:"对啊,要不怎么办呢?你要不要我问一下,他有没有一个备用的小房间?"中,既含有信息性:"我可以下去问一下他有没有小房间",也含有指令性:"我自己将下楼执行这一行为",还含有受益性:"问备用的小房间这件事,将使双方的困境得以解决"。因此,该会话序列的行为判断为"提出建议",纳入建议功能的表达。

语段中的第三句:"**宋茜:(微笑)**",中,虽隐藏着"气氛缓和"的特征,具有受益性,也含有"你下楼去执行行为"的指令性,但并未提出针对解决"没有房间"这一困境的新信息,不具备"信息性",因此该非言语行为判断为"同意许可",不纳入建议功能的表达。

语段中的第四句:"**李治廷:好,我下去问一下。**"虽含有"受益性"的特点,但由于在此会话序列发生时,言者已经决定其下一步行为,因此该序列的"指令性""信息性"较弱,可判定为"礼貌、寒暄",不纳入建议功能的表达。

3. 记录执行行为的言语形式

一个话轮包括一般意义上的语言资源如:词汇、语音、韵律、句法、形态,也包括与口头交流密切相关的口语特征例如:笑声,吸气音,非言语形式等。在例 3-01 中,记录表达建议功能的语句:"**对啊,要不怎么办呢?你要不要我问一下,他有没有一个备用的小房间?**"。及其语言形式"要不要……""有没有……"研究还对影响建议功能表达的非言语形式,如"**但是今天晚上真的要住一个房间啊,我们两个。**"中的"真的"进行重音标注、记录。

根据以上步骤,本书对语料中表达建议功能的语句进行了初步的判断和筛选。这样的筛选结果是否符合汉语母语者的一般语感,将在下一节中进行验证。

第二节 语料表达建议功能的有效性验证

本书对表达建议功能语料的初步提取,主要根据 Searle(1979)对建议功能的"指令性、信息性、受益性"的特点描述。然而,以往研究中话语功能的分类结果仍然存在一定的争议(见本书第二章第一节),且这些分类多以英语为基础进行分析和描写,所获得的结果不一定符合汉语母语者的一般语感。因此，为了避免研究者筛选出来的语料存在判断中的主观性，也为了确保筛选结果符合汉语母语者的一般语感，研究者对语料的提取结果进行了验证，并根据验证结果分析了建议功能的基本特征与相邻功能之间的分野。

一　验证材料设计

1. 验证目标

研究通过调查问卷的方式，在语料中按规则抽取表达/不表达建议功能的语料，让母语者对其进行判断，以验证初步筛选的表达建议功能的语料是否符合汉语母语者的一般语感。

如果研究者抽取的表达/不表达建议功能的语料，与母语者的判断结果相符，就说明研究中对表达建议功能的语料筛选结果确实符合汉语母语者的一般语感。如果与母语者的判断结果存在差异，就说明研究需要对语料进行二次筛选。

2. 语料抽取方法

研究从初步提取出的表达建议功能的语料中，抽取25句作为目标句，并从不表达建议功能的语料中，抽取具有相同的语言形式但不表达建议功能的句子作为参照句。在选择中，注意选择在初步判断中由于是否具有"指令性"、是否具有"受益性"、是否具有"信息性"而导致表达差异的语料对作为功能表达的验证范围。每组抽取6对，共计36条。另外，抽取由于上下文条件不同、形式意义不同等导致表达/不表达建议功能的句子，着重抽取在判断中，研究者认为其表达处于表达建议/不表达建议功能边缘的语料，共计14条。两部分共计50条语料。

目标句与参照句举例如下：

（1）目标/参照句均包含语言形式"假设复句"，但因具备/不具备"指示性"而造成其表达/不表达建议功能。目标句属于本书中建议功能的语料提取范围，参照句不属于本书中建议功能的语料提取范围。如果母语者认为目标句更能表达建议功能，则说明语料提取结果符合母语者的一般语感，且"指示性"可以作为建议功能与其他功能的区别特征之一。

目标句 A：

（在综艺节目《非诚勿扰》中，男嘉宾在播放的视频中表示，由于种种原因，自己已经 15 年没回家了。这时，主持人孟非让女嘉宾劝劝男嘉宾。）

女嘉宾：没有任何一个理由可以成为你 15 年不回家的理由，当你以后结婚生孩子之后，你的孩子这样对你，你就会知道，这 15 年中你的父母是怎样一个痛彻心扉，我就问你，你想他们吗？

男嘉宾：想。

女嘉宾：<u>想他们今年就买票回家陪他们过年。</u>

参照句 A：

（在综艺节目《爸爸回来了》中，工作人员和郑钧在午饭间聊天。）

工作人员：郑钧老师，如果他（Jagger，郑钧的儿子）以后要组个乐队的话，你支持吗？①

郑钧：那肯定支持。

工作人员：必须玩起来。

在这一对目标/参照句中，目标句的"想他们今年就买票回家陪他们过年。"与在参照句中"如果他以后要组个乐队的话，你支持吗？"都为假设复句。目标句表达了女嘉宾对男嘉宾的建议。参照句存在信息性、受益性，但工作人员的话语目的在于询问态度，不存在指令性。

（2）目标/参照句均包含语言形式"……就好了"，但因具备/不具备"受益性"而造成其表达/不表达建议功能。目标句属于本书建议功能的语料提取范围，参照句不属于本书中建议功能的语料提取范围。如果母语者认为目标句更能表达建议功能，则说明语料提取结果符合母语者的一般语感，且"受益性"可以作为建议功能与其他功能的区别特征之一。

---

① 注：为阅读方便，本书中语例中需引起读者注意，但不表达建议功能的句子，以波浪下划线作为标记。下同。在正式的问卷中，目标题与参照题中的被判断句则没有标记上的区别。问卷详情见附录 1。

目标句 B：

(在综艺节目《我去上学啦》中，孙艺洲进入某所中学体验学生生活。午餐时间，他来到了餐厅，却只在餐台前转悠，不上前打菜。)

  同学：你觉得菜不好吃吗？
  孙艺洲：我觉得好吃，没有饭卡。你们带饭卡了吗？
  同学：<u>你随便问谁借一张就好了呀！</u>

参照句 B：(在综艺节目《爸爸回来了》中，李小鹏在做饭，贾乃亮过来帮忙。)

  李小鹏：交给你一个任务好不好？
  贾乃亮：怎么了？
  李小鹏：<u>把这个番茄洗了，然后切一下就好了。</u>我这边开始做了，他们怎么样？做完咱们就吃。

这一对目标/参照句均使用了"……就好了"这一语言形式。目标句中，同学表达了对孙艺洲的建议。而参照句中，李小鹏的语句"**把这个番茄洗了，然后切一下就好了。**"中指示的行为"洗""切一下"，不会对听话人贾乃亮产生有益效果，因此不具有受益性。

（3）目标/参照句均包含语言形式"慢点儿"，但因具备/不具备"信息性"而造成其表达/不表达建议功能。目标句属于本书建议功能的语料提取范围，参照句不属于本书中建议功能的语料提取范围。如果母语者认为目标句更能表达建议功能，则说明语料提取结果符合母语者的一般语感，且"信息性"可以作为建议功能与其他功能的区别特征之一。

目标句 C：

(在综艺节目《花样姐姐》中，几位嘉宾一同攀爬一处险要的天井。)

  马天宇：小心小心啊。
  林志玲：好的。
  林志玲：到了（最高处）。

马天宇：到了？
奚美娟：<u>慢点儿啊</u>。

参照句 C：
(在综艺节目《美食地图》中，美食侦探结束了一天的工作，向餐馆老板道别。)
美食侦探：这就算我今天的工资吧，走了啊。
老板：<u>慢点儿啊慢走</u>。

在这一对目标/参照句中，说话人所使用的语言形式类似，话语中所指向的行为也均对听话人有益。但目标句中，奚美娟说的句子"**慢点儿啊**"确实包含了行为指导信息"**慢**"。而在目标句中，老板说的"**慢点啊慢走**。"并无实际的行为指导意义，因此不具有信息性。

3. 问卷编制方法

调查问卷中的题目分为题干、问题和选项三部分。每道题的题干为目标/参照句的对话内容及其产生情景。问题为：画线的这句话中，A（说话人）是在向 B（听话人）提出建议吗？每道题的选项分为 5 度评分和选择判断两部分。5 度评分用于让母语者判断该语句表达建议功能的程度，被调查者须从 1—5 中进行选择，如选 1 则认为该句不表达建议功能，选 5 则认为该句充分表达建议功能。分值越高，表示题干中标示的句子表达建议功能的程度越高。选择部分则用于让母语者对建议功能与其他功能的表达进行交叉判断。即如果被调查者认为该语句不表达建议功能，或表达的功能处于建议功能和其他功能的交叉范围（即在 5 度评分中选择了 3 以下的数字），则需再继续判断说话人的意图。题目示例如下：

第 2 题（在综艺节目《爸爸回来了》中，工作人员和郑钧在午饭间聊天。）
工作人员：<u>郑钧老师，如果他（Jagger，郑钧的儿子）以后要组个乐队的话你支持吗？</u>
郑钧：那肯定支持。
工作人员：必须玩起来。

画线的这句话中，工作人员是在向郑钧提出建议吗？

不是建议◀──────────────────────▶是建议
　　　　　1　　2　　3　　4　　5

如果不是，您认为他的意图是：

A 命令　B 请求许可　C 询问信息　D 客套应酬　E 陈述事实　F 其他_____

二　验证材料评定结果

此次验证共发出问卷三十份，回收有效问卷三十份。问卷的调查对象为北京师范大学、北京邮电大学、中国科学院等院校的中国籍在校大学生，年龄为18—28岁。在问卷调查过程中，被调查对象在约定时间内到达实验室，领取调查问卷，独立完成问卷作答。调查者完成问卷的平均时长为十五分钟左右。

在对结果进行数据统计时，研究者按被调查者所选择的数字为该题计分，选1计1分，选5计5分。部分调查者在填写了"如果不是，您认为他的意图是……"内容后，没有勾选数字，研究者默认被调查者对该题的选项为1，即"不表达建议功能"，计1分。所有调查者在所有题目的总平均分为2.93分，说明该问卷中的题目表达建议功能和不表达建议功能的数目基本对等。所有调查者在所有题目中得分的总标准差为0.26，说明被调查者作为母语者，对建议功能的判断结果较为一致，结果真实可信。

调查总体结果如下：

1. 总体来说，参照组的平均得分为1.56；目标组的平均得分为3.82。目标组得分明显高于参照组，说明目标组中的语句表达建议功能的程度明显高于参照组，筛选结果符合汉语母语者的一般语感。

2. 指令性对照组中，参照组得分的平均分为1.40；目标组得分的平均分为3.71，差异值为2.31。该组中的目标组与参照组的得分差异最大，说明是否具有指示性对母语者判断语句是否表达建议功能起到了更大的作用。对于不具有指令性的语句，被调查者对其功能的选择多为"询问信息""陈述事实"等。

3. 信息性对照组中，参照组得分的平均分为1.38；目标组得分的平均分为 3.66，差异为 2.26。对于不具信息性的语句，被调查者对其功能的选择多为"客套应酬"等。

4. 受益性对照组中，参照组得分的平均分为 1.91，目标组得分的平均分为 4.1，差异为 2.09。该组中，被调查者多将不符合建议接受者利益的语句功能判断为"命令""请求许可"等。

该组语料中，目标组与参照组得分差距较小。在对该组语句是否表达建议功能的判断中，母语者之间也存在一些分歧。如下题：

第 34 题（在综艺节目《非诚勿扰》中，男嘉宾希望女嘉宾能接受他的表白。在男嘉宾表白之后，孟非询问女嘉宾的意见。）
孟非：现在你可以有话告诉，回应他了。所以……
女嘉宾：所以，我记得黄磊老师说过一句话，说如果你不试一下的话，你永远不知道那边的人是对的人……
孟非：所以……
女嘉宾：<u>所以我想请你把我牵过去。</u>

该题平均分为 3.07，标准差为 1.437，母语者之间对该题是否表达建议功能的判断差异较大。在对该题的判断上，有 16 人认为该句表达了建议功能，有 9 人认为该句表达的是请求许可功能，其余 5 人认为该句表达了命令功能。在回访中，被调查者表示该语句中的"受益性"没有"包括对方"是他们将其排除在建议之能之外的主要原因。

由此可见，一些语句是否表达建议功能，在母语者中也存在着一定的分歧。这说明建议功能与相邻功能之间的划分并非存在明确、清晰的界限，而是一个连续统，具有原型范畴的特征。为使研究的语料更贴近汉语母语者对建议功能的语感，更好地反映汉语口语中建议功能的特点，研究对问卷中被调查者的判断结果进行了进一步分析，从而对建议功能表达范畴的特点及与相邻功能之间的分野进行了描写。

三 语料中的建议功能与相邻功能间的区分判断标准

研究中，通过汉语母语者对建议功能的语感的调查结果，根据母语者认为语句表达建议功能的程度、表达建议功能与其他功能的交叉情况，划分建议功能表达范畴的中心、与相邻功能之间的界限及关联。

统计结果显示，建议功能与命令、请求许可、酬应客套、信息陈述与询问四个范畴，都存在着一定程度的交叉。建议的指令性强弱、受益性方向、信息性强弱是区分建议功能与其他功能的判断依据。同时，上文条件等也会对语句的功能判断产生一定的影响。

（一）建议功能与命令功能

在对语料进行表达功能判断时，该句是表达建议功能还是表达命令功能，母语者的判断存在如下三种情况：

1. 大部分被调查者认为该句表达的是命令功能，仅有小部分被调查者认为其表达的是建议功能。

例如，在对第33题、第14题的画线句"是否表达建议功能"的评分中，两道题的平均分分别为1.77、2.47，表明母语者认为其表达建议功能的程度较弱。在对语料与其他功能的交叉判断中，分别有24位、18位被调查者认为该句表达了"命令"的功能。

第33题（在综艺节目《我去上学啦》中，蒋劲夫在某所中学体验学生生活。当他到达教室门口时，发现同学们已经开始上课了。）

蒋劲夫：他们已经上课了吗？老师。

老师：怎么迟到了？

蒋劲夫：对不起老师，迟到了。

老师：下不为例，好不好？<u>抓紧进去，坐好。</u>

——语例来源：《我去上学啦》20150806期

第14题（在综艺节目《我去上学啦》中，张凯丽和钟汉良到一所中学体验学生生活。午睡铃已经响起，而他俩还在聊天。）

张凯丽：太便宜了。

钟汉良：十顿饭才……

同学：<u>这位同学到点了，该睡觉了。</u>

——语例来源：《我去上学啦》20150917期

2. 认为该句表达命令功能和认为该句表达建议功能的被调查者人数近似。

在对第 30 题中的画线句"是否表达建议功能"的评分中，该题平均分为 3.20，表明母语者认为其表达建议功能的程度居中。在对语料与其他功能的交叉判断中，17 位被调查者认为其表达了建议的功能，13 位被调查者认为其表达了命令功能，标准差为 1.126，这说明被调查者之间对其表达何种功能存在较大分歧：

第 30 题（在综艺节目《花样姐姐》中，由于经费紧张，杨紫、李治廷、马天宇决定去导演处偷两瓶水来喝，从而省下买水的钱。）

杨紫：我们小点声，别被导演发现了。刚才他说让我去偷两瓶水。你要吗？

李治廷：先拿着吧。哈哈~你学习好快啊。

马天宇：太厉害了，你怎么拿到的？

李治廷：别问，别说，赶紧喝。

——语例来源：《花样姐姐》20150426 期

3. 仅有个别被调查者认为该句表达了命令功能。

在对画线句"是否表达建议功能"的评分中，该题平均分为 4.03，表明母语者认为其表达建议功能的程度高。在对语料与其他功能的交叉判断中，23 位被调查者认为其表达了建议的功能，仅有 1 位被调查者认为其表达了命令功能：

第 43 题（在综艺节目《花样姐姐》中，几位嘉宾一同攀爬一处险要的天井。）

马天宇：小心小心啊。

林志玲：好的。

林志玲：到了（最高处）。

马天宇：到了？

奚美娟：慢点儿啊。

——语例来源：《花样姐姐》20150426 期

以上三种情况中，需被调查者对其进行功能判断的语句摘录如下：

第33题：老师：下不为例，好不好？抓紧进去，坐好。（1.77分）

第14题：同学：这位同学到点了，该睡觉了。（2.47分）

第30题：李治廷：别问，别说，赶紧喝。（3.20分）

第43题：奚美娟：慢点儿啊。（4.03分）

从被调查者对这些语气的功能判断中，可以归纳出母语者对建议功能与命令功能的判断倾向。

首先，这些语句都具有"指示动作"的功能，但存在着强弱差异。动作指示强度弱的语句更容易被判断为建议功能。4个例子中的语句**"抓紧进去""坐好""睡觉""赶紧喝""走慢点儿"**都具有动作的指示。但在第33题中，老师说的**"下不为例"**，虽然用了表达征询意愿的附加问句**"……好不好？"**，但仍有着警告的色彩。同时，**"抓紧进去""坐好"**等语句，语句短，指令明确，因此被认为是命令范畴。而第43题中的**"慢点儿啊。"**的语气则较弱，被调查者就多认为其表达建议功能。

其次，这些语句中，所指示的动作对听话人的受益程度存在不同，对方在存在建议需求时，该句更易被判断为建议功能。在第33题与第14题中，虽然两者的语气都较为强硬，但第14题中"该+V+了"的形式，常用于表达提示、提醒的功能，往往是在对方忽略了某一情形，存在建议需求的可能中发生。在该情景中，张凯丽、钟汉良正在对话，还不习惯校园生活的他们并未意识到铃声意味着他们需要午睡了。此时就产生了一定的建议需求。因此，虽然多数被调查者认为该句表达了命令功能，但被调查者间也存在较大分歧（标准差达1.503）。说明所指向行为对听话人的有益性，可作为母语者判断该句是建议功能还是命令功能时的一个参照条件。

这一参照条件在母语者对第30题的判断中得到了进一步的证明。母语者对第30题中的画线句是否表达建议功能存在较大分歧，这样的分歧来源于两个方面：一方面，**"别问，别说，赶紧喝。"**这样的短句、催促句，语气较强，常常用于表达命令功能的语句中。但从另一方面来说，该情景中，李治廷让对方**"别说，赶紧喝。"**完全是出于对方利益的考虑：李治廷自己已经喝过水了，而"偷"来的水如果不赶紧喝完，就有可能被发现。因此，这个语句中既存在命令的"语气强"的特征，又在一定程度上是对方需求的满足，这样两个判断条件的矛盾使得不同的被调查者从不同的角度作出判断时，产生不同的结论。

而第43题的语句"**慢点儿啊。**"中，语气词"啊"舒缓了语气，"走慢点"也是因为对方存在危险，有一定的建议需求而产生的。在同时满足两个条件的情况下，大多数母语者就将其判断为建议功能。

同样的，在语料中，也存在相同场景中，随着受益性、建议需求等情景条件的变化，表达功能发生偏移的实例：

例3-02（在综艺节目《爸爸回来了》中，郑熙岳起床后，慢慢吞吞地穿衣服。他的父母，郑钧与刘芸在督促他。）

郑钧：穿衣服。

（郑熙岳慢慢把袜子拿过来，在手里翻来覆去地看。）

刘芸：你看，袜子把裤腿包住，这样。妈妈给你示范一个，自己包。妈妈去给你做早饭。你洗脸刷牙的这个在这边。

郑熙岳：脚后跟在哪？

郑钧：<u>往下一点，你就包上了。</u>

（郑熙岳躺倒在床上，举起脚。）

郑熙岳：这样呢？

郑钧：<u>挺好的，快快快，快点儿啊。</u>

（郑熙岳迅速地爬下床，往卧室外跑去，衣服扎在裤子里）

郑钧：<u>穿的啥，把里边的（衣服）掏出来！</u>

——语例来源：《爸爸回来了》20150509期

例3-02中，郑钧说的"**往下一点，你就包上了。**"是对儿子郑熙岳穿衣困难求助的回应，语气缓和。而在说"**快快快，快点儿啊。**"时，孩子的困难已经大致解决，此时父亲的话语中，命令、催促、建议功能并存。而在"**穿的啥，把里边的（衣服）掏出来！**"中，孩子的衣服基本穿好，已不存在寻求帮助的情形。而父亲的不满情绪增加，此时，父亲的行为指令句就表达了命令功能。

综上所述，命令范畴和建议范畴之间，在"指令性"上存在共同点。但行为的指令强度是建议与命令功能的区别特征。指令强度越强，语句的功能就越向命令功能偏移。上文中是否存在建议需求也能对建议与命令功能之间的区分起到一定的参照作用。

(二) 建议功能与请求许可功能

在威尔金斯的定义中，建议功能与请求许可功能分别在两个不同的类别之下。从表达两类功能常用的语言形式来看，一个常用祈使句，另一个常用疑问句。然而，调查结果显示，母语者认为建议功能与请求许可功能也存在一定的交叉。话语中指示的行为是说话人从对话利益出发，符合对方需求的，才能够表达建议功能。例如：

第 37 题（在综艺节目《花样姐姐》中，奚美娟、徐帆、李治廷在逛庞贝古城，需要下一个陡峭的台阶。）

徐帆：从一开始穿着这鞋出来，我就知道一定会是这样子的，但是我就觉得，要美怎么办呢？要美，美，臭美的美。

杨紫：这告诉大家一个事，以后旅游千万不要什么？

奚美娟：穿高跟鞋。

杨紫：答对，一百分。

李治廷（对徐帆说）：<u>还是拉着我吧</u>。

——语例来源：《花样姐姐》20150510 期

第 21 题（在综艺节目《我去上学啦》中，孙艺洲来到一所学校体验生活，老师通知他需要住在学校，而孙艺洲并不情愿。）

老师：孙艺洲你今天还要住宿的哦。

孙艺洲：没人跟我说啊。

老师：但是我们收到申请单了啊，你的经纪人已经给我们申请了。然后呢我们也已经安排好宿舍了。

孙艺洲：不是我什么都没有带，而且我今天一身臭汗。我今天出了三身臭汗要不你闻，老师你闻一下。

老师：不要，现在这么臭的汗我不要闻。

孙艺洲：<u>老师你还是放过我，我回去洗洗澡</u>。

——语例来源：《我去上学啦》20150716 期

对于第 37 题，有 28 位被调查者认为该题中的画线句表达了建议功能，平均得分 4.57。而第 21 题的平均得分为 1.87，有 26 位被调查者认为该题中的画线句表达的是"请求许可"功能，仅有 1 位被调查者认为其表达了建议功能。

　　母语者对以上两例的判断结果说明，建议与请求许可功能的交叉，主要体现在句中指示行为的"受益性"差异上。在第 37 题说话人所处的情景中，虽然徐帆并未直接向李治廷提出建议需求，但其确实存行走困难。李治廷说的"**还是拉着我吧**。"从对方的安全出发，所指示的行为"**拉着我**"符合徐帆的利益，解决了对方的困难，因此能够表达建议功能。而第 21 题则不然。老师对孙艺洲提出了"**住宿**"的要求，而孙艺洲以"**身上太臭了需要洗澡**"为由推托。老师并不买账，因此孙艺洲进一步请求老师"**还是放过我，我回去洗洗澡**"。话语中"**放过我**"对听话人"老师"没有益处，而只对说话人"孙艺洲"自己有益。

　　同时，建议功能与请求许可的功能的交叉还需要一定的上文条件支持，即上文中存在一定的困难，而这个困难往往是由会话对方带来的。例如，第 21 题中，说话人的行为请求能否达成，决定权在于会话对方"老师"。因此，这句话的功能被判断为"请求许可"，而非建议。

　　另外，语句的信息性也是判断语句表达的是建议功能还是请求许可功能的参照条件。例如：

　　第 31 题（在综艺节目《我去上学啦》中，一位同学想请蒋欣帮其他同学签名。）
　　同学：有好多同学想要签名。
　　蒋欣：这么多，给我表演个节目，要不不给你，我现在先不给你签。
　　同学：<u>让我筹备一堂课</u>。
　　　　　　　　　　　——语例来源：《我去上学啦》20150924 期

　　在对第 31 题的判断中，有 16 位被调查者认为它表达的是请求许可的功能。而有 13 位被调查者认为它表达的是建议功能，该题平均分为 3.30，标准差为 1.022，被调查者之间存在较大分歧。仅从"受益性"来看，"**让我筹备一堂课**"，指"如果获得蒋欣的签名需要表演一个节目的话，她需要筹备一堂课"。因此，听话人"蒋欣"并没有受益，按这个标准判断，这个语句应属于"请求许可"功能。但是，仍有不少被调查认为其表达了建议功能，说明它存在着一定的支持其表达建议功能的情景条件。

在第 31 题所示的情景中，说话人在上文中遇到了一个困难，即她希望蒋欣给她的同学签名，然而蒋欣提出的条件，她无法立刻满足。于是，她提出了一个行为指令："让我筹备一堂课"。不过，这个行为并不是筹备"签名"这一活动，而是筹备蒋欣上文中提出的"给我表演个节目"。这个行为将解决当前情景中存在的困难，为"表演一个节目"的事件提供了可以继续发展的方案。该行为并非直接的请求许可，而是为许可创造了条件。

由此可见，在指令行为的受益性较弱的情况下，虽然上文中存在一定的困难，而这个困难往往是由会话对方带来的，说话人的指令行为能够为这个困难提供解决的信息，那么这个语句仍可能由请求许可功能向建议功能偏移。与建议功能相比，请求许可的功能信息性较弱，交谈双方一般不进行新信息的交换，而是表达了请求方对被请求方的单方面信息需求。而"建议"的信息性则较强，建议发出者需为对方提供一定的行为方式信息。

同理，可以推论，如果上文第 21 题中，孙艺洲说出的句子如果换成信息性较强的句子，则也可能表达建议功能。试比较：

第 21 题＊情景：在综艺节目《我去上学啦》中，孙艺洲来到一所学校体验生活，老师通知他需要住在学校，而孙艺洲并不情愿。

老师：孙艺洲你今天还要住宿的哦。

孙艺洲：没人跟我说啊。

老师：<u>但是我们收到申请单了啊，你的经纪人已经给我们申请了。然后呢我们也已经安排好宿舍了。</u>

孙艺洲：不是我什么都没有带，而且我今天一身臭汗。我今天出了三身臭汗要不你闻，老师你闻一下。

老师：不要，现在这么臭的汗我不要闻。

孙艺洲：<u>老师你还是放过我，我回去洗洗澡。</u>

孙艺洲：<u>老师您能给我一个小时吗？我洗完澡马上回来。</u>＊

——语例来源：《我去上学啦》20150716 期

第 21 题*中，波浪下画线句更多地表达请求许可的功能，而直线下画线句为上文的困境提出了一个解决方案，这样，其表达建议功能的程度就也大大增加。

反之，如果第 31 题所示的情景中，同学说出的画线句换成"**能让我有一个你的签名吗？**"，该句就更多地表达了请求许可的功能。

由此可见，说话人在语句中所指示的行为是否对对方有益，是建议功能和请求许可功能之间的基本区别特征。然而，在上文存在着困境，且这一困境是由对方不允许而造成的条件下，建议与请求许可两个功能可能产生交叉，如果语句中的行为提供了更多的行为方式信息，则该句表达的功能向建议功能偏移，反之则向请求许可功能偏移。

（三）建议功能与酬应客套功能

日常生活中常有这样的句子："有空再来。""下回带孩子过来。"这些句子看似指示了某项行为，但事实上，该句的说话人往往并未真正向对方指示这一行为。同时，对方即使表示同意，也没有将这一行为真正付诸实施的考虑。在这样的情景中，以上句子表达的常为酬应客套功能。

在调查中，建议范畴与酬应客套范畴，也存在着区别和交叉。首先，如果说话人指示的行为信息性较弱，说话人对所指示行为的发生并未抱有切实的希望，该行为将被母语者判断为酬应客套功能。例如，第 25 题在调查中的平均得分为 1.17，标准差为 0.379。有 29 名被调查者认为其表达了酬应客套的功能，被调查者之间高度一致。

第 25 题（在综艺节目《美食地图》中，美食侦探结束了一天的工作，向餐馆老板道别。）
美食侦探：这就算我今天的工资吧，走了啊。
老板：慢点啊慢走。
——语例来源《美食地图·一探到底之红烧肉新搭档：铁观音》

而相似的表达形式，却表达了不一样的功能。例如：

第 43 题（在综艺节目《花样姐姐》中，几位嘉宾一同攀爬一处险要的天井。）

马天宇：小心小心啊。

林志玲：好的。

林志玲：到了（最高处）。

马天宇：到了？

奚美娟：<u>慢点儿啊。</u>

——语例来源：《花样姐姐》20150426 期

第 43 题在调查中的平均得分为 4.03。有 22 名被调查者认为该题中的画线句表达了建议功能。在以上两则语料的对比中，说话人是否真的传递了"慢点儿走"这一行为方式信息，是区别酬应客套与建议的关键。由此可见，句子的信息性影响了该句的功能划分。

同时，上文条件也在一定程度上影响语句对建议功能的表达。例如：

第 38 题（在综艺节目《爸爸回来了》中，贾乃亮带着甜馨去花鸟市场，路上给李小璐打电话。正说话间，已经到市场了。）

贾乃亮：对呀。龙猫，然后我们还有小兔子，龙猫，小狗。到了，我们到了，好吧，没事了哈，跟妈妈再见。

甜馨：妈妈。

李小璐：哎。

甜馨：<u>多吃点饭，别饿着。</u>

贾乃亮：她说多吃点饭，别饿着。

甜馨：别冻着啊。

李小璐：好的。

甜馨：妈妈再见。

李小璐：再见，宝贝。

——语例来源：《爸爸回来了》20150516 期

调查中，该题的得分为 2.87，标准差为 1.48，有 16 名被调查者认为该题中的画线句表达了酬应客套的功能，而 13 位被调查者认为它表达了建议功能，被调查者之间存在较大分歧。与第 25 题中的"**慢走**"相比，"**多吃点饭**"确实可能是一个说话人真切地希望对方能够执行的一个动作

（前者在一定程度上属于告别时的惯用语。）。说话人还给出了希望对方执行这一动作的理由：**"别饿着"**。说明这一行为是出于对对方健康的关心，符合对方利益，符合建议功能表达的各项条件。但它与第25题相同，上文情景都为"告别"，这样的上文条件影响了被调查者对该句的功能判断。如果**"多吃点饭"**发生在"医生对病弱患者的叮嘱"情景中，该句则被判断为建议功能的可能性就大大增加了。同理，第43题中，由于上文情景提示该环境中确实存在潜在的危险，而目标句**"慢点儿啊"**正是针对这一潜在危险提供的行为方式信息，该句就被大多数被调查者判断为表达了建议功能。

综上所述，语句中是否包含有益于对方的具体行为信息、行为指令，是建议功能与酬应客套功能之间基本区别。而上文情景中是否存在告别、挂断电话等典型情景，是否存在真实的建议需求，对该句是否表达建议功能的判断也会起到一定的影响。

（四）建议功能与信息陈述、询问功能

信息陈述、询问功能是针对客观事实的阐释、询问。在一般情况下，信息陈述、询问功能与建议之间的界限十分分明。然而，调查结果显示，两者之间也存在着一定程度的交叉。

首先，语句是否具有指令性，是两者间的重要区别特征。判断其是否表达建议功能，其决定性因素为该语句是否存在引导某个行为的意图。如果该行为不存在引导某个行为的意图，仅为普通信息陈述，这样的语句在被调查者间没有分歧。例如：

第12题（在综艺节目《花样姐姐》中，嘉宾们在蓝色清真寺门口与马天宇走散了。宋茜与李治廷在寻找马天宇。）

宋茜：他在那呢！

李治廷：在那吗？

宋茜：<u>在那上面嘛，站着呢。</u>

——语例来源：《花样姐姐》20150322期

第26题（在综艺节目《花样姐姐》中，马天宇在节目的录制过程中看见了一名乞丐。当时没有给她钱。节目组来到餐厅准备吃饭，马天宇想要折返回去给乞丐一些钱。）

马天宇：我能用自己的钱吗？

导演：为什么要花自己的钱？

马天宇：因为刚才那乞丐，我看了那个小孩，吹东西卖艺，结果被人赶走。把东西给抢走，我坐里边半天我都缓不过来。

导演：<u>那你准备现在去吗？</u>

马天宇：对，所以他们问我，你就说我去洗手间了。

——语例来源：《花样姐姐》20150405 期

第 12 题在调查中的平均得分为 1.23，有 28 位被调查者认为该题中的画线句表达了"陈述事实"的功能。第 26 题在调查中的平均得分为 1.20，30 位被调查者一致认为该题中的画线句表达了"询问信息"的功能。

然而，在上文情景条件中存在明显的建议需求，而语句中表达陈述/疑问的信息正好可以满足该需求时，该类范畴与建议功能之间也可能存在一定的交叉。例如：

第 7 题（在综艺节目《极限挑战》中，黄磊和罗志祥、孙红雷一起乘车去东平公园。此时已经接近下午两点。）

黄磊：我们去哪来着？

罗志祥：东平公园。

黄磊：红雷你饿不饿？

孙红雷（把糕递给黄磊）：<u>有这个崇明糕。</u>

——语例来源：《极限挑战》20150705 期

第 27 题（在综艺节目《我去上学啦》中，老师让钟汉良、孙艺洲上讲台上答题。钟汉良和孙艺洲上台前在紧张地检查自己的答案。）

钟汉良：他有叫我出来写是吗？他有吗？他有叫我出来写是吗？

孙艺洲：两个新同学。

同学（对钟汉良说）：<u>你不算出来啊？</u>

钟汉良：我这算出来了。

——语例来源：《我去上学啦》20150827 期

　　第 7 题在调查中的平均得分为 3.33，标准差为 1.295，被调查者间存在较大分歧。12 名被调查者认为其表达了"一般陈述"的功能，但有 16 名被调查者认为其表达了建议功能。同时，第 27 题在调查中的平均得分为 3.37，标准差为 1.129，被调查者间同样存在较大分歧。有 16 名被调查者认为其表达了询问功能，14 名被调查者认为其表达了建议功能。

　　第 7 题和第 27 题中，下画线句包含的语言形式分别为"存现句"和"表示反问语气的（难道）……吗/吧/啊？"，其表达建议功能语料在含有该形式的全体语料中分别占 0.79% 和 6.01%。也就是说，这两类形式在一般情况下不表达建议功能。从字面上看，这些语言形式并未表达任何行为或行为方式的指令，但如果参考上文情景条件，它们其实暗含着一定的行为指令。例如，在第 7 题中，黄磊在上文的询问"红雷你饿不饿？"提示了"到点儿了大家还没吃饭"的困境信息。而画线句中的"崇明糕"正好满足了"饿"这一困境，因此暗含着建议"我建议你吃一块崇明糕"。而第 27 题中，上文情景条件中描述钟汉良孙艺洲和在"紧张地检查答案"，提示了他们"对自己的答案信心不足"的困境，因此画线句的询问，既可以理解为确实的询问"你不算出来吗？"也可以理解为同学的提醒"你应该把它算出来"。这样的双重理解，即造成了被调查者之间对其功能判断的分歧。由此可见，在一定的情景条件支撑下，陈述、询问范畴与建议范畴之间可能存在着重叠。下面这个例子则更明显地反映出情景条件在判断语句表达范畴中的影响：

　　第 50 题（在综艺节目《花样姐姐》中，王琳、宋茜、李治廷等嘉宾在王子岛上逛街。到了吃饭的时间，大家开始讨论要吃什么。）
　　王琳：现在已经是很晚了，我们是应该吃点啥了。
　　宋茜：哎！好多冰淇淋啊！好多冰淇淋啊！
　　李治廷：我们来土耳其这么远，就是为了吃冰淇淋啊！来，我们往那边走。

——语例来源：《花样姐姐》20150329 期

第 50 题在调查中的平均得分为 4.13，标准差为 0.819，被调查者之间的判断相对一致，有 25 名被调查者认为其表达了建议功能。在该情景中，存在着"到了吃饭时间"的客观条件，同时还存在着上文语句中王琳提出**"我们是应该吃点啥了。"** 的建议。而画线句中的"冰淇淋"不仅满足了"到了吃饭时间"这一客观上存在建议需求的条件，也为上文的**"我们是应该吃点啥了。"** 的建议补充了实施的方式，同时满足了主、客观条件的需求，语义上与"到了吃饭的时间"这一客观的上文条件发生了衔接，委婉地表达了"晚饭吃冰淇淋吧！"这一建议。

综上所述，在一般条件下，表达陈述、询问的功能与建议功能之间存在较大差异，语句是否具有行为指令性是范畴间的根本区别。然而，如果存在一定的上文条件支持，说话人也能够利用陈述句、疑问句、感叹句等不常表达建议功能的语言形式进行建议功能表达，范畴间就可能存在一定的交叉。如果陈述句、疑问句、感叹句中包含的信息满足了上文中的建议需求，该语句的功能就可能向建议功能方向偏移。

四　表达建议功能语料的确定

调查、分析结果显示，建议功能与相邻功能之间，存在着一定的区别与联系。范畴间并非完全分隔，存在一定的交叉。

建议功能和命令功能之间，虽然在指令性上存在着一定的共同点，但命令功能的语气强度更强，而建议功能则更多地考虑建议接受者的受益性。由此可见，判断一个句子是否表达建议功能，在其具备"指令性"的同时，还需判断指令性的强度，同时兼顾上文条件中是否存在建议需求，判断该行为是否能让会话对方受益。

建议功能和请求许可功能之间，语句所指向的行为是否符合对方利益，是建议功能与请求许可功能的区别特征。上文中是否存在由于对方不允准而导致的困难，而说话人的语句中是否包含针对该困难的新的行为或行为方式也能对两者的判断起到参照作用。由此可见，判断一个句子是否表达建议功能，在上文中存在由于对方不允准而导致的困难时，需在判断其具备"受益性"的同时，还应参考建议的句中行为是否提出针对上文困境的行为方式。

建议功能与酬应客套功能之间，语句中是否包含有益于对方的具体行为指令，是建议功能与酬应客套之间的根本区别。两者间还存在着典型的上文情景条件的不同。由此可见，判断一个句子是否表达建议功能，在其具备"信息性"的同时，还应注意上文中是否存在例如会面、离别、挂断电话等典型的可能发生酬应客套功能的情景条件。

建议功能与信息陈述、询问功能之间存在较大差异，语句是否具有行为指令性是范畴间的根本区别。然而，判断中也需要注意上文是否存在明显的建议需求表达，如果语句中提供的信息能够满足上文中的建议需求，该语句的功能就可能向建议功能方向偏移。

综上所述，研究在判断句子是否表达建议功能时，在判断其是否具备"指令性""受益性""信息性"的同时，还应考虑这些特征的强弱，及与其他特征间的关系，同时兼顾该语句发生的上文情景。例如，如果语句的指令性太强，而受益性并未增加，上文中也未见明显建议需求，该句则应判断为表达命令功能。而如果"指令性"过弱，仅陈述了相关信息，则应判断为陈述、询问功能。如果语句的行为未使对方受益，仅表达了许可需求，该句则应判断为表达请求许可功能。而如果语句的"信息性"及信息的"受益性"较弱，且该句出现在典型的酬应客套情景中，则该句则应判断为表达客套酬应功能。见图2：

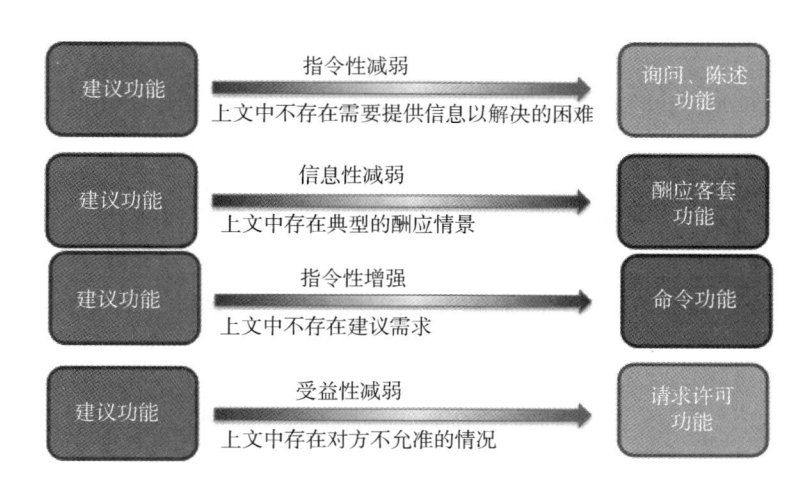

图2　建议功能与相邻功能之间的区别与关联图

从上文的分析中，我们也发现，建议功能与命令功能、请求许可功能、客套酬应功能、信息陈述与询问功能之间的分野，是一个连续统，几乎与每个功能之间都存在着争议与模糊的例子。但同时，每个功能又有各自的典型特征，与其他功能间区分开来。建议功能内部也存在不一致性。这些特点在每一个具体的建议表达中并不同等突出，在某些特征上或多或少地与典型建议行为存在距离，既表现出家族相似性的特征，也表现出成员间的区别特征。这一点，将在第五章中进行进一步的讨论。

根据以上的调查、分析结果，我们对本章第一节的初步筛选结果进行了二次筛选，剔除了一些不符合调查结果中建议范畴判断标准的句子，最终确定了表达建议功能的语料。

第三节　语料中表达建议功能的语言形式概述

在对语料进行切分、提取、验证、二次筛选后，本书共提取出表达建议功能的语料 2416 条。要弄清汉语口语在建议功能表达中形式、功能、情景之间的关系，首先需要对语料中表达建议功能的语言形式进行提取。

本节将从表达建议功能的语言形式提取入手，围绕这些语言形式在表达建议功能时的常用性、多重功能性、表达建议功能的范围三个方面从总体上对其进行初步描写。

一　表达建议功能语言形式的提取

在以往研究中，研究者主要关注语言形式对功能的表达的三种手段：词汇手段、句法手段、语篇手段。词汇手段主要通过功能词语来反映句子的功能特点。句法手段主要通过词组、句法结构、句式表达功能。语篇手段主要通过两个以上的小句共同表达功能，研究还涉及语气、衔接手段等（见本书第二章第二节）。本书依据以往关于形式对功能表达的手段的相关研究，从词汇、句法、语篇三个层面对表达建议功能的语言形式进行了提取。共提取了描述、指示、暗示了建议行为的词组、结构，以及表达了建议的主观性、建议发出者态度的形式。

提取时遵循先提取，后归类的原则。先对语料中出现的形式进行切分，提取其中影响建议功能表达的形式，再根据其他语料的切分结果，进行整理、归类。在词汇层面，主要提取了表达建议提出者表达建议的委婉性、紧迫性、重要性的词汇。在语篇层面，主要提取了起到吸引建议接受者的注意力、对若干建议功能的表达的句子起到引发、衔接等作用的形式（如插入语、话语标记等），以及影响了建议的强度等方面的表达的附加问句等。在句子层面，提取、归纳时主要参考了黄伯荣、廖序东（2007）对现代汉语句子的分类方法，先将提取结果分为单句和复句，再按句型、句类、句式进行分别归纳。① 如根据语气将一些无明显标记的形式归纳为陈述句（如"带陈述语气的简单主谓句"）、祈使句（如"无标记肯定祈使句"）、感叹句［如"好/真（是）/太+形容词+NP+啊/哇/喽！"］等，再依据形式标记归纳出具体的句型/句式。

以下面这个句子为例：

我跟你说，如果你真的想毕业，我觉得你最好把这本书看完 吧，好吗？ * ②

在以上句子对建议功能的表达中，插入语 **"我跟你说"** 用在话语开头，吸引建议接受者的注意力。关联词 **"如果"** 提示了建议的适用条件。结构 **"我觉得"** 表达了建议发出者认为该建议具有一定的主观性。句尾语气词 **"吧"** 和附加问句 **"好吗"** 弱化了建议的强度。词汇 **"最好"** 表达了建议发出者对建议行为本身 **"把这本书看完"** 的态度。

因此，对于上例中的句子，研究将提取出七种形式，并在对全体语料中的结构进行整理后，归入相应的形式类型中。见表4：

表4　　　　　语言形式的提取与归类示例表

序号	提取标记	归类后结果
1	插入语：**我跟你说**	"插入语：你知道吧？这样吧。我有个想法。我跟你说……"
2	关联词：**如果**	"假设条件复句：如果……就，要是……就，只要……就"
3	结构：**我觉得**……	"用于发表见解的宾语从句：我觉得/感觉/担心+从句"
4	词：**最好**	"最好：NP+最好+VP"

---

① 黄伯荣、廖序东：《现代汉语》（增订第四版），高等教育出版社2007年版，第83页。
② ＊此句为生造句，并非源自语料。

续表

序号	提取标记	归类后结果
5	句式：把+NP+VP	把字句
6	语气词：吧	语气词"吧/嘛/呗"
7	句尾成分：……，好吗？	表达意愿征询的句尾成分：好不好/好吗/行不行等

据此，研究对 2416 条表达建议功能的语料中，从词汇、句法、语篇三个层面对表达建议功能的形式进行了提取、归并，共提取出 50 种表达建议功能的语言形式。（具体形式列表见附录 2）

研究还对语言形式的分布进行了初步的数据统计。统计结果显示，这些表达建议功能的语言形式间，存在着常用性的差异，具有多重功能的特点，表达的建议功能范围也有所不同。

二 语言形式在表达建议功能时的常用性

在理想的状态下，语言功能与语言形式应是一一对应的，某一种功能只通过一种语言形式表达，一种形式也只表达一种功能。但在现实生活中，一种语言功能往往可以通过多种语言形式来表达。但这些语言形式在表达功能的时候，存在着常用性差异。统计结果显示，用于表达建议功能的 50 种结构，其使用频率并不相同，如图 3（见下页）：

图 3 显示，表达建议功能的语言形式呈现三个特点：

1. 形式在表达建议功能时，常用性存在较大差异。表达建议功能中使用频率最高的形式："无标记肯定祈使句"，占全体表达的 21.58%。而频率最低的形式，"选择问句：是……还是？、……或（者）……？"等，仅有 1 句用于表达建议功能，占全体表达的 0.03%。

2. 形式在表达建议功能时，分布高度集中。有 6 种形式的表达，其常用性百分比高于 5%："无标记肯定祈使句（21.58%）""语气词"吧/嘛/呗（11.92%）""表达征询意愿的附加问句：……好不好/好吗/行不行？(10.39%)""助动词：要、可以等（8.52%）""把字句（5.81%）""假设条件复句：如果……就，要是……就，只要……就（5.38%）"。这 6 种表达形式占了建议功能全体表达总量的 63.60%。其余 43 种形式，表达的建议功能仅占建议功能全体表达总量的 36.40%。

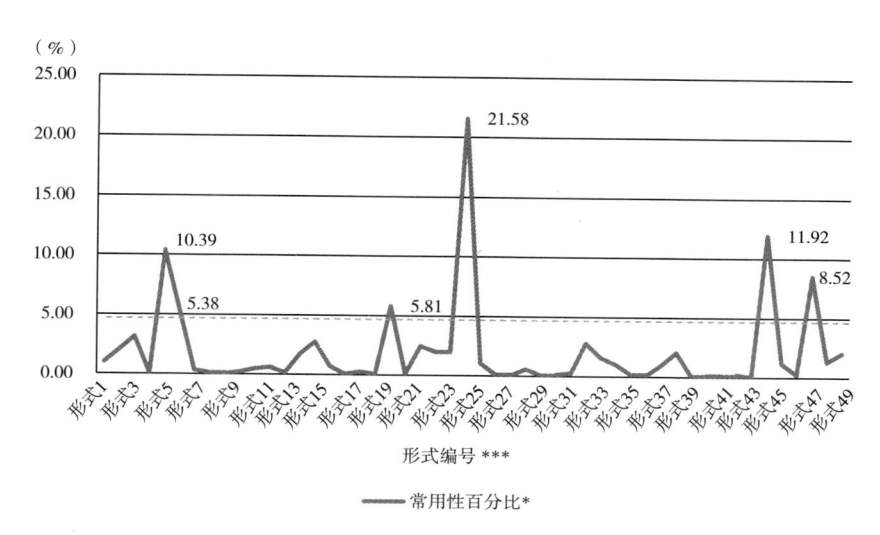

图 3　语言形式在表达建议功能时的常用性百分比对照图

注：

＊常用性百分比指的是表达建议功能的语言形式的常用性体现在该结构表达建议功能的结构占建议功能表达总量的百分比。计算方法为：该结构表达建议的语料除以表达建议功能语料的总条数。

＊＊在对语料使用结构进行统计时，语言形式间若存在套用情况，则同时使用的各形式均列入计划范围。因此，在计算频率时"表达建议功能语料的总条数"均计为"所有形式表达所有建议功能的语料条目总数量"，即为 2963 条。下同。

＊＊＊为节省篇幅，此处不再将所有形式及其编号一一列出。"形式编号"为本书中提取的表达建议功能的 50 个语言形式的编号，具体编号及形式见附录 2。下同。

3. 常用于表达建议功能的形式往往不具备传统意义上表达建议功能的标记。例如，口语教材常用于介绍建议功能的"我建议……""最好……"等母语者一般认为明确表达建议功能的形式，在常用性上并不占优势。

进一步的数据分析显示，语言形式表达建议功能的常用性，与这些形式在全体语料中的常用性存在一定的相关性，见图 4：

图 4 提示了两个现象：

1. 这些语言形式在表达中可能存在着多重功能。从总体分布上来看，表达建议功能的形式，其表达建议功能时的常用性，与在全体语料中的常用性之间存在着一定的相关。在口语表达中整体使用频率高的，在表达建议功能时，有的也存在较高常用性。例如，数据点 C 及 C' 所示"无标

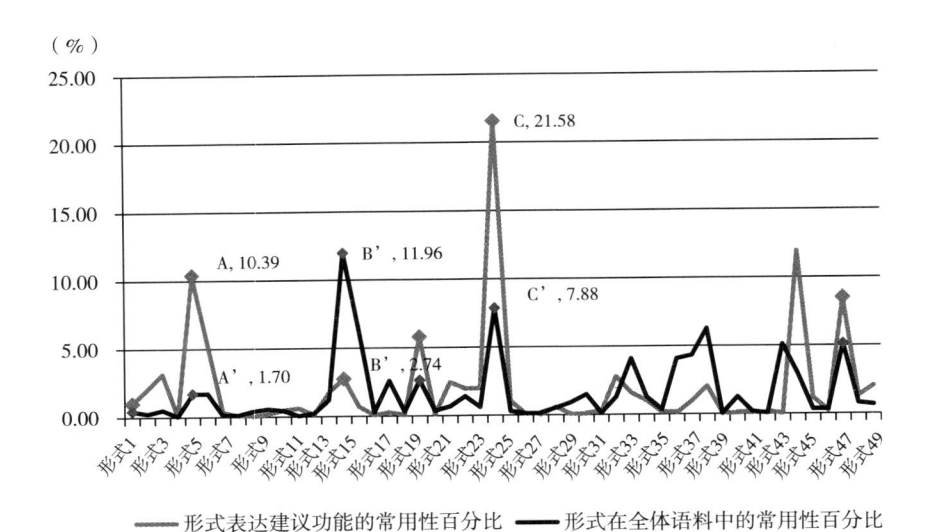

图 4 语言形式在表达建议功能与所有功能的常用性对照图

注：为节省篇幅，此处不再将所有形式及其编号一一列出。上图形式编号为本书中提取的表达建议功能的 50 个语言形式的编号，具体编号及形式见附录 2。

记肯定祈使句"对建议功能的表达为 21.58%，但其在整体表达中也占了 7.88%。这就意味着该形式不仅常用于表达建议功能，也常用于表达其他功能。

2. 在这些语言形式表达的多重功能中，建议功能的地位不尽相同。有些结构在全体语料中使用频率低，但在表达建议功能中的频率却较高。如数据点 A 及 A'所示，"表达征询意愿的附加问句：……好不好/好吗/行不行？"，其在全体语料中的常用性百分比仅为 1.70%，而表达建议功能的使用频率却达到 10.39%。说明在该结构的表达中，建议功能处于更为核心的位置。同时，数据点 B 及 B'所示的"带陈述语气的简单主谓句"，其在全体语料中的常用性百分比（11.96%），大大超过了其在表达建议功能中的使用频率（2.74%），则说明在该形式的表达中，建议功能处于更为边缘的位置。

因此，有必要结合这些语言形式表达其他功能的情况，进一步分析其多重功能性。

三 语言形式表达功能的多重性

在口语表达中，语言形式在不同的情景中往往可以表达不同的功能。该语言形式在表达多重功能时，各功能的表达频率可能存在差异——有的功能是该形式经常表达的，有的功能只有在一些特定语境中才得到表达。统计发现，表达建议功能的语言形式在口语表达中同样存在着功能多重性。有的形式在90%的情景下都表达建议功能，但在其余10%的情景中表达其他功能。也有的形式在绝大多数的情景中都不表达建议功能，但在一些特殊的情景中也可以用于表达建议功能。具体统计结果见图5：

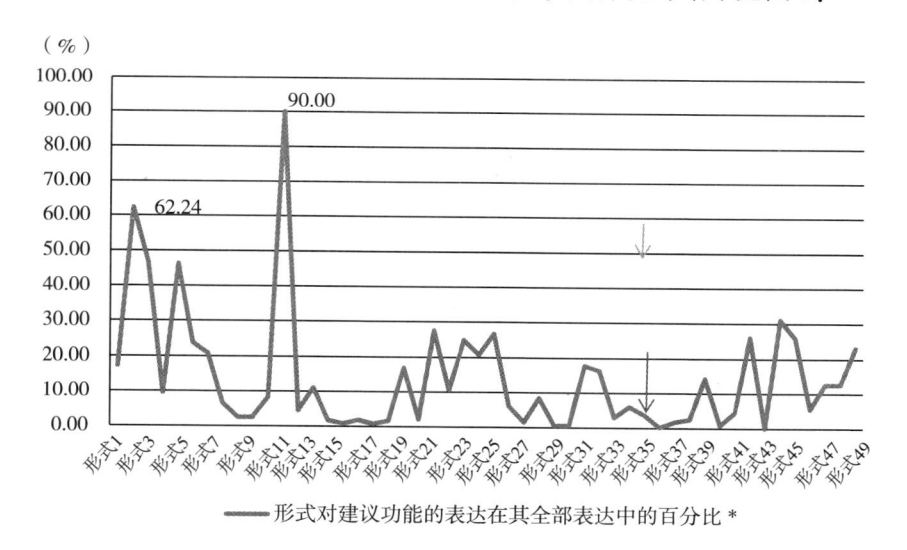

图5 建议功能在语言形式多重功能中的地位分布图

注：

* 形式对建议功能的表达在其全部表达中的百分比计算方法：该语料表达建议功能的数量，除以该结构在语料中出现的总条数。

** 为节省篇幅，此处不再将所有形式及其编号一一列出。上图形式编号为本书中提取的表达建议功能的50个语言形式的编号，具体编号及形式见附录2。

图5反映了两个现象：

1. 在语言形式的多重功能中，建议功能在该类形式表达中的比例差异较大。建议功能在语言形式的多重功能中占比最高的形式"用于表达建议的主从句：我建议/提议+从句"，有90%用于表达建议功能。而形式"包含为什么、什么、多少、多大、在哪儿……的特指疑问句"仅有

0.19%表达了建议功能。

2. 建议功能的表达在形式的多重功能表达中往往并不占有优势地位，大量形式在一般情况下不表达建议功能。如图5所示，建议功能的表达占该形式全体表达50%以上的仅有2个形式："用于表达建议的主从句：我建议/提议+从句（90%）"和"连接词：要不，……、要不然，……（62.4%）"。在全部语料中，表达建议功能的语料（2416条）占总数（38450条）的6.28%。以此为参照，对于单个形式而言，如果该形式表达建议功能的比例低于6.28%，则说明该形式表达建议功能的情况低于普遍概率，在一般情况下不表达建议功能，也就是说，表达建议功能的情况是该形式在表达中的"特例"或"活用"。图5所示，有23种语言形式的建议功能表达属于特例情况，占形式总数的46%。这些形式存在于325条语料中，占建议功能全体表达的10.85%。

进一步分析后发现，形式表达建议功能的常用性与建议功能在其功能多重性中的地位之间的关系也不尽相同，见图6：

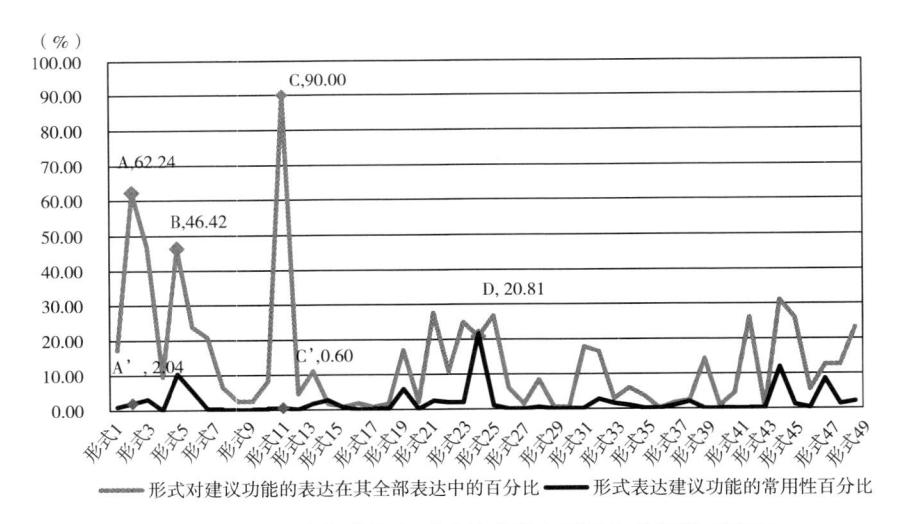

图6 表达建议功能的语言形式的功能多重性与常用性对照图

注：为节省篇幅，此处不再将所有形式及其编号一一列出。图6形式编号为本书中提取的表达建议功能的50个语言形式的编号，具体编号及形式见附录2。

由图6可以看出：

1. 表达建议功能在其表达总量中所占比例高的形式，在日常口语表达中常用性较低。如数据点C与C'所示，形式"用于表达建议的主从句：我建议/提议+从句"有 90% 的语料用于表达建议功能，但其在建议功能的表达中仅占 0.6%。如数据点 A 与 A'处，"连接词：要不，……、要不然，……"有 62.4% 的语料用于表达建议功能，但其在建议功能的表达中仅占 2.04%。

2. 在口语表达中，常用于表达建议功能的形式，建议功能的表达在其日常表达中往往不占据核心地位。如数据点 B 所示的在汉语教材中常用于介绍建议功能表达的形式："表达征询意愿的附加问句：……好不好/好吗/行不行？等"，其建议功能的表达比例为 46.42%。而数据点 D 所示的最常用于表达建议功能的形式"无标记肯定祈使句"，在其日常使用中，仅有 20.81% 的情况用于表达建议功能。

四 语言形式表达建议功能的范围

语言形式在表达建议功能时，并不是所有的语言形式能够适用所有的建议功能的表达情景。语言形式在表达建议功能时，存在着形式间表达范围的差异。这样的差异表现在两个方面：

其一，一些表达建议功能的语言形式，在另一些情景中无法实现建议功能的表达。例 3-01 * 中的画线句，"**你要不要我问一下，他有没有一个备用的小房间？**"由"含有助动词的正反问句"这一语言形式表达建议功能。而该句如果换成其他语言形式，就未必合适：

例 3-01 *（宋茜与李治廷在综艺节目《花样姐姐》中被要求一起在伊斯坦布尔过夜。而当他们抵达酒店时，发现酒店只剩下一间空房。宋茜不想和李治廷住一个房间，李治廷意识到了这一点。）
宋茜：但是今天晚上真的要住一个房间啊，我们两个。
李治廷：对啊——，要不怎么办呢？

原句：你要不要我问一下，他有没有一个备用的小房间？
例 3-01 * A：我问一下，他有没有一个备用的小房间吧。
例 3-01 * B：我建议我问一下，他有没有一个备用的小房间。
例 3-01 * C：小房间。*

宋茜：（微笑）

李治廷：好，我下去问一下。

——语例来源：《花样姐姐》20150315 期

如果换成最常用于表达建议功能的形式，如"无标记肯定祈使句"，形成例 3-01＊A，"我问一下，他有没有一个备用的小房间。"，该句虽略显生硬，但仍能适应以上情景，表达建议功能。而如果换成建议功能表达在其全部表达中占有最核心地位的形式"用于表达建议的主从句：我建议/提议+从句"，形成例 3-01＊B"我建议我问一下，他有没有一个备用的小房间。"就显得有点不通顺。而如果换成一般情况下不常用于建议功能表达的形式"名词单独成句"，形成例 3-01＊C"小房间。"则不知所云，完全不能表达建议功能了。

其二，一些表达建议功能的语言形式，不适用于其他表达建议功能的情景。以例 3-03 与 3-04 的对比为例，两个语例中的情景中虽然都存在着建议功能的表达，但所使用的语言形式却难以互换。

例 3-03（在综艺节目《爸爸回来了》中，唐志中建议蜜蜜和香香选一个漂亮的太阳眼镜出门游玩。）

唐志中：香香你的呢，你的太阳眼镜呢。

蜜蜜：爸比，我不要戴了。

唐志中：那你又不戴，我一个人戴不好玩。

蜜蜜：好玩呐。

唐志中：<u>你也戴一个啊，你看这个粉红色跟你配，你看。香香，你戴一个好不好，这个很漂亮！</u>

唐志中：你也戴一个啊，你看这个粉红色跟你配，你看。香香，你是不是可以戴一个？这个很漂亮！＊

——语例来源：《爸爸回来了》20150516 期

例 3-04（在综艺节目《我去上学啦》中，张凯丽向教导主任建议，让班上的女孩子在穿校服的同时，可以有一点额外的装饰。）

主任：学生在学校里穿校服的意义是在于说从外表的差别忽视它，关注的是精神追求。

张凯丽：<u>女孩子是不是可以在领结上弄一个有颜色的东西？</u>
张凯丽：<u>女孩子在领结上弄一个有颜色的东西好不好？</u>*
主任：对，你的建议我会提。但是呢……

——语例来源：《我去上学啦》20150716 期

在例 3-03 中，唐志中与香香、蜜蜜是父女关系，唐志中提出的建议对对方有利，因此采用较为随意的"好不好"以及较为夸张的表达"很漂亮！"等语言形式表达建议功能。在例 3-04 中，主任与张凯丽之间是师生关系，张凯丽提出的建议对对方的受益性不高，因此采用较为委婉的形式"是不是可以……"以表达建议功能。而一旦这两个语言形式交换，在对方的情景中，所表达的功能就不符合相应的情景条件。

从上述两例可见，表达建议功能的语言形式间，存在着使用范围的差异。有些形式能在更大范围的情景中表达建议功能，如"无标记肯定祈使句"等，而有些形式则仅能在特定的情景条件中表达特定类型的建议，如"名词单独成句"等。这说明，建议功能内部也并非整齐划一，而是存在着不同的小类。功能小类与形式、情景条件之间也存在着相应的类聚关系。

第四节 本章小结

本章依据会话分析等理论的转写规范，对研究对象中的六档真人秀节目视频中嘉宾的日常会话语料进行了转写，以会话的话轮转换为标志对语料进行了切分，共获得 60 万字，38450 条汉语口语表达语料。

根据以往研究中对建议功能特征的归纳，结合对母语者进行验证调查的结果，本章还对建议功能的特点以及与相邻功能间的分野进行了描写，确定了建议功能的语料筛选标准。表达建议功能的句子应具有指令性、信息性、受益性的特点，而判断一个句子是否表达建议功能，还应参考句中以上特性的程度及功能表达的上文条件。当句子的指令性减弱且上文中不存在需要提供信息以解决的困难时，句子的表达功能由建议功能向询问、陈述功能偏移。当句子的信息性减弱且上文中存在典型的酬应情景时，句子的表达功能由建议功能向酬应客套功能偏移。当句子的指令性增加且上文中不存在建议需求时,句子的表达功能由建议功能向命令功能偏移。当上文存在对方不允准的情况,句子指向的行为对会话对话的受益性减弱,且未提供新的行为方式时,句子的表达功能由建议功能向请求许可功能偏移。

本章在对语料进行功能判断、母语者验证、二次筛选后,共确定包含表达建议功能的语料2416条,从词汇、句子、语篇三个层面归纳出50种用于表达建议功能的语言形式。

这些语言形式在表达建议功能时,存在常用性差异,分布高度集中。最常用于表达建议功能的语言形式"无标记肯定祈使句"占全体表达的21.58%。常用性百分比在5%以上的6种形式共同表达了63.6%的建议功能。

同时,语言形式在表达建议功能时体现出多重功能性,建议功能在该语言形式全体表达中的地位也存在较大差异。例如,语言形式"用于表达建议功能的主从句:我建议/提议+从句"有90%用于表达建议功能。同时,有23种形式(占形式总数的46%)对建议功能的表达低于语料中的建议功能的总体表达比例(6.28%)。也就是说,在一般情况下这些语言形式不用于表达建议功能。表达建议功能的语言形式,其常用性和功能多重性之间存在矛盾——常用于表达建议功能的形式,也往往常用于表达其他功能(如无标记肯定祈使句)。而表达功能单一的语言形式(如用于表达建议功能的主从句:我建议/提议+从句)的常用性较低。

这些形式在表达建议功能中还存在着范围差异,一些语言形式在另一些情景中无法实现建议功能的表达。而有一些表达建议功能的语言形式,只适合表达某一类型的建议功能。

本章对50种表达建议功能的语言形式的提取、归纳回答了前文中提出的第一个问题:**汉语口语中的建议功能由哪些语言形式表达**?但是,这50种形式都能直接用于建议功能的表达吗?学习者在学习建议功能的表达时,掌握了这些形式就能够在交际中实现建议功能了吗?答案显然是否定的。本章对50种语言形式在表达建议功能时的常用性、多重功能性、适用范围的统计表明,尽管语言形式在表达中具有一定的集中性,但在这50种形式中,能够独立完成建议功能表达的形式往往常用性低,而表达建议功能频率高的形式,往往同时也能表达其他功能,具有多义性和功能表达的多重性特点，需要一定的情景条件对形式的多义性进行消歧。另外，还有一些形式在一般情况下不表达建议功能，其表达建议功能完全来自情景条件的支持。接下来的一章就将围绕语言形式表达建议功能时所需要的支持条件展开讨论。

第四章　建议功能表达的支持条件

第三章的统计数据显示，语言形式与其表达的建议功能之间，并不是一一对应的关系。一种语言形式在不同的语境中可以表达多种功能，建议功能也可以通过不同的语言形式得到表达。语言形式在具体的语例中表达交际功能，往往需要获得情景条件的支持，在语境中确定说话人的真实意义。在语义、情景条件的双重支持下，语言形式才能够实现对建议功能的表达。

功能语言学认为，每个意义行为都有内容和表达两个方面，语言形式通过对内容的传递，实现语言的功能，在上下文中形成一个具有连贯意义的语篇。"连贯"是一个语义结果，是一种意义上的联系。[①] 这样的连贯与该形式的意义有关，也与话语发生的情景条件有关。情景语境利用言/听者、说话的时间地点、交际的目的意图、文化背景等情境因素，能够对语义理解起到补足、支撑等作用。[②] 在建议功能的表达中，说话者对上文意义、情景条件的观察，也是在情景中实现意义连贯的一个重要手段。例如，下文中对建议功能的表达，对上文中建议征询的呼应就形成了一个具有连贯意义的语篇。

因此，本章将对语言形式的多义性与表达功能的多重性进行讨论，并分析语言形式表达建议功能时所需的语义条件和情景条件。

第一节　语言形式的多义性与表达功能的多重性

语言形式与其表达的建议功能之间，存在如下三种关系：

[①] 黄国文、辛志英：《什么是功能语法》，上海外语教育出版社2014年版，第95页。
[②] 牛保义：《认知语法的"语境观"》，《解放军外国语学院学报》2017年第6期。

1. 语言形式在口语表达中基本上只表达建议功能。例如："用于表达建议的主从句：我建议/提议+从句。"

2. 语言形式存在多义性，在口语表达中可以表达多重功能，功能的表达与形式的意义有关。确定了该语言形式的意义之后，就基本能够实现情景自足（self-sufficient），实现建议功能的表达。

例如："包含'要么'的选择复句：要么……，（要么……）"，当"要么""表示说话者的意愿"时，包含该形式的语料条目一般能够表达建议功能。而当"要么"表示"两种不同的选择"① 时，表达建议功能的可能性就低一些。

3. 语言形式在话语表达中可以表达多重功能，即使确定了形式的意义，仍然不能确定其表达的是建议功能，功能的表达需依赖上下文情景条件。例如：

例 4-01（在综艺节目《爸爸回来了》中，嘉宾霍思燕与儿子嗯哼即将前往摄影棚，准备拍摄封面广告。可是，他们还没有决定穿哪套服装进行拍摄。）

霍思燕：嗯哼，你知道你今天都要干嘛吗？你今天要去拍封面啊。我们试试今天要拍照的衣服吧。这个好看吗？

嗯哼：不要。

霍思燕：这个怎么样？白马王子。

嗯哼：不要。

霍思燕：<u>这个呢？这个阿拉伯王子。</u>

——语例来源：《爸爸回来了》20150620 期

例 4-02（情景：在综艺节目《我去上学啦》中，钟汉良、任家萱一同参加软陶制作课程。）

钟汉良：这样，差不多吧？

老师：可以了，你要一样厚。怎么检验它的薄厚啊，你看你这个饼，你要一样厚的。

---

① 解释引自《现代汉语八百词》，商务印书馆 1980 年版，第 594 页。

任家萱：老师，那我这个呢？
老师：看一下，她的很好啊。

——语例来源：《我去上学啦》20150730 期

以上两个例子中，画线句都包含语言形式"这个呢？"。从意义上看，例 4-01，4-02 中的"**这个呢？**"中的"……呢"，都用于"表示疑问，用于是非问句以外的问句"。"**这个呢？**"的意义均为"这个怎么样"。然而在例 4-01 中，建议提出者与建议接受者在摄影棚内，共同面对着"摄影快要开始了但是衣服还没有选好"的困境。于是，建议提出者在提出了"**我们试试今天要拍照的衣服吧。**"这一建议之后，在确定要穿什么衣服之前，下文的话语全都表达了"建议对方穿什么衣服"这个功能。而在例 4-02 中，话题参与者同在课堂活动中，老师首先对钟汉良的作品进行了评价。因此接下来的任家萱"**那我这个呢？**"则表达了"请求评价"的功能。由此可见，语言形式"**这个呢**"是否表达建议功能，需要情景条件的支持。

语言形式与其表达的话语功能之间的以上三种关系，说明不同的形式，在表达建议功能时，需要不同的支持条件：

1. 包含单一、显著意义的形式，即使不借助上下文条件，该形式也能够表达建议功能，实现情景自足。

2. 形式的多义性，造成其在话语表达中的多功能性。对形式进行意义区分，确定常用于表达建议功能的意义，可以明确包含该语言形式的话语是否表达建议功能。

3. 对另一些形式而言，即使确定了形式的意义，也仍旧无法实现建议功能的表达。此类形式实现对建议功能的表达，需要情景条件的支持。

接下来，本章将围绕语言形式表达建议功能的语义条件和情景条件展开讨论。

第二节　支持建议功能表达的语义条件

对于部分语言形式而言，意义与其建议功能的表达之间存在着一致性。这样的一致性分为两种情况，一种情况是该形式具有单一、显著的意义，因此其在语言表达中一般只表达建议功能。另一种情况是，该形式具有多重意义，但在某一义项①上，只表达建议功能。以下将针对这两种情况，进行分别讨论。

一 具有单一、显著的意义的形式

一些单义形式在口语表达中能够直接实现对建议功能的表达。如含有直接建议标记的形式："用于表达建议的主从句：我建议/提议+从句。"和插入语"我有一个建议……"等。该类形式常见于汉语教材，也是以往建议功能表达研究中常见的研究对象。谢敏（2013）的研究曾对此类形式进行了概括，如"我+施为动词+从句。"可在陈述句中表达建议功能。②

该类形式表达建议功能，存在如下两种情况：其一，当"建议"一词引导一个小句时，该句通常表达建议功能。如"用于表达建议的主从句：我建议/提议+从句。"中，从句一般为建议内容，整个语句可以表达建议功能。如"我建议你最好不要玩那个轱辘"。③ 其二，当"建议"一词包含在插入语如"我给你一个建议""我有一个建议"中时，该插入语往往能引发建议功能，而功能的实现则需要通过上下句共同完成。

值得注意的是，并非所有包含"建议"一词的句子都表达建议功能：当"建议"一词表达对建议内容的指称时，该句常常不表达建议功能。例如：

例 4-03（在综艺节目《非诚勿扰》中，女嘉宾发表了自己对事业的看法。孟非对此表示赞赏，并给对方的生意提出了建议。）

孟非：这姑娘不仅肉夹馍做得好她还特别会说话。<u>你可以把你的</u>

---

① 此处的"义项"借用了词典学中对意义的解释单位，指的是多义形式在具体语境中表达的具体意义。下同。
② 谢敏：《对外汉语教学中"建议"功能项目教学研究》，硕士学位论文，华中师范大学，2014 年。
③ 语料中仅有一个例外，即在一段语料中，说话人询问"他刚才说'我建议你还是考虑考虑我'，你同意吗？"该句中，"我建议你还是考虑考虑我"属于引述内容，是整句话"他刚才说'我建议你还是考虑考虑我'，你同意吗？"的一个成分。而这整句话并不表达建议功能。

好多话和肉夹馍结合在一块，每一个那个馍里面不光夹肉，还夹一个纸条。哎，不光夹肉，还夹一个纸条。

黄磊：有那种许愿饼嘛，对吧。

孟非：对啊，对对对，来。

女嘉宾：你的建议很好，孟爷爷，谢谢。

——语例来源：《非诚勿扰》20150207 期

在上述情景中，话轮是以孟非的建议开始的。女嘉宾的语句中，虽然包含"建议"一词，但实际上该句表达的是对上文中孟非建议的评价，而非表达建议功能。

在本书语料中，具有单一、显著意义，常用于表达建议功能的形式主要有"用于表达建议的主从句：我建议/提议+从句。""NP+建议/提议+NP+VP"、插入语"我有一个建议""我建议这样吧""我看这样吧"等。

二 具有多重意义的形式

与"一词多义"现象类似，形式也常常存在"一式多义"现象。该类形式的义项中，有些义项能表达建议功能，有些义项不常用于表达建议功能。存在形式为多义词、形式具有语法化程度不同的多个义项、形式由多义词和单义词构成、形式由多个多义词构成四类。

（一）形式为多义词

多义词在表达建议功能时，各义项在表达中需要情景条件的支持程度不尽相同。表达中体现的义项是决定该形式是否表达建议功能的关键因素。

例如，"要不，要不然"有两个义项：

A."如果不这样；否则。[1]"引进表示结论或结果的小句。

B. 引导小句，提出新的建议与对方协商。

如果说话人在表达中体现的是义项 A，则该句一般不表达建议功能。而如果说话人在表达中体现的是义项 B，则往往表达的是建议功能。例如：

---

[1] 解释引自《现代汉语八百词》，商务印书馆 1980 年版，第 102 页。

例 4-04（在综艺节目《花样姐姐》中，徐帆和王琳为是否要换酒店发生了争执。争执过后，两人和好如初。）

徐帆（对王琳说）：宝贝，来，拥抱一下。我跟你说啊，现在啥事都没有了，从现在开始大家都没事了，姐姐也是累了。

李治廷（对徐帆和王琳说）：我知道。

李治廷（对徐帆和王琳说）：其实家人才会这么打的，对不对。

徐帆（对李治廷和王琳说）：打，打完了又有点心疼。嘿嘿，你（王琳）个傻帽，你不行。你（李治廷）得让我推她一下。<u>我必须推，要不然我这劲也过不去。</u>（推王琳）一二三，走你。

——语例来源：《花样姐姐》20150419 期

例 4-05（在综艺节目《爸爸回来了》中，杜江和贾乃亮准备比赛在浴缸里憋气。但杜江的儿子嗯哼不知道他们在干什么，紧张地哭了。）

嗯哼（哭）：爸爸，爸爸爸爸，爸爸

杜江：没事，没事，爸爸和叔叔比赛呢，没事。

贾乃亮：你干嘛呢？

杜江：他哭了，我就出来了。

杜江：<u>咱们要不这样，别躺着，咱把头扎进去。</u>

——语例来源：《爸爸回来了》20150606 期

在例 4-04 和例 4-05 中，包含"要不""要不然"的句子分别是"**我必须推，要不然我这劲也过不去。**"和"**咱们要不这样，别躺着，咱把头扎进去。**"在例 4-04 中，徐帆与王琳刚刚发生了争执。虽然已经和好，但两人都感到有点尴尬和别扭。李治廷前来缓和气氛。为了纾解心中的不平，徐帆向王琳提出了一个要求"推一下"，并用"要不然"引出了如果不"推一下"的结果"我这劲也过不去。"在这里"要不然"使用的是义项 A："引进表示结论或结果的小句。"，用于引导徐帆对不"推一下"结果的假设，而非建议。在例 4-05 中，杜江发现嗯哼哭了，于是停下了与贾乃亮的比赛。为了让嗯哼不紧张，他向贾乃亮建议换一种比赛方式。此处的"要不……""要不然……"，使用的是义项 B："引导小句，提出新的建议与对方协商。"，用于表示与杜江与贾乃亮协商的意愿，表达了建议功能。

"要不"在具有 B 义项"引导小句，提出新的建议与对方协商。"时，其对建议功能的表达与"包含连词的选择复句：要么……，（要么……）"中的"要么……"存在一定的相似性。"要么"也可以表示两种意愿的选择，带有商量的语气。①《现代汉语八百词》中在该义项上所举语例也多表示建议功能：如"火车票没买到，要么乘飞机吧。""说好大家聚一聚，可是一直没时间，要么元旦去我家吧。"（八百词）。两个"要么"连用可以协商语气提出两个建议，以供对方选择。

可见，多义词"要不，要不然"在句中体现义项 B"引导小句，提出新的建议与对方协商。"是其表达建议功能的语义条件。

（二）形式具有语法化程度不同的多个义项

一些形式在语法化的过程中，其语法化程度是支持该形式是否表达建议功能的语义条件。例如，"最好"的用法功能在共时层面存在如下变体：

A. "副+形"组配的性质形容词短语
B. "副+助"组配的客观评价性副词短语
C. "副+助"组配的主观评价性副词短语
D. 表达言者主观意愿的副词
E. 表达对听者建议的副词②

在本书语料中，A、B、C 一般用于陈述句中，较少用于建议功能的表达。在语料中，A 形式对建议功能的表达，只有一句："**岳父：要切丁是最好的。**"而 D 介于陈述和祈使之间，既有表达建议功能的情况，也有不表达建议功能的情况。E 则多为祈使句，表达建议功能。"最好"一词的 E 类意义，才是"NP+最好+VP"这一形式表达建议功能时，"最好"的主要意义。例如：

1. 包含"最好"A："副+形"组配的性质形容词短语的例句：

例 4-06（情景：在综艺节目《爸爸回来了》中，郑钧在岳父的指导下做香干炒芹菜。）

---

① 解释引自《现代汉语八百词》，商务印书馆 1980 年版，第 102 页。
② 乐耀：《汉语中表达建议的主观性标记词"最好"》，《语言科学》2010 年第 2 期。

岳父：我带来了香干。

郑钧：我看见了。

岳父：看见没。

郑钧：香干炒芹菜。

郑钧：然后再把芹菜焯一下。

(郑钧一边说，一边把香干切成片。)

岳父：<u>要切丁是最好的。</u>

郑钧：切成片了。

岳父：刀补一下，补下刀。

(郑钧听众岳父的建议，开始继续将手中的香干切成丁。)

——语例来源：《爸爸回来了》20150516 期

2. 包含"最好"D：表达言者主观意愿的副词的例句：

例 4-07（在综艺节目《我去上学啦》中，节目要求钟汉良学习东北大秧歌，并在第二天的学校社团活动中和其他成员一道表演秧歌。）

老师：东北的大秧歌，东北秧歌讲究双脚并立。

钟汉良：双脚并立。

老师：那东北秧歌呢，讲究双脚落地的时间要长，它讲究的是抬脚就落，慢慢地落，再来一次，……

老师：好吧，明天呢，因为学校有这个社团的活动，然后呢，你们两个好好准备一下，好吗？<u>把我们学的舞步，最好是发展一下，创新一下。</u>服饰呢，还有一些道具，有需要的过来找我。

——语例来源：《我去上学啦》20150924 期

3. 包含"最好"E：表达对听者建议的副词的例句：

例 4-08（情景：在综艺节目《非诚勿扰》中，主持人与嘉宾在讨论恋人能不能是同一个职业的问题。）

孟非：一个男厨子找了个女厨子，他生活就好不了了，俩人吃饭吃不到一块，你这个菜不对。但是他们俩如果在一个店里做饭……

黄菡：那就那可能就有争执了。

孟非：这就是两个话题了。

黄菡：<u>或者就这么说，你们俩不是不可以谈恋爱，但是如果你们俩谈恋爱最好不在一个公司工作。</u>

——语例来源：《非诚勿扰》20150321 期

在例 4-06 中，岳父说的"**要切丁是最好的**"，如果脱离了"郑钧正在切香干，岳父对其切法不满意"的上文情景，就只能表达岳父对香干切法的评价，而不能表达建议功能。而在例 4-07 中，老师话语中的"**最好是发展一下**"中的"**最好**"，则既表达了老师的希望，也是对学生"怎样才能在社团活动中表现得更好"的建议。在例 4-08 中，黄菡老师就"恋人能不能在一个公司工作"的问题，向嘉宾提出了"**最好不在一个公司工作**"的建议。可见，"最好"表达建议功能的程度随着语法化的程度而提高，只有例 4-07、4-08 中的"最好"才能在口语中不需要借助情景条件而表达建议功能。

综上所述，"最好"一词在语法化的过程中，在共时层面存在着语法化路径上的词义分化现象。这样的现象使得其在口语表达中，每个不同的含义组成的形式在建议功能的表达频率及范围上也有所不同。支持其表达建议功能的语义条件随着语法化程度的升高而增强。

（三）形式由多义词和单义词构成

多义词在表达建议功能时，可能与其他词语组合成多义形式。表达中多义词体现的义项是决定该形式是否表达建议功能的关键因素。

例如，常用于建议功能表达的形式"还是……吧"，由多义词"还是"和意义相对单一的语气词"吧"组成，该形式是否表达建议功能就取决于"还是"在句中体现的义项。

"还是"有副词和连词两种词性。充当副词时具有两个义项：A1 表示行为、动作或状态保持不变。A2 经过比较、考虑，有所选择，用"还是"引出所选择的一项。充当连词时的意义主要为：B. 选择意义。[①]

[①] 解释引自《现代汉语八百词》，商务印书馆 1980 年版，第 255 页。

在以上三种义项中,"还是"在体现义项 A2"经过比较、考虑,有所选择,用'还是'引出所选择的一项。"时,形式"还是……吧、还是……比较好"主要表达的是建议功能。而当"还是"体现义项 A1、B 时,形式"还是……吧、还是……比较好"一般不表达建议功能。例如:

1. "还是"体现义项 A2"经过比较、考虑,有所选择,用'还是'引出所选择的一项":

例 4-09(在综艺节目《花样姐姐》中,奚美娟、徐帆、李治廷在逛庞贝古城,需要下一个陡峭的台阶。)

奚美娟:你下来小心些。

徐帆:没事,姐姐,不管我。

奚美娟:你抓着。

……

李治廷:<u>还是拉着我吧</u>。

——语例来源:《花样姐姐》20150510 期

2. "还是"体现义项 A1"表示行为、动作或状态保持不变":

例 4-10(在综艺节目《非诚勿扰》中,男嘉宾介绍上一段恋情时,表示自己为了挽回恋情,给前女友的妈妈打电话。一位女嘉宾对这样的行为发出了质疑。)

女嘉宾:然后您说您挽回女友的方式我觉得太盲目了,然后我想问一下,如果让你现在挽回女友的话,你会怎么做?你还会联系她的家长吗?

男嘉宾:现在还是会这样做吧。

——语例来源:《非诚勿扰》20150321 期

3. "还是"体现义项 B"选择":

例 4-11(在综艺节目《非诚勿扰》中,男嘉宾谈到自己的爱情理想。黄磊顺着他的话题,谈到了自己的学生就在周游世界。)

男嘉宾：其实这张世界地图呢，对我其实意义蛮大的。我在这个世界地图上，画了我自己的一个环球旅行计划。那么我是希望就是，能够发现更多世界的美，然后能够携带我的另外一半，去慢慢发现世界美丽的角落。

黄磊：我有，我有一个学生啊，夫妻两个，他们已经在路上三年了。他们就是夫妻之间，发生一点点小误会，后来解决之后，这个男生就跟女生说，我把房子卖了，咱们俩出去旅行吧，就买了一辆旅行车，办了各种签证。他们在三年前出的门，现在还没回来，他们开着车，沿着世界一个国家一个国家地走，<u>现在好像是走到新西兰还是哪吧</u>……

孟非：要不了三年，他们。

——语例来源：《非诚勿扰》20150221 期

在例 4-09 中，徐帆不好意思让大家照顾她，担心拖累节目进度。而李治廷出于安全考虑，向她提出建议"**还是拉着我吧**"。这里是在比较了"徐帆自己走"和"拉着他自己"之后，作出了"**还是拉着我吧**"的选择，表达了建议功能。在例 4-10 中，由于女嘉宾对男嘉宾发出了质疑，而男嘉宾为了坚持自己的想法，陈述了自己的观点"**还是会这样做吧**"，不表达建议功能。在例 4-11 中，黄磊对学生的旅行路线的陈述，"**现在好像走到新西兰还是哪吧**"，虽然被孟非打断了，但根据其上下文的表达，他应是在表达对学生旅行线路的介绍，"还是"一词表达了他对记忆内容的不确定，而不是表达对孟非或男嘉宾的建议。

在体现义项 B"选择"时，"还是"还常与"呢"搭配，组成选择问句。此时，表达建议功能的情况更为少见，只是该表达使用中的特例情况了。

可见，"还是"在句中体现义项 A2"经过比较、考虑，有所选择，用'还是'引出所选择的一项"，是形式"还是……吧、还是……比较好"表达建议功能的语义条件。

(四) 形式由多个多义词构成

多义词在表达建议功能时，可能与其他多义词组合成多重多义形式。在该类形式中，多义词体现的义项、多义词组合而成的组合义项，都对该类形式是否表达建议功能产生影响。

例如,"就"和"好"都是现代汉语口语表达中的常用多义词。在建议功能的常见表达形式"小句+就好了"中,"就""好"体现出的不同义项①组合起来,形成的意义,决定了该形式是否表达建议功能。

"就"有两个义项:就^1:表示很短时间内即将发生。就^2:表示承接上文,得出结论。同时,"好"也三个义项:好^1:表示优点多的、令人满意的。好^2:表示健康、病愈。语料中还引申为表示问题解决。好^3:表示完成。这样,形式"小句+就好了"在表达中能够形成6个义项:

1. 小句+就^{1}好^{1}了(表示:即将好转)
2. 小句+就^{1}好^{2}了(表示:即将完成)
3. 小句+就^{1}好^{3}了(表示:问题即将解除)
4. 小句+就^{2}好^{1}了(表示:只要……就能好转)
5. 小句+就^{2}好^{2}了(表示:只要……就能完成)
6. 小句+就^{2}好^{3}了(表示:只要……问题就能解除)。

在这些形式体现出来的义项中,表达建议功能的频率、表达的建议功能类型不尽相同:

1. 小句+就^{1}好^{1}了(表示:即将好转)常用于陈述事实。例如:

例4-12(在综艺节目《美食地图》中,美食侦探在向一家烤鱼店里的厨师请教如何将烤鱼做得好吃。)
厨师:所以说,烤一条鱼,要不停地翻,不停地翻。
美食侦探:这个味道太香了,就是刚刚从那个炉子里面,拿出来之后它刺啦着油,辣椒往上一撒,那个香味马上就好了。
——语例来源:《美食地图·一探到底之高人气的春饼》

在例4-12中,美食侦探用"就好了"来形容撒辣椒面对烤鱼香气产生的立竿见影的效果。该句仅陈述了事实,而非在向厨师提出建议。

2. 小句+就^{1}好^{2}了(表示:即将完成)常用于陈述事实,例如:

---

① 以下对"就""好"的义项解释引自《现代汉语八百词》,商务印书馆1980年版,第256、257、315页。

例 4-13（在综艺节目《美食地图》中，美食侦探在向一家餐馆的厨师请教在 5 分钟内将土豆炖烂的秘诀。）

美食侦探：5 分钟就能让这土豆变得特别面，但是它的形状不会被破坏，要是电视机前各位叔叔阿姨学会这一招的话，得省多少煤气。

美食侦探：要不做一个看看？

厨师：行。

美食侦探：好，现在已经煮上了，5 分钟时间。<u>这就好了。</u>

——语例来源：《美食地图·一探到底之四个小时才能煲好的一锅汤》

例 4-13 中，美食侦探为了证明 5 分钟内将土豆炖烂的方法有效，与厨师共同实验了该方法。"**这就好了。**"表示陈述"这（炖土豆）马上就能完成"，不表达建议功能。

3. 小句+就¹好³了（表示：问题即将解除）常用于表达安慰及建议，例如：

例 4-14（在综艺节目《爸爸回来了》中，贾乃亮在给甜馨做饭时，手被油烫伤。贾乃亮假装很疼。）

贾乃亮：爸爸为了给你做饭都崩的不行了！疼死了！

甜馨：<u>等一会就好了。</u>

贾乃亮：崩的好难受啊！

——语例来源：《爸爸回来了》20150509 期

例 4-14 中，甜馨对贾乃亮的疼痛没有直接有效的解决方案，只能建议对方"等"。因此，用"一会"和"就"来表示达到情况好转所需的时间短，也使这个建议中带有安慰的色彩。

4. 小句+就²好¹了（表示：只要……就是很好的）常用于表达说服类建议功能，例如：

例 4-15（在综艺节目《非诚勿扰》中，男嘉宾选择了女嘉宾作为心动女生，理由是不希望女嘉宾一直在台上站着。）

男嘉宾：我选猫（女嘉宾）。因为我感觉如果我不选她，她要在台上站出一个坑了。

……

女嘉宾：我跟你说，不要说我在这里站出一个坑，我就站出一个洞也不关你的事情。<u>你管好你自己就好了，好吗</u>。

——语例来源：《非诚勿扰》20150304 期

在例 4-15 中，女嘉宾对男嘉宾的说法感到不满，建议男嘉宾管好自己，不用担心她一直在台上站着。这个建议一方面是对对方说法的否定，另一方面也带有说服的意味。

5. 小句+就^{2}好^{2}了（表示：只要……就能完成）常用于表达提议、提醒类建议，例如：

例 4-16（在综艺节目《非诚勿扰》中，男嘉宾需要灭掉若干位女嘉宾的灯，以进入下一个环节。女嘉宾不让他灭，男嘉宾在艰难地选择中。）

孟非：恭喜你进入了男生权利，上去灭掉 7 盏灯回来。
黄磊：都不让他灭。
孟非：<u>来，再来一个，再来一个就好了</u>。

——语例来源：《非诚勿扰》20150314 期

在例 4-16 中，孟非替男嘉宾计算着一共需要灭掉多少灯，并在男嘉宾需要建议的时候，向其提供了信息："再来一个"之后就能完成任务。建议在提供有益信息之外，也有提醒的色彩。

6. 小句+就^{2}好^{3}了（表示：只要……问题就能解除）常用于表达说服、提议、否定类建议，例如：

例 4-17（在综艺节目《我去上学啦》中，嘉宾被安排到食堂就餐。然而，孙艺洲却没有饭卡。他打算向路过的同学借一张饭卡。）

孙艺洲：哦，你们带饭卡了吗？

同学：<u>你随便问谁借一张就好了呀。</u>
孙艺洲：我问你借。
同学：我没有饭卡。

——语例来源：《我去上学啦》20150716 期

在例 4-17 中，同学的话语不仅提供了一个建议，还否定了孙艺洲之前的话语中的隐含建议"**你借我一张饭卡。**"

另外，"小句+就²好³了"还存在一些变体，如形式中还可以加上"不"，成为"小句+不就好了"。但意义并没有改变，例如：

例 4-18（在《花样姐姐》中，宋茜和李治廷在寻找适合居住的酒店。）

宋茜：这个浴室也是透明的！
李治廷：<u>随便了，你不看不就好了。</u>
宋茜：不看，什么不看啊。

——语例来源：《花样姐姐》20150315 期

在例 4-18 中，"你不看不就好了"，实际上就是"只要你不看，问题就解决了"的意思。"不"在这儿起到了双重否定以加重强调语气的作用。

这里的"不就好了"还有"不就行了""不就完了"等变式。例如：

例 4-19（情景：在综艺节目《非诚勿扰》中，九号女嘉宾想借《非诚勿扰》的舞台向男闺密表白。黄磊提议可以用电话连线女嘉宾的男闺密。）

九号女嘉宾：谢谢你，在我每次最难过的时候一直陪在我身边，我不管以后我们能不能走进婚姻的殿堂 我现在马上就 28 岁了，下个月就 28 岁，我希望我能够通过今天这个节目我让你看到我想跟你在一起。
孟非：这样的一个表达之后也就是你接受和他成为男女朋友。
黄磊：<u>孟爷爷，能不能热线跟她男闺蜜？你现在跟他直接说不就</u>

完了吗？

　　孟非：谁知道那号码？能不能打的通啊？我们有（热线）可以吗？你手机在哪？你去找，你去找。把你手机拿过来。

　　　　　　　　　　——语例来源：《非诚勿扰》20150207 期

　　语料中，与包含就¹的形式相比，包含就²的"小句+就好了"表达建议的频率更高一些。尤其在上文语境中出现困境等情景条件时，建议提出者常采用在建议小句后加上表示条件的"就²"，表示肯定的"好¹"，以表示如果建议得到听取，不利情况"就会好转"，达到建议目的。

　　在"小句+就好了"表达建议功能时，其中的"好"既可以用于实指，也可以扩大为虚指，泛指问题得到解决、要求得到满足、愿望得到实现等，形成"小句+就²好²了"或"小句+就²好³了"等意义。语料中该形式在表达建议功能时，其虚指、泛指的使用大大超过了实指。

　　其中，"小句+就²好³了"是"小句+就好了"中最常用于表达建议功能的义项。在"小句+就²好³了"中，小句中的行为常常具有方便、简易、容易实现的特点，除了能够表达说服、提议类建议功能外，如果前句有建议，还能充当否定前句建议，提出新建议的功能。"小句+就好了"的变式"小句+就完了/行了/可以了"也和"小句+就²好³了"表达的功能相近。

　　综上所述，由多义词"就"和"好"构成的"小句+就好了"实际上是一个包含 6 个义项的多重多义形式。在体现不同义项时，句子表达建议功能的程度、范围、类型都不尽相同，形成了不同程度的语义条件。

（五）多义形式的嵌套对建议功能表达的影响

　　形式在口语表达中，可从语篇、复句、从句、句尾语气词、附加问句、句子、词汇等层面共同形成建议功能的表达。这样的叠加和嵌套能实现两个效果：

　　其一，多义形式可以通过形式的叠加，明确表达建议功能的义项，形成支持其表达建议功能的语义条件。在形式表达建议功能的语义条件不足的情况下，通过与其他层次的形式叠加，共同形成足够支持其表达建议功能的语义条件，完成建议功能的表达。

　　例如，在表达建议的句子"我告诉你，如果你真的想毕业，我觉得你最好把这本书看完吧，好吗？"中，动词形式"把这本书看完"是该建议的核心部分。然而，如果只看该形式"把这本书看完"，该句表达建议功能的语义条件并不明确。然而，如果加上"句尾语气词'吧'"，形成"你把这本书看完吧"，这个句子表达建议功能的能力就更强了一些。而如果再加上"最好"，形成"NP+最好+VP+吧。"的结构，组成句子"你最好把这本书看完吧"，则不需要上下文语境，也几乎能判断该句表达的应是建议功能。

其二，一些极少用于表达建议功能的形式，可以套用于其他类型的形式上，与其共同实现建议功能的表达。例如：

例 4-20（在综艺节目《极限挑战》中，节目组要求嘉宾必须合力拖动一架飞机，才能乘坐这架飞机去三亚。嘉宾六人用尽力气，可飞机纹丝不动。）

工作人员：现在 0 米！
黄磊：把那说零米的哥们，让他给我拉过来。
黄渤：<u>你把那旗放下来，过来一块帮着拉拉吧。</u>
王迅：<u>唉，把这几个牌往后移一移不就动了吗？</u>

——语例来源：《极限挑战》20150719 期

在例 4-20 中，飞机纹丝不动，工作人员提示的是"**现在 0 米！**"是嘉宾们面临的"困境"。这时，黄渤首先提出了第一个建议："**你把那旗放下来，过来一块帮着拉拉吧。**"王迅提出了第二个建议："**把这几个牌往后移一移不就动了吗？**"在这个建议中，"把这几个牌往后移一移"是建议的行为内容，"就动了"是建议行为所想达到的结果。以上三个形式："把字句"、假设复句"（只要）……就……"、反问句"不……吗"均不常用于表达建议功能。但这三个形式嵌套在一起之后，形成的句子"**唉，把这几个牌往后移一移不就动了吗？**"表达建议功能的能力就大大增强了。

综上所述，在不同层面中多义形式的嵌套，能够起到明确表达建议功能的义项、增强表达建议功能的语义条件支持，完成建议功能表达的作用。

第三节　支持建议功能表达的情景条件

在上一节中，本书分析了语言形式表达建议功能时的语义条件。然而，一些形式在表达中体现出的义项并不常用于表达建议功能，仅靠语义条件的支持无法满足其对建议功能的表达。此时，建议功能的表达就需要借助情景条件。韩礼德（1979）认为，每个意义行为都有一个情景条件（Every act of meaning has a context of situation, an environment within which it is performed and interpreted）。[①] 建议行为也有与其相适应的情景条件。多义形式在情景中确定意义，并表达相应功能的过程，也就是情景对意义的"特指化"过程。表达建议功能的情景条件一般可以从该句的上文中获得。在一些情况下，建议功能的表达可能是对前几个话轮之前的情景条件的回应，这就涉及情景条件的保持与延续问题。本节将围绕这两个问题展开讨论。

"句法结构的构成很大程度上取决于信息传递功能的需要，对句法形式的理解应该通过对语境和功能的分析来求得解释。"[②] 情景条件不仅能使多义形式获得表达建议功能的语义条件，还能使一些平时不常表达建议功能的形式用于表达建议功能。一般来说，如果没有上下文语境，听话人可能不会意识到该形式在表达一个建议功能。例如，"表示反问语气的（难道）……吗/吧？""选择问句：是……还是？、……或……？"等。因此，本书将通过这些语言形式表达/不表达建议功能的情景条件的比较，提取出能够支持语言形式表达建议功能的情景条件。

一　上文条件

从本书语料中，研究提取出在一个话轮的相邻对中，能够引发建议功

[①] Halliday. M. A. K., "Modes of Meaning and Modes of Expression: Types of Grammatical Structure and Their Determination by Different Semantic Functions", in D. J. Allerton, E. Carney and D. Holdcroft eds., *Function and Context in Linguistic Analysis: Essays Offered to William Haas.*, Cambridge: Cambridge University Press, 1979, pp. 57-59.

[②] 刘安春：《"一个"的用法研究》，博士学位论文，中国社会社会科学院研究生院，2003年。

能的八种上文条件：

1. 上文存在建议征询
2. 上文存在待解决的困境
3. 上文存在待纠正的行为或待改进的观点
4. 上文存在值得继续/实现/完成的事件或愿望
5. 上文存在时间紧迫的客观条件
6. 上文存在潜在危险
7. 上文存在特定的时间、地点
8. 上文存在待指导的行为

本节将分别介绍以上 8 种能够引发建议功能的上文条件。

（一）上文存在建议征询

在口语表达中，如果说话双方（或多方）中，有一方明确向对方提出建议征询，接下来的话轮中则很可能出现建议功能的表达。表达建议征询的语言形式有"……怎么样？""……怎么办？"等。在情景中，在上文存在建议征询的情景条件下，语言形式更容易表达建议功能。如在例 4-21 和例 4-22 中，虽然两个例子中均出现了"我觉得还是……"这一语言形式。但由于上文条件不同，包含相同形式的语句表达了不同的功能：

例 4-21（在综艺节目《爸爸回来了》中，李小鹏、李安琪、奥莉一家准备出门去迪士尼游玩。李安琪试穿出门要带的衣服，并询问另外两位的看法。）

李小鹏：（对奥莉说）如果妈妈穿这双鞋，穿哪个裙子？

李安琪：这件？这件看起来有点随意。

李小鹏：<u>我觉得还是再正式一点</u>。

李安琪：（拿起另一件对奥莉说）那你觉得这件怎么样？这件搭配这双鞋，你比较喜欢哪一件，宝贝？

奥莉：我喜欢两个。

李小鹏：那就两个都带吧。

——语例来源：《爸爸回来了》20150530 期

例 4-22（在综艺节目《非诚勿扰》中，一位男嘉宾提出，女性的美主要看脚。嘉宾黄菡、黄磊对这个观点发表评论。）

黄菡：我倒是听到人家那样开玩笑的说过，看女人看什么地方，主要是男人的角度来讲，说远的时候你就看脸，近的时候呢就看脚。不远不近的时候就看腰，这样子。

黄磊：（模仿对方盯住黄菡的脸）黄老师，你好，好久不见。

黄菡：对，就是，就是别直勾勾地盯着人家脸看，全看到了就全看到了。

黄磊：我觉得还是看眼睛比较礼貌。（问孟非）还是看脸比较礼貌？

——语例来源：《非诚勿扰》20150228 期

在例 4-21 中，李小鹏、李安琪、奥莉围绕李安琪要带什么衣服出门展开话题。李小鹏首先提问"**要穿哪个裙子？**"李安琪接下来问题中的"**这件？**"即回应了"**哪个裙子？**"，同时也在询问其他两位的意见。在李安琪发表评论"**看起来有点随意**"后，李小鹏给出了自己的建议"**我觉得还是再正式一点**"。李安琪也接受了他的建议，换了一件，并继续询问"**这件怎么样？**"

在例 4-22 中，黄磊说的"**看眼睛比较礼貌**"实际上承接了黄菡说的"**别直勾勾地盯着人家脸看**"的意义。黄菡在上相邻对话语中表达了自己的观点，没有需要解决的困难，也没有征询建议的意愿。而黄磊的话语中虽然出现了两个可以表达建议功能的"还是"，但是前一个"还是"是副词，表示"经过比较、考虑之后有所选择"；后一个"还是"则是连词，表示选择。两个"还是"所在的语句均不表达建议功能。前者表达了黄磊的观点，后者则是黄磊向孟非询问他的观点。

在进行建议征询时，除了直接询问，建议接受者还可以采用其他形式，明确表示自己需要一个建议。例如：

例 4-23（在综艺节目《非诚勿扰》中，孟非和嘉宾讨论"男闺蜜"发展成为男友的可能性，其间忽然想不起来应该用什么词来表达他的想法。）

孟非：他到最后，真的很可爱这小孩。他好像命里注定要跟别人的女朋友。

黄磊：走上那么一段。

孟非：所有的女生，如果现在还单身的女孩，在你们的男闺蜜当中好好刨一下。里边有那种可以废物利用的，有那可以，给我词叫……

黄菡：<u>更多一点勇气。</u>

黄磊：你看你身边有没有那种神迹可疑，但老在你旁边。

黄菡：赶紧表白。赶紧表白。

——语例来源：《非诚勿扰》20150207 期

在例 4-23 中，作为建议接受者的孟非主动提出了要求"**给我词**"，并且留下了建议的空间让两位嘉宾填充。其征询建议的作用与直接询问"你们有什么建议？"在实际上是一样的，也在实际作用上形成了征询建议的情景条件。

由此可见，上文存在"建议征询"的情景条件时，能够支持下文出现的句子表达建议功能。

（二）上文存在待解决的困境

在情景中，常出现一些困境无法解决的情况。有时候，建议接受者会直接对困境进行描述和表达，以引起对方提出针对性的建议。例如：

例 4-24（情景：在综艺节目《爸爸回来了》中，杜江的妻子霍思燕刚刚参加完另一个节目《奔跑吧兄弟》，回到家中，非常疲惫。）

霍思燕：我觉得我要碎掉了。

……

杜江：<u>我给你做了点那个吃的，要不吃两口？</u>

——语例来源：《爸爸回来了》20150530 期

在以上语例中，虽然霍思燕没有直接表达建议征询的意愿，但表达了自己的困难，即感觉身体"**要碎掉了**"。这引发了杜江的建议"**要不吃两口？**"

有时候语境中困境表达的较为隐晦，需要说话人从常识中进行推断。例如：

例4-25（在综艺节目《花样姐姐》中，徐帆、李治廷、宋茜等一行7人来到伊斯坦布尔的一家酒店，准备办理入住。这时候，徐帆发现床位不够。）

徐帆：我们订了几间房？

李治廷：我们是三间房间一共。

宋茜：<u>我建议那个床就我们一起……</u>

李治廷：对，就那个床，然后我在想，徐帆姐跟娟姐就睡那张大床。

——语例来源：《花样姐姐》20150322期

在以上语例中，按照一般人在旅行中的常识推断，7个人应有7张床。而李治廷只预订了3间房，且其中有一间房只有一张大床。这样，从李治廷的"**我们是三间房间一共**"可以推断出在当前情景中，实际上只有5张床，不够7个人睡。这样的困境表达，引发了宋茜的建议"**那个床就我们（几个人）一起（睡）。**"

可见，上文存在待解决的困境，能够引发下文中的说话人提出建议，为下文提供表达建议功能的情景条件支持。

（三）上文存在令人不满行为或待反驳的观点

话轮中，话轮参与者中如果有人正在进行一件让说话人不满意的事件，而其他人认为对方的行为、话语需要纠正或应当改进，就有可能引发在下一话轮中，其余参与者对其提出建议。在情景中，在上文存在令人不满行为或待反驳的观点时，语言形式更容易表达建议功能。如在例4-26、例4-27的画线部分，都使用了状中结构"随便+V"，但表达的功能却不尽相同。例如：

例4-26（在综艺节目《爸爸回来了》中，郑钧带着Jagger去击剑馆学习击剑。然而，Jagger一直有些迷茫，没有进入学习状态。）

员工：来，试一下，你过来踩一脚，真棒，坐上面，来，拿着，对，一只手拿，随便打。

（Jagger举着棍子不动。）

郑钧：<u>随便打，随便打哪，你给姐姐表演一下，随便打。</u>

——语例来源：《爸爸回来了》20150530期

例 4-27（在综艺节目《我去上学啦》中，嘉宾辰亦儒、孙艺洲、钟汉良在老师的带领下参观学校。）

老师：三个来一来就互帮互助。

辰亦儒：我们已经有同学爱了，老师那我们可以毕业了吗？

老师：别上校徽就成为我们重外的一员。

孙艺洲：我还在想，人呢？

钟汉良：还想观察一下环境，结果随便溜达就到这了，什么叫平行班？

——语例来源：《我去上学啦》20150813 期

在例 4-26 中，Jagger 举着棍子不敢动的行为，是郑钧认识需要立刻打断、纠正的。而"**随便打**"是中断现有行为后，郑钧建议的替代行为。而例 4-27 中，"**随便溜达**"这一行为已经结束，上文中也不存在需要纠正的行为，此处的"随便溜达"不表示建议，只是用于对刚刚发生的参观行为的描述。可见"上文存在令人不满行为或待反驳的观点"可以使下文的语言形式获得表达建议功能的情景条件。

（四）上文存在值得继续/实现/完成的事件或愿望

在上一话轮中，说话者正在进行一项活动，或提出了某个愿望。这项活动或愿望被建议提出者所认可，就容易引发建议提出者关于如何延续这一活动，或实现这个愿望，而提出的建议。例如：

例 4-28（在综艺节目《爸爸回来了》中，贾乃亮和女儿甜馨闹着玩，扮演了一个猪八戒的角色，结果却把甜馨吓哭了。贾乃亮为了哄女儿开心，提议去买小兔子。）

贾乃亮：这儿，爸爸在这儿，爸爸保护你。你不要猪八戒，爸爸在呢。那以后猪八戒不要了。那你喜欢什么呀？

甜馨：喜欢小兔子。

贾乃亮：去买小兔子，好不好？

甜馨：嗯。

——语例来源：《爸爸回来了》20150516 期

在例4-28中，甜馨提出了一个愿望"喜欢小兔子"。贾乃亮当即提出"去买小兔子"，以实现甜馨的这个愿望。

有时候，这样的愿望、爱好通过肢体语言或行为进行表达。例如：

例4-29（在综艺节目《爸爸回来了》中，郑钧和Jagger路过工作室门口，里面有个人在唱歌。Jagger目不转睛地看着唱歌的人。）

郑钧：<u>他在弹吉他呢，要不要去看，我带你去看</u>。唱歌的，那叔叔唱歌的，唱歌的你怕什么，长头发叔叔，爸爸年轻的时候头发跟他一样长。

员工：要关门了。

Jagger：我要看。

——语例来源：《爸爸回来了》20150530期

在例4-29中，Jagger被歌声所吸引，盯着唱歌的人看。而注重从小培养孩子音乐细胞的郑钧认为这个行为值得鼓励。这就引发了他的建议"要不要去看？"。可见，上文存在值得继续/实现/完成的事件或愿望，能够引发建议功能，可以为下文提供表达建议功能的情景条件支持。

（五）上文存在时间紧迫的客观条件

上文存在"时间紧迫"条件时，容易引发催促类建议。而如果上文不存在这样的情景条件，同样的语言形式就容易表达命令功能。例如：

1. 上文存在"时间紧迫"的情景条件：

例4-30（在综艺节目《极限挑战》中，嘉宾孙红雷和张艺兴在一同完成任务的途中，张艺兴提出想上厕所。）

孙红雷：OK. 你去上厕所。

张艺兴：厕所在哪儿？

孙红雷：你把箱子给我放着吧，放着吧快放着吧。<u>你赶紧去快点，快去快回啊</u>。

——语例来源：《极限挑战》20150621期

2. 上文不存在"时间紧迫"的情景条件：

例4-31（在综艺节目《我去上学啦》中，蒋劲夫在某所中学体验学生生活。当他到达教室门口时，发现同学们已经开始上课了。）
蒋劲夫：他们已经上课了吗？老师。
老师：怎么迟到了？
蒋劲夫：对不起老师，迟到了。
老师：下不为例，好不好？<u>抓紧进去，坐好</u>。

——语例来源：《我去上学啦》20150806期

在例4-30中，张艺兴提出想要上厕所，然而此时离节目规定的任务完成时间已经很接近了。孙红雷虽然同意了张艺兴的请求，但建议对方**"赶紧去，快去快回"**，以确保已方能够顺利完成任务。而在例4-31中，蒋劲夫到达教室门口时，已经开始上课，已经不存在时间紧迫的问题。老师要求他**"抓紧进去，坐好"**就已经不再出于满足对方利益的考虑，不表达建议功能。可见，上文存在"时间紧迫"的客观条件，也能为下文的建议功能表达提供支持。

（六）上文存在潜在的危险

上文中，如果对方存在潜在的危险，说话人则可能提出一些建议以提醒对方规避风险。例如：

1. 上文存在潜在的危险：

例4-32（在综艺节目《花样姐姐》中，几位嘉宾一同攀爬一处险要的天井。）
马天宇：小心小心啊。
林志玲：好的。
宋茜：好滑，小心点，真的要小心点。
林志玲：到了（最高处）。
马天宇：到了？
奚美娟：<u>慢点儿啊</u>。

——语例来源：《花样姐姐》20150426期

2. 上文不存在潜在的危险：

例4-33（在综艺节目《美食地图》中，美食侦探结束了一天的工作，向餐馆老板道别。）
美食侦探：这就算我今天的工资吧，走了啊。
老板：慢点儿啊慢走。
——语例来源：《美食地图·一探到底之红烧肉新搭档：铁观音》

在例4-32与例4-33中，说话人所使用的结构类似。在例4-32中，上文存在潜在的危险，因此奚美娟的话"**慢点儿啊**"确实包含了行为指导信息"慢"。而在目标题中，上文不存在潜在危险，老板说的"**慢点啊慢走。**"就不存在实际的行为指导意义，因此不具有信息性，不表达建议功能。可见，上文存在潜在的危险，能够为下文提供建议功能的情景条件支持。

（七）上文存在特定的时间、地点

上文情景中触发了一些需要执行特定行为的时间、地点，建议提出者则可能提出一些建议让对方执行这些行为。如到了该吃饭的时间，提出与吃饭相关的建议。到了需要上车、下车等地点，提出相关建议等。如例4-34中，船已经到了码头，这一特定地点直接引发了下文中的建议行为：

例4-34（在综艺节目《花样姐姐》中，王琳出现了晕船的情况。李治廷、徐帆、奚美娟在照顾她。）
李治廷：反正安排了车了，一下船就坐车回酒店。
徐帆：先回去。
李治廷：对，什么都别想了，回去躺一躺。
（李治廷往窗外一望，发现船已经到码头了。）
李治廷：<u>好，那我们现在下去吧！</u>我帮你拿。
奚美娟：这是我的，你别管了。
——语例来源：《花样姐姐》20150329期

在该情景中，李治廷、徐帆、奚美娟本来都在照顾王琳，给她出主意。这时候船到岸了，大伙儿应该下船了，于是李治廷对大家发出了"**现在下去吧。**"的建议。

另外，一些特定的情景模式也容易产生特定类型的建议，如电话即将挂断、友人即将离别等。例如：

例4-35（在综艺节目《爸爸回来了》中，爸爸贾乃亮带着甜馨一块给妈妈打电话。和妈妈交代完一天的行程后，即将挂断电话了。）

甜馨：妈妈。

李小璐：哎。

甜馨：<u>多吃点饭，别饿着。</u>

贾乃亮：她说多吃点饭，别饿着。

甜馨：别冻着啊。

李小璐：好的。

甜馨：妈妈再见。

李小璐：再见，宝贝。

——语例来源：《爸爸回来了》20150616期

在一些告别的场合，常有建议提出者提出"多吃点饭""要听**的话"等建议。与"慢走""多保重"等礼节性叮嘱不同，"多吃点饭""要听**的话"中包含一定的行为指导信息，即存在一定的"信息性"，这也是其区别于礼节性叮嘱，进入建议范畴的主要原因之一。可见上文中特定的时间、地点也是能够为下文提供表达建议功能的情景条件之一。

（八）上文存在待指导的行为

上文情景中，如果有人在进行一项行为，却由于各种原因无法完成。在这样的情景下，在情景中的人往往会对其发出建议，以帮助对方完成该行为。例如：

例4-36（在综艺节目《爸爸回来了》中，唐志中和郑钧带着儿女一块儿去打保龄球。）

唐志中：这个保龄球啊，他们丢得动吗？

郑钧：你干嘛啊，Jagger？

郑钧：Jagger，出来。

唐志中：好疯狂，突然。

郑钧（对唐志中说）：突然疯狂起来。

郑钧（对Jagger说）：你是一个蜘蛛吗

唐志中：来了来了，蜜蜜香香，你们先丢。这样。

蜜蜜：香香太厉害了。

（Jagger仍然在一旁乱丢球，不得要领。）

郑钧：<u>瞄准，站着先瞄准，不要乱扔</u>。

唐志中：丢出去就好了。

——语例来源：《爸爸回来了》20150606期

在例4-36中，Jagger和蜜蜜、香香姐妹一起打保龄球。爸爸郑钧看到别的小朋友已经可以熟练地玩保龄球，而Jagger仍然无法把保龄球扔进球道，心中着急，因此向其发出了建议。这样的建议常常发生于长辈与晚辈之间的对话中。可见，上文存在待指导的行为，能够为下文中的建议功能表达提供情景条件支持。

（九）上文条件的统计与分布

语料分析显示，上文存在建议征询、上文存在待解决的困境、上文存在待纠正的行为或待改进的观点、上文存在值得继续/实现/完成的事件或愿望、上文存在时间紧迫的客观条件、上文存在潜在的危险、上文存在特定的时间、地点、上文存在待指导的行为这八种上文条件能够为下文的表达建议功能提供情景条件的支持。

对语料中建议功能产生的上文情景条件进行的标注和统计结果显示，这八种上文条件的分布数量也不尽相同。统计结果如图7所示。

从图7可以看出，上文条件2：上文存在待解决的困境、上文条件4：上文存在待纠正的行为或待改进的观点、上文条件3：上文存在值得继续/实现/完成的事件或愿望、分别引发了25%、25%、16%的建议，占总量的66%，是最常引发建议功能的三种上文条件。而在对方提出明确的建议征询之下作出的建议仅占9%。也就是说，建议往往是在上文缺乏明确引导语，在情景条件的支持下，说话人自发进行的话语行为。

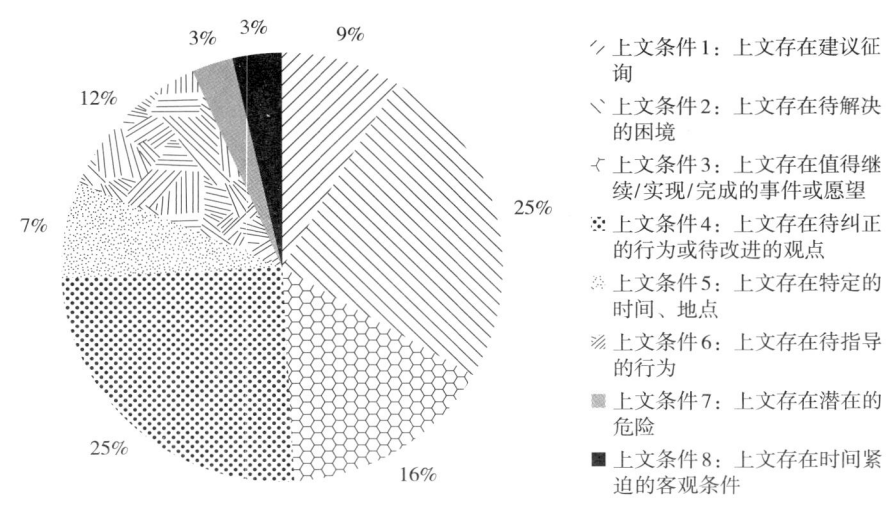

图7 表达建议功能的上文条件分布图

上文条件1：上文存在建议征询
上文条件2：上文存在待解决的困境
上文条件3：上文存在值得继续/实现/完成的事件或愿望
上文条件4：上文存在待纠正的行为或待改进的观点
上文条件5：上文存在特定的时间、地点
上文条件6：上文存在待指导的行为
上文条件7：上文存在潜在的危险
上文条件8：上文存在时间紧迫的客观条件

在日常的口语表达中，尤其是在多人参与会话的条件下，这样的情景条件往往不能立即引发建议。建议提出者需要在情景中选择合适的时机，再针对情景条件是否保持、变化或消失，作出是否提出建议及怎样提出建议的决定。接下来，将对情景条件的保持与延续条件进行分析。

二 上文情景条件的保持与延续

在话轮中，交谈双方的语句不断进行，建议的征询要求，如直接征询，或是表达困境，也并不总能马上得到回应。在董博宇（2016）对家族交流中建议会话分析中发现，建议行为往往通过多个话轮才能得到实现。① 一段对话可能都是围绕同一话题展开，虽然各自序列之间的关系并不相同，但整体功能却属于建议语段。如果语段满足话题延续的条件，保持对建议征询的开放状态，说话人可以在若干话轮之后，提出建议，满足了之前出现的建议触发条件。

因此，建议的征询是如何保持开放，引发建议的情景条件如何得到保持和延续，某位说话人的话如何接上在若干话轮之前的建议征询，也是形式是否能够表达建议的情景条件。

---

① 董博宇：《汉语家庭交流中建议会话分析》，博士学位论文，吉林大学，2016年。

(一) 建议征询未得满足

上文提到，建议可能由说话者的一方提出建议征询而引发。然而，在一方提出建议征询之后，建议有可能并没有马上被提出，或是有说话者提出了建议，但该建议并有被建议接受者支持。这时候，只要建议接受者还没有确定表示采纳哪个建议，建议的征询就始终存在。在这样的条件下，想要提出建议的说话者，就可能不断提出建议，以回应建议征询。例如：

例4-37（在综艺节目《我去上学啦》中，嘉宾孙艺洲、钟汉良、辰亦儒等被要求在晚会上表演一个节目。）
　　孙艺洲：我们要一起演个戏，来这里就是参考大家意见，<u>有没有什么想法？</u>
　　钟汉良：所以要排练一个很厉害的。
　　孙艺洲：不太现实。
　　钟汉良：不太现实，但是也不能辜负了学生对我们的期待。我最担心的，都担心，其实我们因为，我们都是演戏的，我们都是演员，如果我们几个人搭一台戏都做不好就特别担心……
　　孙艺洲：演戏我们都有问题，那就是我们在自扇耳光。
　　辰亦儒：这是我们的专业领域。
　　孙艺洲：对啊。
　　钟汉良：<u>学生熟悉一点的场面，投影在，投影在学生能看到的地方。</u>
　　孙艺洲：就是前面我们两个人来模仿一下这种？
　　钟汉良：就是，就等于是它放完了，我们在前面演。
　　　　　　　　　　——语例来源：《我去上学啦》20150820期

上文中，孙艺洲的话"**有没有什么想法？**"。引起了围绕"想法"这一话题的讨论。即孙艺洲作为建议接受者发出了"建议征询"。钟汉良"**排练一个很厉害的**"是第一个建议。在该建议被拒绝后，三位说话人的交谈内容"**不太现实……**""**演戏我们都有问题……**""**这是我们的专业领域。**"都未能解决对这个戏应该怎么演的"想法"问题。因此，孙艺洲的建议征询未得到满足，建议征询的话题依然开放。

接下来，钟汉良说的语句，相邻对上句为孙艺洲说的"**这是我们的专业领域**。"和辰亦儒说的"对啊。"钟汉良的这个建议，和这两个相邻对的上句基本无关，回应的是这个语段开头的"**有没有什么想法？**"这一"建议征询"。"学生熟悉一点的场面，投影在，投影在学生能看到的地方。"指的就是第一个建议内容"所以要排练一个很厉害的。"中的"**很厉害的**"。因此，它是第一个建议的延伸和解释，也是对其他说话人认为"**不太现实**"的反驳。在建议征询未被满足的情景条件下，该句用一个陈述句回应了建议征询，实现了建议功能。

（二）上文中的困境未得解决

在说话者表达了困境之后，如果困境没有解决，该话题的建议征询将会始终保持。说话者的话语中提供解决该困境信息的语句，都可以表达建议功能。例如：

1. 话语内容吻合未解决的困难：

例4-38（在综艺节目《极限挑战》中，节目组要求王迅和黄渤、孙红雷等嘉宾徒手拉动飞机。而嘉宾们绕着飞机走了几圈，都没能找出拉动飞机的办法。）

王迅：唉呦，我第一次这么近距离的在飞机。
黄渤：我还第一次在飞机底下看的这么仔细。
孙红雷：<u>是不是应该有人推，然后有人拽啊？</u>

——语例来源：《极限挑战》20150719期

2. 话语内容与未解决的困难无关：

例4-39（在综艺节目《爸爸回来了》中，李小鹏和奥莉在一起制作父亲节的礼物。奥莉做不好，又把小球掉到了地上，心中十分着急。）

李小鹏：掉了，爸爸帮你捡。<u>是不是不容易，难不难？</u>
奥莉：难。
李小鹏：但是难才好玩是不是？
奥莉：不着急。

李小鹏：别着急。

——语例来源：《爸爸回来了》20150620期

例4-38、例4-39中，话轮参与者中都存在一定的困境。例4-38中，众人无法拉动飞机是情景中的困境。而例4-39中，困境则是奥莉无法完成父亲节的礼物。两个语料中，画线句均采用"是不是"引导的是非问句提问。例4-38中，孙红雷的语句**"有人推有人拽"**，是针对"如何拖动飞机"的方案，因此能够表达建议功能。而在例4-39中，李小鹏的提问**"是不是不容易，难不难？"**并不能解决"做不好礼物"这一困境。因此没有表达建议功能。（真正吻合了困境特征，表达建议功能的是下文的"别着急"）由此可见，上文中的困境未得解决可以为下文中的语句提供表达建议功能的条件。只要语句提供的信息吻合困境特征，就能够表达建议功能。

（三）待纠正或继续的活动持续进行

如果建议提出者和接受者双方在持续进行某项活动，并且有一方需要建议，只要该活动继续进行，建议的征询就能够得到保持。活动的"延续"也是保证建议功能触发条件延续的重要条件之一。例如：

例4-40（在综艺节目《极限挑战》中，节目要求嘉宾黄磊和张艺兴共同合作，"抓捕"另一名嘉宾。黄磊手中握有可以进行GPS定位的手机，手机中清晰地显示着三位嘉宾的实时地理位置。黄磊和张艺兴分头行动，用手机通话。）

张艺兴：喂，哥哥。抓到了吗？

黄磊：没有。

黄磊：他在你的左前方啊。

——语例来源：《极限挑战》20150719期

在例4-40中，交谈双方面临"需要共同解决的困境"。

从新一轮游戏开始之后，他们俩就共同处于"无法抓到王迅"的"共同困境"中。黄磊说的**"没有。"**确认了这一点。因此，下面说**"他在你的左前方"**，实际上是建议张艺兴往左前方实施抓捕行动，以完成他们的共同目标。由于两人"如何抓捕王迅"的话题始终保持延续，建议中不断重复出现"抓捕"等行动内容。同时，在该情景中，交谈两人距离较远，黄磊事实上无法确认张艺兴的左前方具体存在怎样的路径，是否适合奔跑等。因此只能向其提供"**他在你的左前方**"这样的信息，而由张艺兴自己补充抓捕方式。在这样的情景条件下，不常用于表达建议功能的陈述句，能够用于表达建议功能。可见，"待纠正或继续的活动持续进行"，能够为下文提供表达建议功能的情景条件支持。

（四）出现触发建议的时间、地点条件

话题的延续也可以通过一些客观因素实现，如时间、地点等客观条件。在特定的话题中，如果一定的时间、地点条件，呼应了几个话轮前的建议引发条件，也能触发建议功能的产生。例如：

1. 时间、地点条件呼应上文的建议征询：

例 4-41（在综艺节目《花样姐姐》中，李治廷等嘉宾来到一家餐厅，准备点餐。该餐厅的点餐区在一楼，用餐区在二楼。）

李治廷：帆姐，我们赶紧先点菜吧。

徐帆：我不识字，孩子，你点啊！

奚美娟：你来点吧。

林志玲：可以点很贵的吗？

王琳：我们下去看吧，我觉得我下去看看。我去看一眼。我们去看一眼。

徐帆：行，你们去看一眼。

（王琳和李治廷来到楼下点餐区。）

王琳：<u>这个肉好像很好看的样子。</u>

——语例来源：《花样姐姐》20150405 期

2. 时间、地点条件与上文的建议征询无关：

例 4-42（情景：在综艺节目《我去上学啦》中，嘉宾任家萱和同学们一起来到食堂，准备吃饭。）

任家萱：我们是一楼还是二楼？

同学：二楼二楼，二楼比较好吃。

（任家萱和同学们到二楼打好饭，到用餐区一起坐下。同学打开饭盒。）

任家萱：这看起来也好好吃哦。

同学：自带的。

——语例来源：《我去上学啦》20150716 期

比较例 4-41 和例 4-42，画线句的形式均为"NP+形容词"表示评价。两者均存在若干话轮之前的"征询建议"的请求。在例 4-41 中，李治廷发起的建议征询的目的是关于"点什么菜"。虽然之后话题内容有所偏移，但当王琳和李治廷到达点餐区时，该地点与征询的建议内容自动契合，因此"建议征询"的情景要素自动与前文衔接。王琳对该餐品的评价即包含了她的建议。

而在例 4-42 中，任家萱发起的建议征询是关于"一楼还是二楼？"。同学对建议征询作出了回应："二楼"。任家萱接受了该建议并一同到达二楼后，建议的征询得到呼应，建议环节就此完成。因此，当说话人在用餐区就座，同学打开了自己的饭盒时，任家萱的话语"**这看起来也好好吃哦。**"和上文的建议征询"**一楼还是二楼？**"无关，其就座位置与建议的征询内容也无关。因此，该话语仅仅实现评价功能，而未含有建议功能。可见，时间、地点的客观条件如果能够呼应上文的建议征询条件，也能够为下文提供建议功能的情景条件支持。

综上所述，情景条件需要保持、延续的情况常常发生在话轮参与者不止 2 人的情况下。在集体表达中，上下文中的建议的需求并不针对个人发出，因此说话人在话轮进行中容易摆脱上下文话语关系、情景条件的限制，而开启不太符合当前情景的新话轮。这就需要建议发出者判断引发建议的情景条件是否继续存在，比如，建议征询是否已经得到满足？上文困境是否已经得到解决？待纠正的行为是否已经纠正？当前的时间、地点是否满足建议条件？并使用回指、响应等衔接手段，以获得情景条件的支持，成功实现建议功能的表达。

第四节　本章小结

本章讨论了各类形式在建议功能表达中所需的语义、情景条件。

表达建议功能的语言形式与功能表达间存在三种关系：形式具有单一、显著的意义，只表达建议功能；形式具有多重意义，在某一义项上表达建议功能；形式只能依靠情景条件的支持表达建议功能。对于第一种形式而言，形式不需要情景条件的支持就能表达建议功能。对于第二种形式而言，多义形式需要情景条件的支持实现意义特指化，满足建议功能表达的语义条件，从而表达建议功能。对于第三种形式而言，表达建议功能需要能够引发建议功能的上文情景条件支持。

支持具有多重意义的语言形式实现建议功能表达的语义条件与该形式的多义类别有关。多义形式可分为形式本身为多义词、形式具有语法化程度不同的多个义项、形式为多义词和单义词构成、形式由多个多义词复合构成等类别。多义形式的各义项，义项组合所表达建议功能的频率、程度、所需的情景条件支持都不相同。多义形式的嵌套也可以通过意义的叠加实现意义特指化、较少用于表达建议功能的形式套用于其他形式上等方式实现建议功能的表达。

本章还归纳了八种支持语言形式表达建议功能的情景条件：上文存在建议征询、上文存在待解决的困境、上文存在令人不满的行为或待反驳的意见、上文存在值得继续/实现/完成的事件或愿望、上文存在时间紧迫的客观条件、上文存在潜在的危险、上文存在特定的时间地点、上文存在待指导的行为。在以上情景条件中，如果未能在下个话轮中引发建议功能的表达，建议的引发作用还能通过建议征询未得满足、上文中的困境未得解决、待纠正或继续的活动持续进行、出现触发建议的时间地点条件等情景条件获得保持与延续。

在各类上文条件中，上文中对方存在困境、上文存在待纠正的行为或待改进的观点、上文存在值得继续/实现/完成事件或愿望这三种上文情景条件在建议功能的表达中出现频率最高，占全部建议表达的三分之二以上。

本章对语言形式在实现建议功能表达时所需的语义、情景条件分析，回答了前文提出的第二个问题：**这些语言形式在表达建议功能时，需要获得哪些语义条件和情景条件的支持？**

但是，这些获得了语义、情景条件支持的语言形式，所表达建议功能有没有差异呢？换句话说，学习者在掌握了某一语言形式在表达建议功能时的语义、情景条件后，是否就能实现在所有表达建议功能情景中的得体表达？在本书的第三章第三节中，语料统计的结果就已经显示，不同的语言形式在表达建议功能时存在着表达范围的不同。这提示了建议功能的内部并非整齐划一，而是存在着不同的特点。学习者在习得了形式在何种条件下表达建议功能之后，就面临着这些形式在表达建议功能中的区别问题。

在下面的章节中，我们就将讨论建议功能的特点、分类与形式之间的类聚关系。

第五章　建议范畴内的语言形式分布

一般来说，话语中的意义需要通过语言形式反映出来，说话人所需表达的意义、会话所发生的情景会在很大程度上影响语言形式的选择。学习者也只有掌握了影响语言形式选择的意义、情景要素，才能在掌握了语言形式后，实现在情景中的得体使用。问题是，意义和情景的哪些方面"规定"了这些语言形式的选择呢？怎么样去描写这些方面呢？[①] 本章将重点关注那些能够影响语言形式选择的要素及其类型。

在第三章第二节中，我们提到表达建议功能的语言形式存在着表达范围差异。这是由建议功能的内部差异造成的。建议功能的表达范畴具有原型范畴的特点。在建议范畴中，存在着典型成员和边缘成员。建议功能的意义和情景特点在每个成员中并不同等突出，每个成员在某些特征上或多或少地与典型成员存在距离。这些特征的聚合、表现（也就是区别特征和"值"）决定了该成员与建议范畴中典型成员的距离及方向。在建议范畴的成员与形式之间，存在着一定的聚合关系。有些形式更常用于表达典型成员，有些形式更适用于表达边缘成员。

本章将通过对建议功能成员特征与语言形式选择的相关系数分析，在实例对比中提取范畴中各个成员的区别特征，并以此建构范畴原型，对典型成员进行"家族相似性"描述，从而划分建议范畴的小类，匹配相适应的语言形式。

[①] Halliday.M.A.K., "The linguistic study of literary texts", in Horace Lunt ed., *Proceedings of the Ninth International Congress of Linguists*, Cambridge, MA, 1962, pp.302-307. Halliday. M. A. K., "Quantitative studies and probabilities in grammar", in Michael Hoey ed., *Data, Description and Discourse: Papers on the English Language in Honour of John M. Sinclair on his Sixtieth Birthday*, New York: Harper Collins, 1993.

第一节 影响语言形式选择的区别特征

任何话语的功能信息，都会以不同的方式反映在与之相关的各个层面上，因而定量的观察描写是人们进行话语分析最基本的手段，能使话语分析更加扎实、可信。[①] 归纳建议功能成员之间的区别特征也采用定量、定性相结合的分析方法：1. 通过相关分析，弄清哪些因素影响了语言形式选择。先将可能的因素提取出来，通过各要素与语言形式间的相关性统计结果，筛选出影响形式选择的情景要素。2. 将这些要素置于具体语境中进行分析，看其如何影响形式选择，再归纳这些要素的具体表现和特点，形成成员间的区别特征。

一 从情景要素到区别特征

交际由五个方面组成：1. 话题。2. 源出者（即讲话者或写作者）。3. 接受者（即听者或读者）。4. 源出者和接受者之间的交际渠道。5. 语言内容本身。[②] 口语表达的目的和内容、言谈双方的关系和表达中的符号组织方式、口语表达中的对话角色，尤其是与语言系统相关的对话角色，例如提问者，回答者，反馈者，怀疑者，反对者等，都与语言形式的选择紧密相关。[③] 但是，并非所有的因素都在影响语言形式的选择时都起到相同的作用，必须通过分析进行筛选。

在以往的研究中，研究者根据各自的研究侧重点，归纳出了十几种可能影响语言表达的情景要素（见表 5）。

表 5　　　　　　　　以往研究中涉及的情景语境因素表

	会话参与双方	话语内容	外部环境
已确定的情景要素		话语功能	工具、媒介
			正式程度
			语体

[①] 张旺熹：《汉语口语成分的话语分析》，北京语言大学出版社 2012 年版，第 5 页。
[②] 杰弗里·N. 利奇：《语义学》，李瑞华等译，上海外语教育出版社 1987 年版，第 59 页。
[③] Halliday. M. A. K., "Text as Semantic Choice in Social Contexts", in Van Dijk. T. A. and J. Petöfi eds., *Grammars and Descriptions*, Berlin: Walter de Gruyter, 1977, pp. 176-226.

续表

	会话参与双方	话语内容	外部环境
待语料标注、分析的情景要素	双方关系	交谈话题、内容	交谈时间、地点
	话语预期	上下文内容	
	参与者态度	行为效果	
	参与者角色	会话策略	
	行为序列		
	话语对象角色		

对于本书而言，表5中的情景语境因素可分为两类：一类因素已经在研究范围中得到了确定。如"语体""工具、媒体""话语功能"等。在本书中，该类情景因素已经确定为"口语""面对面交谈""建议"。另一类因素是否对建议功能的形式选择产生影响，需要通过语料的标注、分析进行确定，如双方的权势关系、参与者态度、行为效果、行为序列、交谈话题、上下文内容等，这些要素都有可能影响语言形式选择。于是我们将这些要素进行了分类标注，并将它们与语言形式的选择结果间进行了相关分析。

语料中建议功能表达的情景语境组成因素的标注标准如下：

1. 在标注双方的权势关系时，按照建议发出者比建议接受者地位高、建议发出者比建议发出者地位低、建议发出者与建议接受者为平辈关系三类进行标注；

2. 在标注参与者态度时，按照建议发出者的建议强弱分两类进行标注；

3. 在标注话语预期时，按照建议发出者对建议预期的高低分两类进行标注。

4. 在标注行为效果时，按照建议结果，标注为建议"被接受""被拒绝""未表态"三类。

5. 在标注行为序列时，按照说话人的说话方式为提起新话轮、回应对方话轮、多人共同参与谈话三类进行标注。

6. 在标注上下文内容时，根据第四章第三节中归纳的表达建议功能的上文情景条件，再加上语料分析中得到的观察结果，将上文情景条件分为"上文存在建议征询""上文存在待解决的困境""上文存在待纠正的行为或待改进的观点""上文存在值得继续/实现/完成的事件或愿望""上文存在潜在危险""上文存在特定的时间、地点""上文存在待指导的行为"八类进行标注。

7. 在标注话语对象角色时，按照建议受益者是"建议发出者自己""建议接受者""同时包括了建议发出者和接受者"三类进行标注。

8. 在标注参与者角色时，按照建议的执行者是"建议发出者自己""建议接受者""同时包括了建议发出者和接受者"三类进行标注。

9. 在标注交谈话题时，按照语料的选择范围，标注"婚恋类""体育竞技类""健康美食类""旅行出游类""学习生活类""家庭生活类"六类话题。

10. 在标注交谈的时间、地点时，按照"上午""下午""晚上"三类进行标注。在标注地点时，发现地点与话题存在高度重合，因此将其归入话题内，不再另行标注。

11. 在标注会话策略时，按照从语料中归纳出的八个会话策略"直接指示某个动作""陈述建议结果""陈述行为后果""暗示""征询意愿""强调""提供建议原因""提供选择"进行标注。

按照以上标注结果，研究对这些情景要素与建议功能表达中所使用的语言形式进行 Spearman 相关分析后，发现有六类因素与语言形式的选择存在显著相关（表 6 中突出显示）：

表 6　　　情景语境的组成因素与表达形式相关性分析结果表

情景要素	双方的权势关系	建议强弱	建议预期	建议结果	建议会话方式	上文条件
相关系数	0.046*	-0.159**	-0.315**	-0.081**	-0.032	0.385**
情景要素	建议受益者	建议执行者	建议话题	建议时间	建议策略	
相关系数	-0.022	-0.034	0.036	-0.026	-0.352**	

** 在置信度（双测）为 0.01 时，相关性是显著的。

* 在置信度（双测）为 0.05 时，相关性是显著的。

从表 6 可知，上文条件、建议强度、建议预期、建议双方的权势关系、建议策略和建议结果这六类因素，与建议功能表达中所使用的语言形式之间存在着直接相关。而它们之间，也存在着密切的联系。相关性计算结果如表 7 所示：

表 7　　　　　　　　建议功能表达情景要素之间的相关性表

	话语意图/目的	言语策略	接受预期	建议强制度	双方的权势关系	建议结果	上文类型
言语策略	-0.362*	1.000	0.474*	0.150*	-0.112*	0.056*	0.010
接受预期	-0.374*	0.474*	1.000	-0.073*	-0.056*	0.209*	0.083*
建议强制度	-0.734*	0.150*	-0.073*	1.000	0.016	-0.057*	-0.206*
双方的权势关系	0.044**	-0.112*	-0.056*	0.016	1.000	-0.029	-0.149*
建议结果	-0.040**	0.056*	0.209*	-0.057*	-0.029	1.000	0.005
上文类型	0.189*	0.010	0.083*	-0.206*	-0.149*	0.005	1.000

** 在置信度（双测）为 0.01 时，相关性是显著的。

* 在置信度（双测）为 0.05 时，相关性是显著的。

由表 7 可知：

1. 建议提出者所采用的建议策略直接影响建议结果。

2. 接受预期与建议强度、建议策略呈负相关。这说明建议提出者对建议的接受预期越低，越可能采用更强烈的建议，使用更多的建议策略以达到建议结果。

3. 双方的权势关系与建议中采用的形式接近相关，显示建议提出者在选择形式时，也在一定程度上参考了双方的权势关系。

4. 建议结果与建议策略、建议预期、建议强度相关，说明建议提出者对建议是否能够接受的判断基本准确，在日常汉语口语中，建议策略的选择能够影响建议结果。

由此可见，上文条件、建议强度、建议预期、建议双方的权势关系、建议策略和建议结果这六类因素对建议功能的形式选择有着决定性的影响，可确认为影响人们在表达建议功能时对语言形式进行选择的情景要素。

情景要素在语言实例中的不同表现，与情景中的语言形式有着密切的关系。例如，特定的上文条件可能引发出一些特定形式表达的建议功能；不同强度的建议、不同目的的建议策略往往通过不同的助动词、语气词、关联词来实现；在建议预期较低时人们往往选择带有征询意愿色彩的形式；同时，人们还会选择一些与建议双方的权势关系相适应的形式来表达建议，以遵守交际中的礼貌原则等。这样的"不同表现"可以借用语音学研究在区别特征描写中"值"的概念标注出来，用"+""−"来表示。例如在"父母向孩子表达建议功能"和"孩子向父母表达建议功能"时，情景中"双方的权势关系"的区别特征分别处于［+权势顺差］和［−权势顺差］两个"值"。这些情景要素和他们的不同表现，构成了建议范畴内各成员的区别特征。

接下来，我们将在实际语例中，说明这六类区别特征如何影响语言形式的选择。

二 区别特征影响语言形式选择的实例

（一）上文条件

上文条件是建议范畴内成员的区别特征之一，存在［+上文出现建议征询］、［+上文存在待解决的困境］、［+上文存在待纠正的行为或待改进的观点］、［+上文存在值得继续/实现/完成的事件或愿望］、［+上文存在潜在危险］、［+上文存在特定的时间、地点］、［+上文存在待指导的行为］八个值。本书在第四章第三节中，讨论了会话中引发建议功能表达的上文情景条件。上文条件不但直接影响了说话人的意图表达、功能选择，也影响了语言形式的选择。

首先，在"上文存在时间紧迫的客观条件"下，建议提出者常使用"快！""赶紧……"等形式以实现建议功能。如例 4-30（**孙红雷：你把箱子给我放着吧，放着吧快放着吧。你赶紧去快点，快去快回啊。**）中，孙红雷建议张艺兴"**赶紧去**"，体现了明显的"时间紧迫"的特征，属于催促类建议。此处如果替换成带有征询意愿语气的"你快点去，好吗?"则与当前情景要素不匹配，不适合当前情景。

其次，在"上文存在潜在的危险"时，建议提出者常使用"小心！"等语言形式。如例 4-32 中，宋茜的建议："**好滑，小心点，小心点，真的要小心点。**""小心+VP"这样的形式，与"上文存在潜在的危险"的上文条件，是紧密相连的。

另外，在"上文存在特定的时间、地点"等一些特定的情景条件，如告别、电话即将挂断时，"多+VP""要+VP"等形式也经常被用于叮嘱类的建议中。

同时，在"上文存在建议征询""上文存在待解决的困境""上文存在值得继续/实现/完成的事件或愿望""上文存在待纠正的行为或待改进的观点""上文存在待指导的行为"时，建议提出者所选择的语言形式也不尽相同。

(二) 建议强度

建议强度是建议范畴内成员的区别特征之一，存在 [+高] 与 [-高] 两个值。据统计，研究所涉及的语料中，在建议强度这一特征上，60%的语料建议强度的值为 [-高]，这也体现了建议功能在行为指示强度上的特点。在提出建议时，建议提出者针对不同的上文条件，产生不同的建议意愿。建议强度则反映了建议提出者表达建议意愿的强烈程度。建议中的语言形式的选择，常与建议强度高低有关。例如：

例 5-01 (在综艺节目《极限挑战》中，新参加节目的嘉宾郭涛向节目的常规嘉宾张艺兴讨教完成节目规定任务的经验。)

张艺兴：我们这个队伍有三傻。这三傻是哪三傻呢？就是我、红雷哥，加上王迅哥。

郭涛：红雷可不傻吧。红雷不傻。

张艺兴：呃，他反正不怎么知道规则。

张艺兴：<u>噢，还有就是，你要上厕所什么的时候，这个箱子一定要带着走。</u>

——语例来源：《极限挑战》20150712 期

例 5-02 (在综艺节目《非诚勿扰》中，二号女嘉宾提到了自己的肉夹馍生意，孟非表扬女嘉宾会说话，并建议她结合自己的优点改进生意。)

二号女嘉宾：在我看来，我们两个是属于各自有着自己的梦想。然后我呢是在做我的小吃，在卖我的肉夹馍。我们的女嘉宾为你灭了灯，你也要相信你会等到一个欣赏你的那个人。你加油，你很棒。

孟非：这姑娘不仅肉夹馍做得好，她还特别会说话。<u>你可以把你的好多话和肉夹馍结合在一块。</u>每一个那个馍里面不光夹肉，还夹一个纸条——哎，不光夹肉，还夹一个纸条。

黄磊：有那种许愿饼嘛，对吧？

孟非：对啊，对对对，来。

二号女嘉宾：你的建议很好，孟爷爷，谢谢。

——语例来源：《非诚勿扰》20150207 期

在例 5-01 中，嘉宾张艺兴向郭涛传授在《极限挑战》中能够获胜的经验。由于张艺兴在之前的节目中，曾经有因为将箱子交给别人保管而丢失的经验，因此张艺兴认为如果郭涛想获胜，**"箱子要带着走"** 是一定要实施的。

而在例 5-02 中，孟非对二号女嘉宾的肉夹馍店的经营模式提出了建议。该建议并没有经过深思熟虑，建议是否能够得以实施，与孟非本人也并无直接关联，对节目的效果也没有直接影响，孟非对这个建议是否被采纳并没有直接的主观意愿，因此他并未对该建议是否得以实施抱有期待，也没有将其强制实施的动力，选择带有助动词"可以"的句子来表达他对女嘉宾的建议。

由此可见，不同的建议之间，存在着强度的不同。在同样使用包含情态动词的祈使句提出建议时，在建议强度"高"时，建议者可采用"一定""必须"等副词强化建议行为。而当建议强度"不高"时，建议者可采用"可以""可能"等副词提出建议。

（三）建议预期

建议预期是建议范畴内成员的区别特征之一，存在［+高］与［-高］两个值。据统计，研究所涉及的语料中，在预期这一特征上，62% 的语料建议强度的值为［+高］，这和建议的受益性有关。一般来说，建议提出者认为其提出的行为指示对对方有益，因此做好了被对方接受的准备。在建议提出者表达建议功能时，对该建议是否会为对方所接受，存在一定的心理预期的判断。这样的建议预期也会影响其对形式的选择。例如：

例 5-03（在综艺节目《花样姐姐》中，宋茜/李治廷组合所在的酒店只剩下一间空房。宋茜表示她不想和李治廷住一个房间。于是李治廷顺应她的要求，提议由他下楼问一问有没有备用房间。）

宋茜：但是今天晚上真的要住一个房间啊，我们两个。

李治廷：对啊，要不怎么办呢？<u>你要不要我问一下，他有没有一个备用的小房间？</u>

宋茜：（微笑）

李治廷：好，我下去问一下。

宋茜：怎么样？

李治廷：办妥了。

——语例来源：《花样姐姐》20150315 期

例 5-04（在综艺节目《非诚勿扰》中，一位男嘉宾提到了"换草派对"：即女生将自己的男朋友带上，参加派对，并在派对中与其他女生交换男朋友的活动。孟非和黄磊在节目中对这样的活动表示不满。）

黄菡：可能她自己要参加，相当于带一个门票必须要去。

黄磊：对，门票，对，我想找的别人那个换，但我自己没有，所以我看你闲着也是闲着，我把你拿去做个交易。

孟非：我觉得在这个派对上，男人完全是没有任何权利的。

黄磊：就不是人，就不是人嘛。

孟非：就是被人带去，就是互相交换。

黄磊：旧货交易市场。

孟非：我也觉得这挺好的，资源不要浪费。<u>当然我建议啊，——我建议，——还是要尊重一下，——当事人本人的意愿，——对不对？</u>要有人把我领取了，说来，孟非，把你换给他，你乐意吗？你乐意什么啊你乐意。

——语例来源：《非诚勿扰》20150307 期

在例 5-03 中，建议提出者李治廷的建议"问一下有没有备用的房间"，实际上顺应了建议接受者宋茜的希望。因此他不需要做出说服的努力，在简单询问对方意愿，得到确认之后，很容易地就使该建议得到了实施。而在例 5-04 中，在建议产生的上文条件中，嘉宾们正在热烈讨论"换草派对"。建议提出者孟非此时需要表达的是一个与其他人不同的观点，因此，孟非虽然与采用了［+征询对方意愿］的建议策略，但对"我建议"进行了强调，表示"只是个人建议而非强制实行"，还将长句中加入了不少停顿，给对方一定的思考时间，缓和否定语气，以提高自己的建议被接受的可能性。这可以看出，例5-03与例5-04中，建议提出者在建议提出时，就对建议是否能够被接受有一个预先的心理判断，根据这样的判断，及时调整建议策略，选择语言形式。

（四）建议策略

建议策略是建议范畴内成员的区别特征之一，存在［+直接指示某个动作］、［+陈述建议结果］、［+陈述行为后果］、［+暗示］、［+征询意愿］、［+强调］、［+提供建议原因］、［+提供选择］这八个值。据统计，研究所涉及的语料中，75%的建议都由"直接指示某个动作"完成，另外，还有16%的建议采用了"征询意愿"的策略。以上两种策略，是说话人日常提出建议时最主要的建议策略。在本书所涉及的语料中，有21.58%的建议功能是由无标记肯定祈使句完成的，即直接指示对方去做某个动作。但建议提出者在提出建议时，往往会根据情景条件的不同而采取不同的建议策略。而不同的建议策略往往通过不同的语言形式实现。本书的语料中，建议策略主要有如下几种：

1. 直接指示某个动作。指的是建议提出者在表达建议时，直接叙述该建议所提示的行为。例如：

例5-05（在综艺节目《花样姐姐》中，王琳与大部队走散了。马天宇找到王琳，和她一起游览。）

王琳：马天宇，你知道这有多少年的历史吗？

马天宇：160年。

王琳：真的好棒。

马天宇：唉，那个大家商量了一下，反正帆姐建议，就是大家各自逛各自的，因为谁也不知道谁想看什么，半个小时以后门口见。

王琳：好。

马天宇：好吗？

王琳：好，那我跟你一块逛吧。

——语例来源：《花样姐姐》20150322期

在例 5-05 中，马天宇来找王琳，就是希望和她一块儿逛，因此，王琳提出的这个建议很有可能被接受。在这样的情景条件中，王琳没有对建议进行解释，直接指示了希望的建议行为"**一块儿逛吧**"，采用了"直接指示动作"的建议策略。

2. 陈述建议结果。指的是建议提出者在提出建议时，为使对方能够接受建议，而将建议可以带来的良好结果一同说出的建议策略。例如：

例 5-06（在综艺节目《极限挑战》中，节目设计了"抢夺金条"的游戏环节。在该环节中，只有获得一定数量金条的参加者才能胜出，进入下一轮。而此时，张艺兴的金条意外丢失，其余几位组员在商量从各自的金条中匀一部分出来，捐给张艺兴。）

王迅：艺兴我确实帮不了你。

……

黄磊：王迅一块可以吗？

王迅：我说实在话。

黄磊：<u>其实你听我讲，如果你拿了一块，你输了你会非常开心的。</u>

黄磊：十五、十六。

张艺兴：可以了，不用再拿了，就 16 块。

——语例来源：《极限挑战》20150621 期

在例 5-06 中，由于几位说话者处于群体对话中，建议提出者黄磊首先用"**你听我讲**"这一话轮转换标志来吸引包括王迅在内的所有人的注意。由于他希望说服对方接受自己的观点，因此他叙述了在最坏结果"输了"的情况下"也会开心"的结果，采用"陈述建议结果"的建议策略，试图劝说王迅拿出至少一块金条。

3. 陈述行为后果。指的是建议提出者在提出建议时，为使自己"不执行某项行为"的建议能够为对方所接受，而叙述前述行为的后果的建议策略。例如：

例 5-07（在综艺节目《爸爸回来了》中，郑钧带 Jagger 去马场骑马。Jagger 不敢骑马，于是他俩一同来到马厩喂马。）

Jagger：它不会伤害我吧。

郑钧：它不会伤害你的。

（Jagger 拿起一根稻草。）

郑钧：<u>抓把草一会儿喂它。揪一点草，多揪，揪一把。你揪一根，它都看不见你的草。</u>

Jagger：Tony，吃草。

——语例来源：《爸爸回来了》20150530 期

在例 5-07 中，Jagger 对陌生的马有些害怕，只拿了一根稻草准备喂马。而郑钧为了让 Jagger 多拿一些，叙述了只拿一根草的后果：**"它都看不见你的草"**。这样，爸爸郑钧通过"陈述行为后果"的建议策略，使 Jagger 接受了爸爸的建议，成功喂马。

4. 暗示。指的是建议提出者在建议中不直接表述建议行为，而通过描述其他事物，或转谈其他话题等方式，间接表达自己建议的策略。例如：

例 5-08（在综艺节目《花样姐姐》中，王琳和宋茜一行登上了王子岛。时间不早了，王琳提出该吃晚饭了。）

王琳：现在已经是很晚了，我们是应该吃点啥了。

宋茜：<u>哎！好多冰淇淋啊！好多冰淇淋啊！</u>

——语例来源：《花样姐姐》20150329 期

在例 5-08 中，王琳提出"该吃点啥了。"宋茜并没有对"吃点啥"进行直接回应，而是用**"好多冰淇淋啊！"**这样的描述句，通过"暗示"的建议策略，委婉地表示自己"吃冰淇淋"的建议。

5. 征询对方意愿、提供建议原因。

征询对方意愿指的是建议提出者用征询对方意愿的语言形式来提出建议。提供建议原因指的是建议提出者在提出建议的同时，解释建议的提出原因的建议策略。例如：

例 5-09（在综艺节目《花样姐姐》中，林志玲为王琳拍照。林志玲提出了一些拍照建议。）

王琳：志玲，我要在耶稣像那边拍。
林志玲：好，我帮你拍
林志玲：有点暗，你人是暗的，人是暗的耶。<u>我再拍一张，从这边你有光，好不好？</u>

（王玲配合地摆好拍照姿势。）

——语例来源：《花样姐姐》20150322 期

在该情景中，王琳和林志玲的目标是一致的：拍出好看的照片。因此，林志玲采用"解释建议原因"和"征询对方意愿"的策略，使王琳很快采纳了这一建议。

6. 强调。指的是建议提出者为使建议得到实现，而使用重复、添加助动词、反问、反语等手段，使建议得到强化的建议策略。例如：

例 5-10（在综艺节目《极限挑战》中，黄磊和黄渤在比赛吃辣丸子。俩人僵持不下，王迅在一旁给俩人出主意。）

王迅：完了，你们俩这盘棋要下到啥时候呢啊？
黄渤：这不是我承受范围之内的我给你说。
王迅：<u>直接我跟你说，直接不要嚼，别嚼直接咽。直接咽。</u>

——语例来源：《极限挑战》20150712 期

在例 5-10 中，黄渤似乎已经到了对辣丸子的承受极限，无法再继续比赛。于是王迅给他出主意"**直接咽**"。王迅通过对"**直接咽**"进行重复的方式，采用"强调"这一策略，针对黄渤的困难提出建议。

7. 提供选择。指的是建议提出者提出了两个以上的建议，供对方选择。例如：

例 5-11（在综艺节目《非诚勿扰》中，节目进行到了男嘉宾需要决定在三位女生中选谁牵手成功的环节。这时，男嘉宾需要向女嘉宾提问。然而，男嘉宾不知道要问什么。）

五号男嘉宾：我也不知道该问什么，但是……
孟非：要不然我帮你？
五号男嘉宾：好啊。
孟非：来，黄磊，你帮帮他。
黄磊：那个，黄菡老师，你来。
黄磊：他把我们弄得都不会说话了。
黄菡：他是男的选女的，我是女的问女的，这个完全不搭。
黄磊：你作为，我觉得最合适的就是你。
黄菡：<u>要么就问，你说你介不介意我工作很忙不能很多的陪你，要么就问，你觉得我们成为男女朋友你能够带给我的更多的那个。</u>

——语例来源：《非诚勿扰》20150228 期

在例 5-11 中，黄菡面对男嘉宾的困难，采用"提供选择"的建议策略，用"要么……要么……"这一语言形式，通过向男嘉宾提供了可以向女嘉宾提问的几个问题，完成建议功能的表达。

在口语中，建议提出者虽然可能同时采用两种以上的建议策略（如例 5-09），但往往不会同时采用所有建议策略表达建议功能，而需要进行选择。在选择中，建议预期、建议强度都可能对选择结果产生影响。

首先，建议接受预期与建议策略密切相关。当建议预期较低时，建议提出者更倾向使用委婉、晓以利害关系等言语策略。例如：

例 5-12（在综艺节目《爸爸回来了》中，甜馨和妈妈早上起床后，在准备漱口。甜馨想学妈妈"咕噜咕噜"地刷牙，却又不愿意张大嘴。）

甜馨：妈妈咕噜咕噜。
李小璐：对呀。
李小璐：妈妈咕噜咕噜。<u>大老虎怎么张嘴的？</u>
李小璐：妈妈咕噜咕噜。<u>把嘴张大吧。</u>*

——语例来源：《爸爸回来了》20150509 期

在例 5-12 中，甜馨想学妈妈刷牙，却不愿意张嘴。李小璐在建议接受预期"不高",而建议强制度"高"的情况下,通过询问"**大老虎怎么张嘴?**",使用"询问对方意愿"的建议策略,来抵消她不想张嘴的抗拒心理,以期使建议结果得到"接受"。比直接用"**把嘴张大吧。**"提出建议,能够获得更好的建议效果。

另外,如果建议预期"不高",但建议强制度"高"时,即建议提出者非常希望对方能接受自己的建议时,建议提出者也常使用反问句、感叹句等形式表达建议内容。例如:

例 5-13 [在综艺节目《极限挑战》中,王迅和黄渤需要搭乘地铁前往下一个目的地。这时候,黄渤手中有一张地铁卡,而王迅没有。这时候,黄渤提出可以用王迅手中的金条(游戏道具)与他进行交换。]

王迅:唉,咱俩先谈谈。咱俩先谈谈。你就凭你这张脸。免费都没问题。
黄渤:我给你一张卡你给我多少。
王迅:<u>一块金条都买不着吗?</u>
王迅:<u>一块金条吧。</u>*
黄渤:你太抠了你。

——语例来源:《极限挑战》20150621 期

在例 5-13 中,游戏道具"一块金条"实际价值低于黄渤手中的一张地铁卡。王迅一方面对"一块金条买一张地铁卡"的建议预期"不高",而另一方面,他又非常希望黄渤能够接受他的建议,建议强度"高"。于是使用反问语气"**一块金条都买不着吗?**",采用"强调"的建议策略,以提高自己的建议被采纳的可能性。

其次,建议策略可以提高或降低建议强度。在一些情景中,建议提出者常采用反问、陈述等不常用于建议功能表达的形式以表达建议功能,常可提高建议被接受的可能性。例如,在谈判商榷的话题中,常用陈述句,使用"陈述建议结果""陈述行为后果"的建议策略,来说服对方,达到建议对方接受己方建议的目的。例如:

第五章 建议范畴内的语言形式分布　　147

例 5-14（在综艺节目《极限挑战》中，黄渤、王迅在完成节目组的任务，收集钥匙以打开任务中的箱子。这时候，黄渤不愿意跟王迅合作。）

黄渤：我们就先找坚定意义的合作伙伴。
王迅：你这瞬间就把我抛弃了。
……
王迅：<u>我有一把已经开了。</u>
VS：
王迅：<u>跟我合作吧！</u>*
黄渤：左边还是右边的？
王迅：肯定是右边的。

——语例来源：《极限挑战》20150809 期

例 5-15（在综艺节目《极限挑战》中，箱子是完成节目组任务要求的必备道具。孙红雷抢了郭涛的箱子。）

张艺兴：你不能这样，红雷哥，真的。你这，刚刚别人新来的嘉宾……你（就）要和人抢东西。
孙红雷：我们说好的联盟不在了吗？
郭涛：我今天好不容易终于找到真正的同盟。
郭涛：我必须要把这箱子拿到。
孙红雷：<u>那我们现在一起在这儿耗。</u>
VS：
孙红雷：<u>你们还是走吧！</u>*

——语例来源：《极限挑战》20150712 期

在例 5-14 中，王迅说"**我有一把已经开了（的钥匙）**"，实际上是向对方说明与自己合作的有利条件，从而劝说对方与自己合作。而在例 5-15 中，孙红雷则是通过陈述"**一起在这儿耗**"的后果，从而劝说对方放弃僵持，选择离开。在以上两个语料中，如果建议提出者采用"直接指示某个动作"的建议策略，在例 5-14 中说"**跟我合作吧！**"，在例 5-15 中说"**你们还是走吧！**"，均无法实现相应的建议效果。

(五) 建议双方权势关系

建议双方的权势关系是建议范畴内成员的区别特征之一，存在[+权势顺差]、[-权势顺差]、[+平辈]这三个值。研究涉及的语料中，73.4%的建议发生在平辈之间，24.4%的建议由长辈向晚辈提出，而由晚辈向长辈发出的建议仅占建议总数的2.2%。语言形式的选择不是一个单向的表达过程，更是一个交际参与者相互制约的互动过程。话语中，交谈双方的权势关系对说话人的形式选择将产生一定的影响。韩礼德（1977）认为，关于人际关系方面的选择（受人际关系影响的选择），情态、形式、人称、高度（key）、强度、评价和评论等，都取决于条件中的人际关系（The selection of interpersonal options, those in the systems of mood, modality, person, key, intensity, evaluation and comment and the like, tends to be determined by the role relationships in the situation）。① "如果一个人能控制另一个人的行为，他对后者就具有权势。……具有权势的人对别人使用非尊称，而别人对其则使用尊称。"这样的权势关系也可能扩大到家庭及其他生活角色中。② 建议的提出涉及建议的提出者和建议的接受者。建议的提出者和接受者之间的关系存在如下三种：1. 建议提出者的地位高于建议接受者。即建议双方存在"权势顺差"。2. 建议提出者的地位低于建议接受者。即建议双方不存在"权势顺差"。3. 建议提出者和建议接受者之间的地位平等。即建议双方的关系为"平辈"。具体举例如下：

1. 建议提出者的地位高于建议接受者。例如：

例5-16（在综艺节目《花样姐姐》中，宋茜等在洗菜，准备做饭。宋茜发现很多菜没有洗干净。）

宋茜：<u>这个得重新洗，你看你们洗的上面都是土</u>。美娟老师您看，上面都是土。

---

① Halliday. M. A. K., "Text as Semantic Choice in Social Contexts", in Van Dijk. T. A. and J. Petöfi eds., *Grammars and Descriptions*, Berlin: Walter de Gruyter, 1977, pp. 176-226.

② [美]罗杰·布朗：《表示权势与同等关系的代词》，吴玉雯译，引自祝畹瑾《社会语言学译文集》，北京大学出版社1985年版，第170页。

奚美娟：对啊！

——语例来源：《花样姐姐》20150322期

2. 建议提出者的地位低于建议接受者。例如：

例5-17（在综艺节目《爸爸回来了》中，李小鹏和奥莉清晨醒来，李小鹏让奥莉先尝一尝新鲜的草莓。）

李小鹏：哈喽，good morning，早上好！
（奥莉跑向盥洗室）
李小鹏：我们先吃东西好不好？吃完东西，我们再刷牙洗脸。
李小鹏：你们先尝一尝这个。好吃吗？

——语例来源：《爸爸回来了》20150516期

3. 建议提出者和建议接受者之间的地位平等。例如：

例5-18（在综艺节目《我去上学啦》中，钟汉良、蒋劲夫所在的球队，在比赛中略居下风。裁判发出暂停指令。）

裁判：两边暂停。
钟汉良：我们其实不用那么着急，我们现在在猛攻你知道吗。
蒋劲夫：我只会猛攻。
钟汉良：我们多传球。
钟汉良、蒋劲夫：多传球。

——语例来源：《我去上学啦》20150730期

从以上三个语料中可以看出，建议提出者在选择语言形式时，一定程度上考虑到了双方的关系不同。建议双方的权势关系是建议提出者选择建议策略及其相应的语言形式的重要参考。

在上文没有直接建议征询的条件下，成人之间存在"权势顺差"的建议常采用"提供建议原因"的建议策略。在"权势顺差"的亲子关系中，即使上文没有直接建议征询，父母常通过询问语气，对孩子进行行为指示。在"平辈"的关系中，建议者常用简单祈使句完成建议表达。例如，在例 5-16 的语境中，宋茜发现菜没有洗干净，想要重新洗菜。虽然建议的执行者是自己，可是她仍然采用了"您"这一敬语，对自己的建议"重新洗菜"这一行为，向长辈奚美娟老师进行了解释。而在例 5-17 中，李小鹏清早起床，拦住了要去洗漱的奥莉，让她先品尝草莓。建议的提出者虽然采用"……好不好？"这一语言形式，但实际上并未对此进行任何解释，而是对对方的行为作出了指示。在例 5-18 中，钟汉良和蒋劲夫是队友关系，此时，钟汉良对蒋劲夫的表现并不满意，但并未像例 5-16、例 5-17 中的做法，对建议作出解释，或缓和建议语气，而是直接用**"我们多传球"**，表达了自己的建议主张。

（六）建议结果

建议结果虽然反映了建议接受者的主观意愿，但和建议提出者的建议意图、建议强度、建议策略等也均存在一定的相关性。当建议意图的执行较低，强制度也较低时，建议的接受率也较低。因此，研究将建议结果也作为建议范畴内成员的区别特征之一。建议结果作为区别特征，存在［+接受］、［-接受］、［+未表态］三个值。据统计，研究所涉及的语料中，86%以上的建议被对方接受，可见建议结果为［+接受］是建议范畴的典型特征之一。

建议结果也是建议情景的重要组成部分，是建议提出者实施的言语策略，选择的言语形式是否有效的检验手段，也是建议提出者的建议未能得到接受时，如果其对建议得到采纳的期望较高，继而再次提出建议的参考标志。对于建议提出者而言，每一次建议结果的获得，都是其下一次提出建议时选择语言形式的参考。说话人在进行形式选择前，也会考虑使用该形式可能带来的建议结果。

在会话中，受到礼貌原则的影响，建议接受者如果不接受该建议，常以沉默或转移话题等方式进行委婉拒绝。例如：

例 5-19（在综艺节目《爸爸回来了》中，刘芸因为节目的需要，将离开家两天。刘芸在不停地对 Jagger 和郑钧叮嘱各类事宜。）

刘芸：Jagger，妈妈要走了，来不及了。（对 Jagger）<u>这两天你听爸爸的话啊</u>。（对郑钧）这两天，几个事儿。<u>第一，你检查一下他上个学期的作业……</u>

(父子二人均未回应)

刘芸：耳朵又关上了。爸爸耳朵也关上了。

——语例来源：《爸爸回来了》20150509 期

在例 5-19 中，刘芸在离家前认真地叮嘱各类事项，可是家中的爸爸和儿子并不买账，以沉默方式拒绝接受妈妈的建议。

三 建议功能表达的情景要素与区别特征

上文条件、建议预期、建议强度、建议策略、建议双方的权势关系、建议结果这六类情景要素能够影响说话人在表达建议功能时的形式选择。这些情景要素也是描述建议范畴内部成员的区别特征，在不同的情景中体现出不同的值。建议范畴内部成员的区别特征及其在实例表达中体现出的值如表 8 所示：

表 8　　　　　建议功能表达的情景要素及其区别特征表

情景要素	区别特征
上文条件	[上文出现建议征询]、[+上文存在待解决的困境]、[+上文存在待纠正的行为或待改进的观点]、[+上文存在值得继续/实现/完成的事件或愿望]、[+上文存在潜在危险]、[+上文存在特定的时间、地点]、[+上文存在待指导的行为]
建议预期	[+高]、[-高]
建议强度	[+高]、[-高]
建议策略	[+直接指示某个动作]、[+陈述建议结果]、[+陈述行为后果]、[+暗示]、[+征询对方意愿]、[+强调]、[+提供建议原因]、[+提供选择]
建议双方的权势关系	[+权势顺差]、[-权势顺差]、[+平辈]
建议结果	[+接受]、[-接受]、[+未表态]

接下来，本书将对这些区别特征及其聚合中所形成的建议范畴内部成员进行描写，讨论其分类与表达形式之间的对应关系。

第二节　建议范畴成员与表达形式的聚合

建议范畴内部成员的区别特征，不仅与建议的形式选择之间存在相关性，其内部也存在着复杂的关联，体现出明显的聚合关系。因此，可以根据其聚合特点，对其进行进一步的分类，以区分建议范畴的内部成员。

一　建议范畴的原型与内部成员

语言作为符号的一种，是说话人在表达语义时，综合考虑语境中的方方面面之后，对语言的各个语义功能部分进行相应选择的结果，也是语言结构的意义潜势实现的过程。语言交际就是在语言的意义潜势中，即从系统网络中进行选择的过程。[①] 在选择中，语言的词汇语法系统要适合于体现语言的意义系统。选择概念是韩礼德的语言观的中心。语言的意义系统要通过选择语言的词汇语法系统来体现、表达。

由此可见，建议这一言语交际行为可分解为以下几个步骤：1. 建议提出者在上文语境中各方面条件的启发下，选择了一定强度的建议意图。2. 建议提出者对该建议能否被接受将会产生一定的建议预期。3. 根据预期的结果，以及自身的建议需求的强度，建议者参考双方的权势关系，思考、并选择建议策略，并进一步从词汇、语法系统中选择语言形式，完成建议功能的表达，获得建议结果。如图 8 所示：

综合考虑	上文条件	
产生	建议预期	建议强度
选择	建议策略	
参考	建议双方的权势关系	
选择	语言形式	
获得	建议结果	

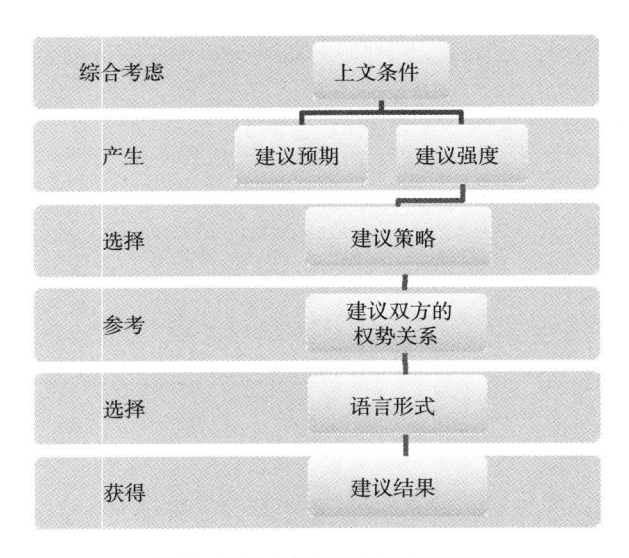

图 8　建议功能表达流程模型图

按照这个模型，可以根据上文中对建议范畴内部区别特征的提取，对

---

① 张德禄：《功能语言学语言教学研究成果概观》，《外语与外语教学》2005 年第 1 期。

范畴进行分类：

首先，在前文归纳出的"上文条件"中，在"上文存在待纠正的行为或待改进的观点"这一条件下，建议提出者所提出的都建议或指示的行为，与建议接受者正在进行的行为或正拥有的想法背道而驰，因此，建议的实施存在着一定的阻力。而其他条件下，建议的提出者在提出建议时，则未存在这样的阻力。从这个角度上说，建议的上文条件，可以分为"存在实施阻力"和"未见实施阻力"两类。

其次，在上文条件中存在着实施阻力的情况下，建议提出者对该建议能够得以实施的预期自然降低。此时，如果建议提出者仍十分希望建议能够实施，提出高强度的建议，那么就往往需要采用［+陈述行为后果］、［+陈述建议结果］、［+强调］等建议策略，对建议接受者进行"劝说"，以保证自己的建议得以实施。而如果建议提出者的建议强度不高，则可能采用［+提供建议原因］、［+暗示］等建议策略，与建议接受者"商量"该行为是否得当，是否需要修改。

再次，在上文条件中未见实施阻力的情况下，建议提出者对该建议能够得以实施的预期较高。此时，如果建议提出者提出了高强度的建议，他往往直接采用［+直接指示某个动作］的建议策略，对建议接受者的行为进行"指示"。而如果建议提出者提出的建议强度不高，则可能采用［+征询对方意愿］、［+提供选择］等方式，向对方进行"提议"。

最后，说话人根据自己与对方的关系，选择合适的语言形式，实施建议，并获得建议结果。

以上四类，都有各自不同的较为常用的语言形式。另外，还有一些类别，由于其特征明显，与语言形式的联系也十分紧密，因此可以单独成类。例如：由于上文中存在［+时间紧迫］而产生的"催促"类建议；由于上文中存在［+潜在危险］而产生的"提醒"类建议；和由上文中存在［+特定时间地点］而产生的"叮嘱"类建议。聚合关系如表9所示：

表9　　　　　　　　建议功能表达范畴成员区别特征表

区别特征	值与分类				
上文条件	建议是否存在实施阻力				其他特定条件
	不存在实施阻力	不存在实施阻力	存在实施阻力	存在实施阻力	时间紧迫/危险/特定

续表

区别特征	值与分类				
建议预期	高	高	低	低	
建议强度	低	高	低	高	
建议策略倾向	[+直接指示某个动作]、[+征询对方意愿]、[+提供选择]	[+直接指示某个动作]	[+征询对方意愿]、[+暗示]	[+陈述行为后果]、[+陈述建议结果]、[+强调]	
建议双方的权势关系	+-权势顺差	+权势顺差	+-权势顺差	+-权势顺差	+权势顺差
语言形式举例	……吧……好不好？	无标记肯定祈使句、助动词	还是……吧；……行吗？	如果……就……、千万不要	赶紧+VP 小心+VP 多+VP
建议结果	+接受	+接受	+-接受	-接受；未表态	+接受
范畴成员	提议	指示	商量	劝说	催促/提醒/叮嘱

结合表 9，建议范畴的七个内部成员可描述为：

1. 提议类建议：建议提出者针对情景中的建议需求发出一个行为提议，往往使用直接提议、提供选择等策略，选择"……吧。""……好不好？"等语言形式表达建议功能，建议一般都会获得对方的接受。

2. 指示类建议：建议提出者对建议接受者发出一个指令，以解决情景中存在的困难或满足对方的需要，往往直接指示对方执行某个动作以表达建议功能，常选择无标记肯定祈使句来表达建议功能，有时使用助动词以加强建议语气。建议往往发生在权势顺差关系中，建议强度高，一般会获得对方的接受。

3. 商榷类建议：建议提出者由于不满意建议接受者的行为、想法等，与对方商量另一行为、选择的可行性。常采用征询对方意愿、暗示等建议策略，选择"还是……吧""……好不好？"等形式以表达建议功能，建议接受者根据意愿，选择接受或不接受该建议。

4. 劝说类建议：建议提出者由于不满意建议接受者的行为、想法等，劝说对方放弃自己的想法，接受自己的建议。常常用"NP+别+VP"等形式进行行为劝阻，并采用陈述行为后果、陈述建议结果、强调等建议策略，选择"如果……就……""还是……吧"等语言形式表达建议功能。建议接受者如果不同意该建议，往往采用不回应的方式以回避与对方的冲突。

5. 催促类建议：在建议接受者由于时间紧迫而可能利益受损的情况下，建议提出者对其发出了催促指令，选择"快快快""赶紧……"等语言形式表达建议功能。

6. 提醒类建议：在建议接受者由于疏忽、遗漏等原因可能利益受损的情况下，建议提出者提醒其注意某个方面或执行某种行为，常选择"小心+VP"等语言形式表达建议功能。

7. 叮嘱类建议：在即将分别、挂断电话等特定情景中，建议提出者对建议接受者发出关于健康、行为习惯等方面的叮嘱，希望对方执行某个行为。该行为往往是常识中对方理应执行的行为，如"多吃点""记得别冻着"等。

研究对以上七类建议在语料中的分布进行了进一步统计。结果显示，提议类建议占全部建议功能表达的34%，指示类建议占全部建议功能表达的22%、商榷类建议占全部建议功能表达的21%、劝说类建议占全部建议功能表达的17%、催促类建议占全部建议功能表达的4%、提醒类建议占全部建议功能表达的2%、叮嘱类建议占全部建议功能表达的1%。

提议类建议占了整个建议功能表达的三分之一以上，可视为建议范畴中最接近原型的典型成员。指示类建议与提议类建议的区别，在于建议强度这一区别特征的值为[+高]。从这个角度上看，该类建议向"命令"功能存在一定的偏移。商榷类建议，与提议类建议的区别，在于上文条件这一区别特征的值为[+令人不满的行为或待反驳的观点]。该类建议常用"征询意愿的附加问句，如……好不好?"来表达，向"请求许可"功能存在一定的偏移。劝说类建议的建议强度、上文条件与提议类建议都不同，又常采用"陈述行为结果""陈述行为后果"等建议策略，一方面希望对方同意自己的建议请求，另一方面又常以说理为主，因此，向"请求许可"和"信息陈述"功能方向偏移。以上四类建议可视为建议范畴中的典型成员。

同时，催促类、提醒类、叮嘱类建议，则与提议类建议则存在更多区别特征的不同，属于建议范畴内的边缘成员。例如，叮嘱类建议与"酬应客套"功能之间就较为接近。

综上所述，建议功能的表达范畴中，应有四个典型成员：提议类建议、指示类建议、商榷类建议、劝说类建议。以及三个边缘成员：催促类建议、提醒类建议、叮嘱类建议。成员之间的分布关系如图9所示：

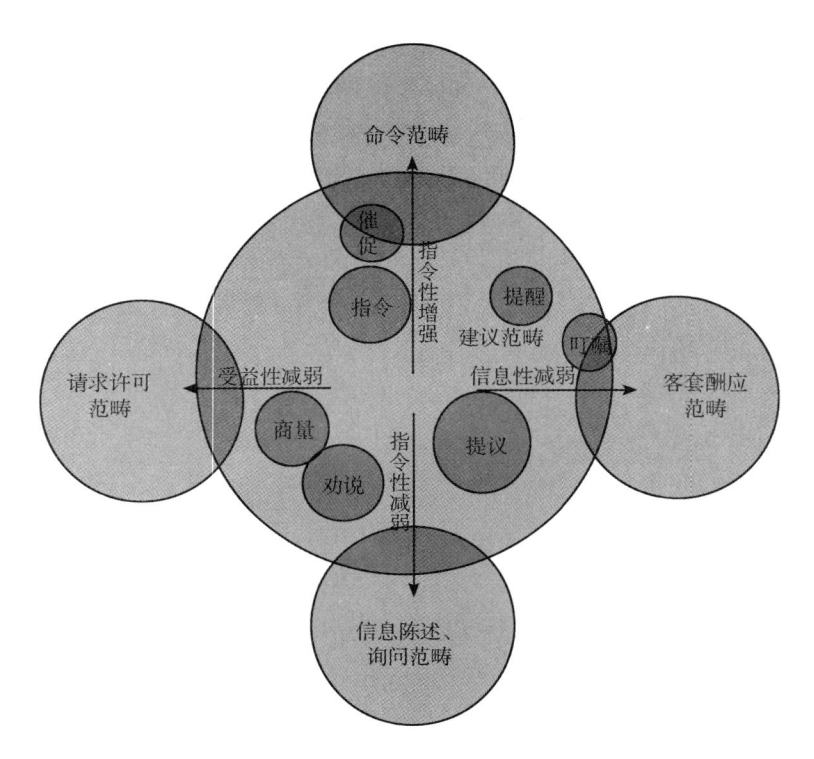

图9 建议范畴内部成员分布图

注：
　　商量：商榷类建议、提议：提议类建议、提醒：提醒类建议、叮嘱：叮嘱类建议、催促：催促类建议、指令：指示类建议、劝说：劝说类建议。

二 建议范畴各成员及其典型语言形式

　　一定的语义范畴总是要由一定的句法形式来表现。反过来说，一定的句法形式（比如句型）也总是要表现一定的语义范畴。[①] 说话人的话语功能、话语意图这些内容也是话语表达形式选择的重要影响因素。[②] 话语意义是以意图为核心的认知建构。话语意图是建议提出者选择建议类型及表

[①] 沈家煊：《句法的象似性问题》，《外语教学与研究》1993年第1期。
[②] 胡壮麟：《系统功能语言学概论》，北京大学出版社2005年版，第3页。

达方式的重要影响因素。① 建议范畴成员与语言形式间也存在着这样的表达关系。语言形式本身能够反映它所表达的功能的一些特征，与建议范畴的小类之间存在着一定的对应关系。如果混用、误用，则会出现形式与情景不吻合的情况。例如：

例 5-20（在综艺节目《我去上学啦》中，嘉宾张凯丽在某中学的体验生活即将结束，张凯丽想请同学们吃晚饭。）

张凯丽：<u>陈益达，晚上咱们宿舍的人吃饭好吗？那几个要有人的话就一块过来好吧？</u>

张凯丽：<u>陈益达，我建议晚上咱们宿舍的人吃饭。那几个要有人的话就一块过来。</u> *

张凯丽：<u>陈益达，晚上咱们宿舍的人赶紧吃饭。那几个要有人的话赶紧就一块过来。</u> **

同学：你今天跟我们一起吃饭吧？

张凯丽：就是啊，我正要跟你们说呢，咱们一起吃饭，咱宿舍还有谁，叫佩瑶，叫上，咱们去食堂吃，食堂人会多一点，好吧，走。

——语例来源：《我去上学啦》20150806 期

在例 5-20 中，张凯丽提出请大家来一块儿吃晚饭的建议。她并不知道同学们晚上有没有空，所以建议的强制度 [-高]，属于"提议"类建议。而形式"我建议……"常用于建议强制度高的指示类或劝说类建议中。而"晚上"才进行的活动，也不存在 [+时间紧迫] 的上文条件，因此也不适用"赶紧……"等适用于"催促"类建议的形式。

统计对建议功能小类中常用的语言形式，结果如下：

首先，如图 10 和图 11 显示，总体而言，各类建议成员的小类，其表达形式呈现出一定的类聚特点。

如图 10 所示，各类表达在建议范畴的内部成员之间的分布呈现出一定的类聚特点。商榷类建议最常用"表达征询意愿的附加问句：……好不好/好吗/行不行？"表达，占全部表达的 35.17%。指示类建议最常使

---

① 吕明臣：《话语意义的建构》，东北师范大学出版社 2005 年版，第 73 页。

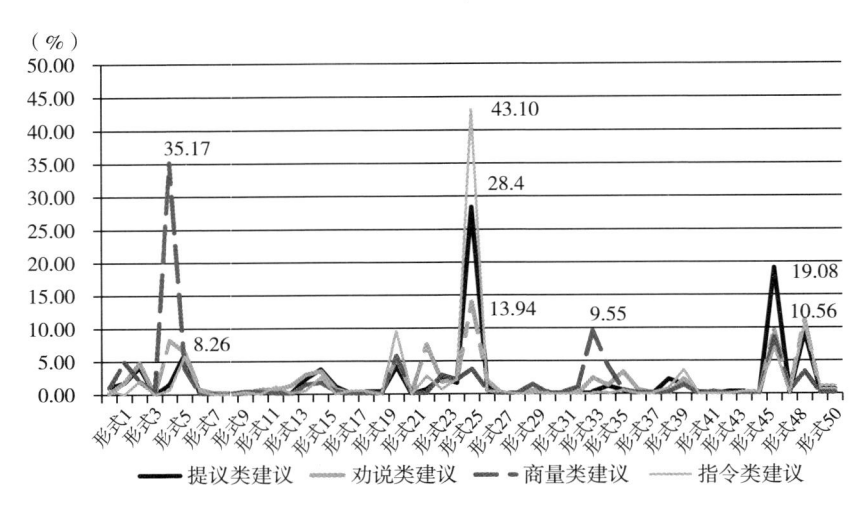

图 10　建议范畴典型成员表达形式分布图

＊为节省篇幅，此处不对所有形式图例进行一一列举。图中形式编号指代的具体形式参见附录 2。

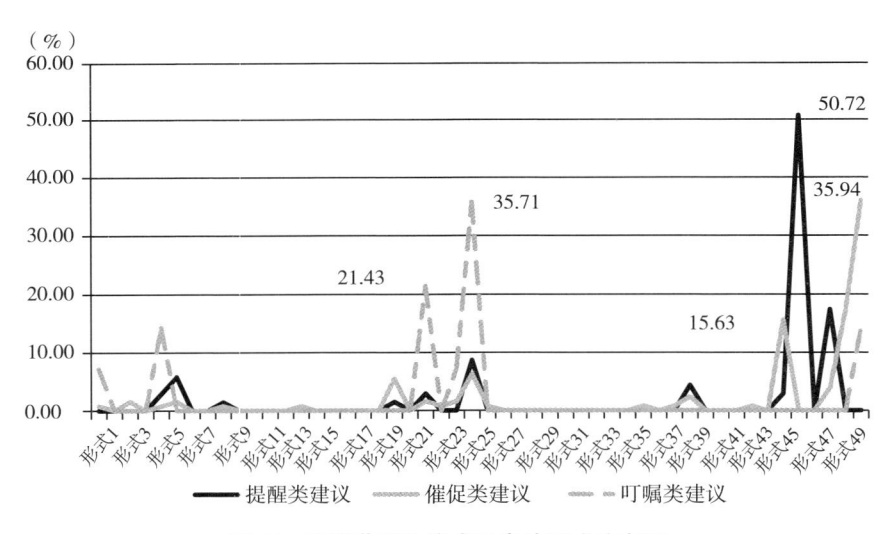

图 11　建议范畴边缘成员表达形式分布图

＊为节省篇幅，此处不对所有形式图例进行一一列举。图中形式编号指代的具体形式参见附录 2。

用"无标记肯定祈使句"表达，占全部表达的 43.10%。提议类建议虽也常用"无标记肯定祈使句"表达，但其使用"语气词吧、嘛、呗"的比例（19.08%）远高于其余几类。而对于劝说类建议，虽然"无标记肯定祈使句"也是其常用的表达形式,但"表达征询意愿的附加问句:……好不好/好吗/行不行?""语气词吧/嘛/呗"的表达也分别占了 8.26% 和 10.56%,使用的表达形式较为平均。

图 11 显示,与建议范畴的典型成员相比,建议范畴的边缘成员:提醒类建议、催促类建议、叮嘱类建议的表达形式显得更为集中,也有各自的特点。50.72% 的提醒类建议由形式"小心/当心+VP"表达,催促类建议则主要由"快快快,快点,快点 V"(15.63%)和"赶快/赶紧:(NP)+赶快,赶紧,马上,抓紧时间+VP"(35.94%)表达,叮嘱类建议虽然主要由"无标记肯定祈使句"(35.71%)完成,但其主要形式为"多+V(点儿)+NP",如"多吃点儿"等。另外,还有 21.43% 的建议功能通过"别+VP"或"别+形容词短语"的形式完成,如"别睡过头了""别饿着了"等。

其次,建议功能各成员的表达形式也有其各自的特点。

1. 提议类建议

提议类建议是建议范畴内部成员中,最接近建议范畴原型特征的成员。其在表达提议类建议时,使用最多语言形式分别为:"无标记肯定祈使句"(数据点 B,28.36%)、"语气词吧/嘛/呗"(数据点 C,19.08%)。与建议功能表达形式的总体分布基本一致。不同在于,其使用"无标记肯定祈使句""语气词吧/嘛/呗"两类语言形式表达建议功能的百分比高于建议功能表达形式的平均值(数据点 B',21.58%;数据点 C',11.93%),而采用"表达征询意愿的附加问句:……好不好/好吗/行不行?"的百分比(数据点 A,1.56%)低于平均值(数据点 A',10.42%)。如图 12 所示:

2. 指示类建议

指示类建议在语言形式选择中的最大特点是使用"标记肯定祈使句(数据点 B,43.10%)"和"把字句(数据点 A,9.54%)"的比例远高于建议功能全体表达形式的平均值(数据点 B',21.58%;数据点 A',5.81%)。"语气词吧/嘛/呗(数据点 C,6.98%)"的使用比例低于平均值(数据点 C',11.93%)。这反映了指示类建议强度高,行为指令明确的特点。如图 13 所示:

3. 商榷类建议

商榷类建议的语气最为委婉,最常使用的语言形式是"表达征询意愿的附加问句:……好不好/好吗/行不行?"(数据点 B,35.17%)和

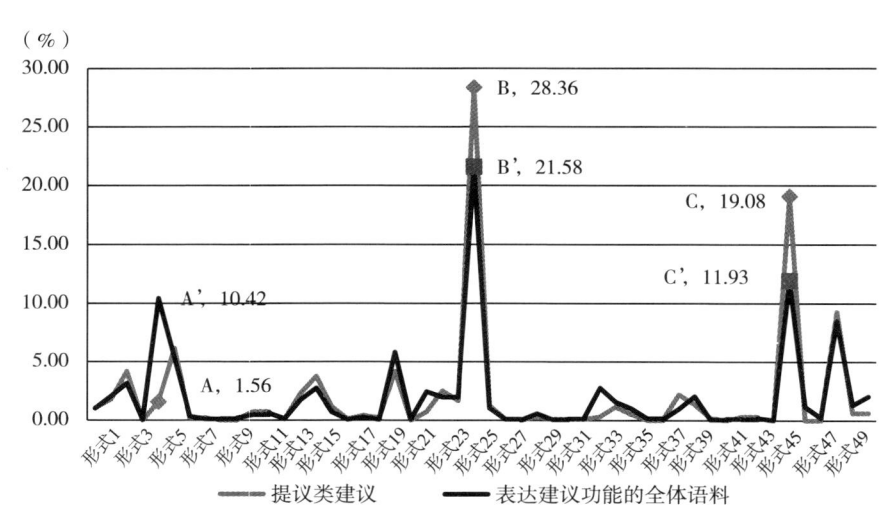

图 12　提议类建议表达形式分布图

＊为节省篇幅，此处不对所有形式图例进行一一列举。图中形式编号指代的具体形式参见附录 2。

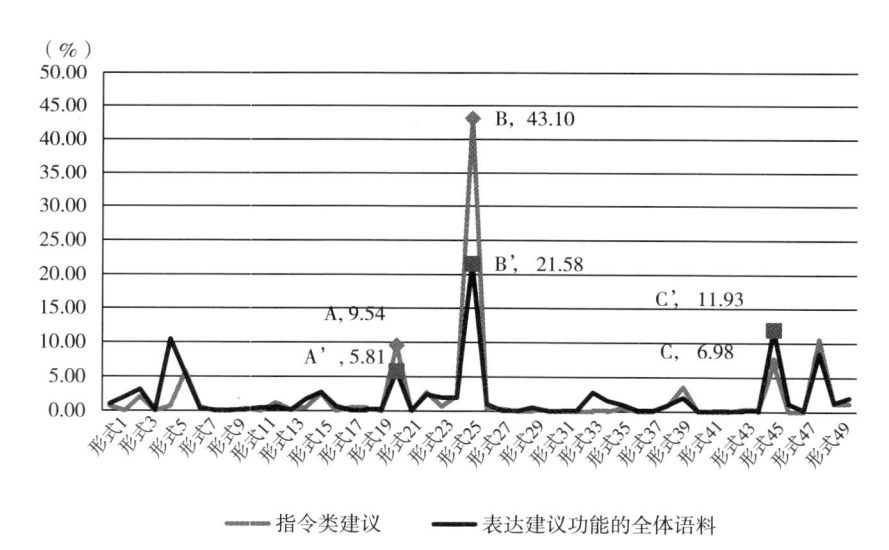

图 13　指示类建议表达形式分布图

＊为节省篇幅，此处不对所有形式图例进行一一列举。图中形式编号指代的具体形式参见附录 2。

"包含助动词的正反问句，如可不可以……？（数据点 D，9.55%）"的使用频率大大高于建议功能全体表达的平均值（数据点 B' 10.42%；数据点 D'，2.77%）。同时，"无标记肯定祈使句"（数据点 C，3.76%）和"助动词"（数据点 E，3.33%）的使用频率低于平均值（数据点 C'，21.58%；数据点 E'，8.49%）。

另外，该类建议使用形式"连接词：要不，……、要不然，……"的频率（数据点 A，4.92）也高于平均值。事实上，该形式在表达建议功能时，有 72.13% 表达了商榷类建议。可见该形式在表达建议功能时，适用于上文条件中存在一定的建议实施阻力的情况。如图 14 所示：

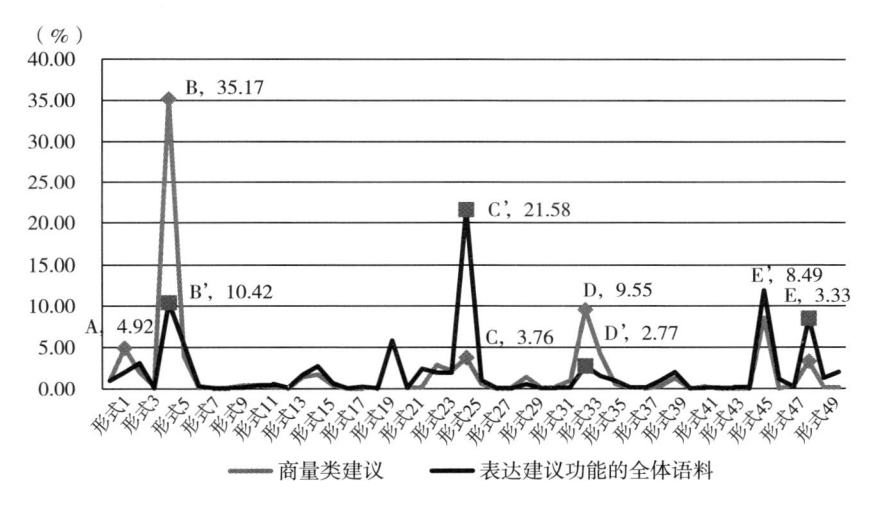

图 14 商榷类建议表达形式分布图

* 为节省篇幅，此处不对所有形式图例进行一一列举。图中形式编号指代的具体形式参见附录 2。

4. 劝说类建议

在表达劝说类建议时，最常使用的语言形式分别为：无标记肯定祈使句（数据点 B，13.94%）、语气词"吧/嘛/呗"（11.19%）、助动词（9.54%）。其中，无标记肯定祈使句的使用率低于平均值（数据点 B'，21.58%）。但"包含助动词的正反问句，如可不可以……？"（数据点 A，7.52%）和"表示反问语气的（难道）……吗/吧/啊？"（数据点 C，3.30%）的使用频率高于平均值。如图 15 所示：

5. 催促类建议

在表达催促类建议时，语言表达的最大特点就是使用（NP）+赶快、赶紧、马上、抓紧时间+VP（数据点 B，35.94%）、快快快，快点，快点

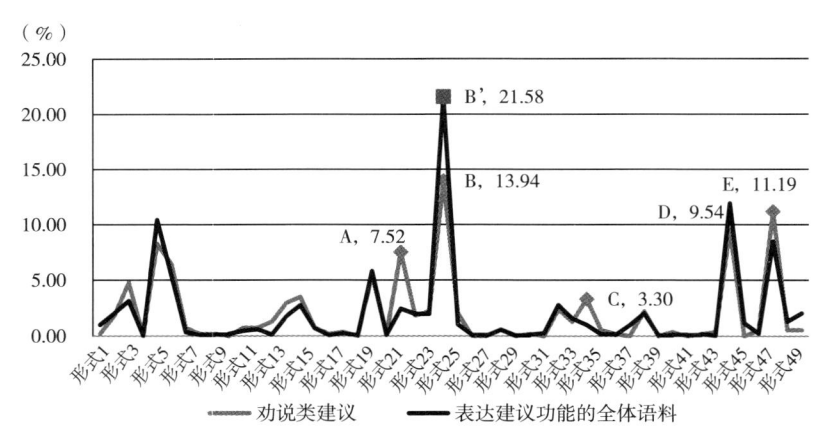

图 15　劝说类建议表达形式分布图

*为节省篇幅，此处不对所有形式图例进行一一列举。图中形式编号指代的具体形式参见附录2。

V（数据点 C，17.19%）等语言形式。

同时，"语气词吧/嘛/呗"可与"赶紧……""快，快点……"可叠加，形成"赶紧走吧"以及"快点，快点去吧"等，因此，"语气词吧/嘛/呗"在此类建议功能的表达中使用频率也较高（数据点 A，15.63%）。如图 16 所示：

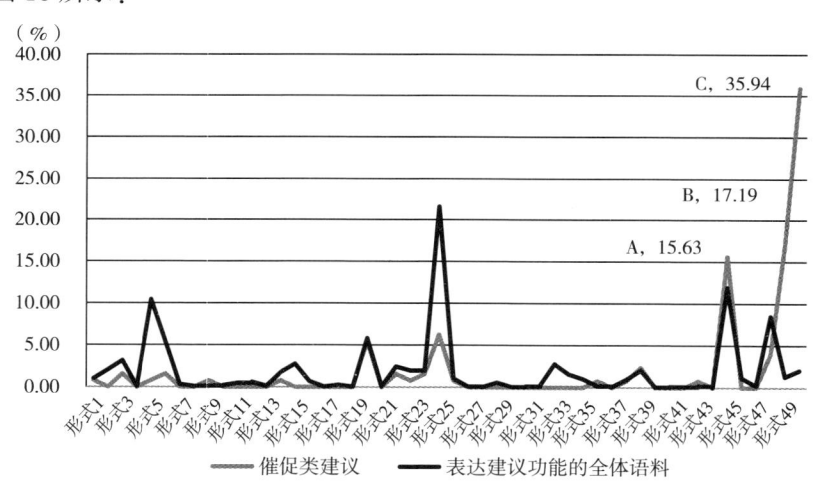

图 16　催促类建议表达形式分布图

*为节省篇幅，此处不对所有形式图例进行一一列举。图中形式编号指代的具体形式参见附录2。

6. 提醒类建议

在表达催促类建议时，在表达提议类建议时，最常使用语言形式为：

"小心/当心+VP"（数据点 A，50.72%）其中，情态动词和"小心/当心+VP"可以叠加。成为"千万要小心……"等句子，加强提醒语气。因此助动词也常用于表达此类建议（数据点 B，17.39%）。如图 17 所示：

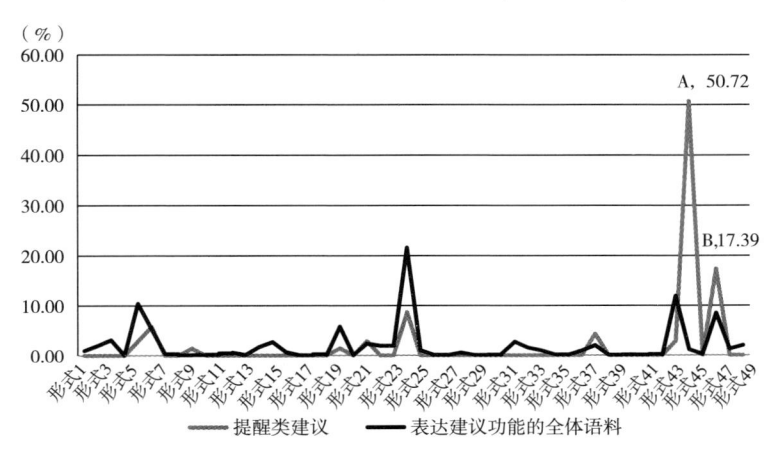

图 17 提醒类建议表达形式分布图

＊为节省篇幅，此处不对所有形式图例进行一一列举。图中形式编号指代的具体形式参见附录 2。

7. 叮嘱类建议

在表达叮嘱类建议时，使用最多的语言形式为：记得/好好/多+VP（数据点 B，35.71%）。和"别+VP"，如"别受伤，别摔着"等（数据点 A，21.43%）。如图 18 所示：

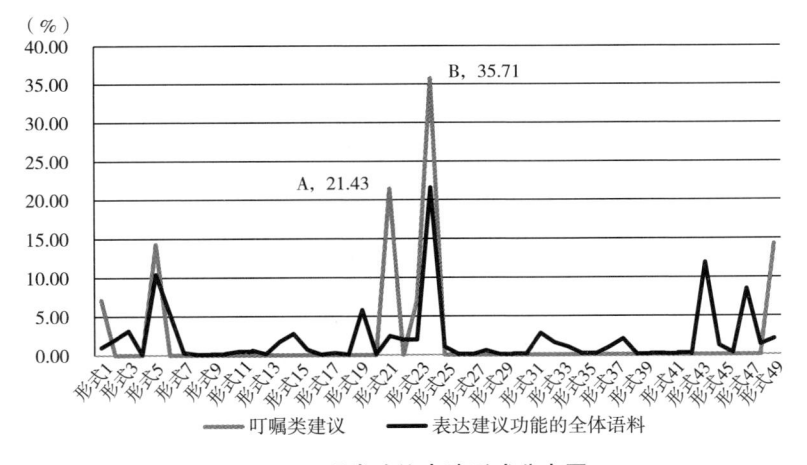

图 18 叮嘱类建议表达形式分布图

＊为节省篇幅，此处不对所有形式图例进行一一列举。图中形式编号指代的具体形式参见附录 2。

综上所述，表达建议功能的语言形式与建议功能范畴的内部成员之间确实存在着一定的类聚现象，不同建议范畴内部成员常用的语言形式不尽相同（见表10）。

表 10　　　　　　建议范畴成员与语言形式间的聚合关系表

建议范畴成员	常用语言形式	百分比（%）
提议类建议	无标记肯定祈使句	28.36
	语气词吧/嘛/呗	19.08
指示类建议	无标记肯定祈使句	43.10
	把字句	9.54
商榷类建议	表达征询意愿的附加问句：……好不好/好吗/行不行？	35.17
	包含助动词的正反问句，如可不可以……？	9.55
劝说类建议	无标记肯定祈使句	13.94
	语气词"吧/嘛/呗"	11.19
	助动词	9.54
	包含助动词的正反问句、表示反问语气的难道……吗/吧/啊？	10.82
催促类建议	（NP）+赶快、赶紧、马上、抓紧时间+VP	35.94
	快快快、快点、快点V	17.19
提醒类建议	小心/当心+VP	50.72
	助动词：要、得等	17.39
叮嘱类建议	记得/好好、多+VP	35.71
	（千万）别+VP	21.43

在口语表达中，语言形式在一定的情景条件支持下，表达各类功能，就形成了功能表达的实例。

三　建议范畴成员在口语表达中的实例

在一定的情景条件下，建议提出者通过选择某种语言形式，实现对建议功能的表达。这样的表达就是建议功能在口语表达中的实例（instance）。通过这些实例，可以对建议功能内部成员与语言形式之间的关系进行更深入的了解。同时，描写、提炼实例也可以为语言学习者了解语言形式对功能进行表达时各项条件提供更为具体、生动的例子。

1. 提议类建议表达实例

该类建议常在对方提出建议征询、上文存在待解决的困境、上文存在待纠正的行为或待改进的观点、上文存在值得继续/实现/完成的事件或愿望等不对建议实施产生阻力的条件中产生，建议提出者对建议的实施具有较高的预期，但对该建议并未抱有一定要实施的态度，建议强度较低。例如：

例 5-21（在综艺节目《极限挑战》中，黄磊、孙红雷、张艺兴、罗志祥在崇明图书馆的地下室寻找与大家生日有关的报纸。然而，与王迅生日有关的报纸始终找不到，大家都有些着急。）

黄磊：1974 年 12 月。
孙红雷：没有。翻过了。
孙红雷：没几分钟了
张艺兴：那怎么办？
罗志祥：<u>他生日再确认一下吧？</u>
黄磊：我再打电话我打电话啊。

——语例来源：《极限挑战》20150705 期

在话轮的开始，对话参与者张艺兴以问题"**那怎么办？**"向其他人发出了建议征询。这时候，客观条件上，距离任务完成的时限已经很近，而与王迅生日有关的信息成了任务无法完成的关键障碍。在此情景条件下，罗志祥提出"**他生日再确认一下吧？**"的建议。但他对这个建议是否能成功也不太有把握，因此只是试探性地提出建议，看看其他人的想法。

在语料中所示的情景中，罗志祥采用了直接指示动作的建议策略，使用"语气词吧/嘛/呗"缓和了直接指令的语气，提议也迅速被对方接受。

2. 指示类建议表达实例

该类建议产生的上文条件与提议类建议相似，但建议发出者更希望建议能够得以实施，建议强度较高。例如：

例 5-22（在综艺节目《爸爸回来了》中，郑钧在教 Jagger 骑车，Jagger 摇摇晃晃，骑不远。）

郑钧（对 Jagger 说）：<u>快蹬，脚不能停，快蹬</u>。停就不行了。你看，就滑着呗。那你车就得推着呀，你不走我走了，谁也帮不了你，得自己靠自己。

——语例来源：《爸爸回来了》20150523 期

在该话轮产生的情景中，Jagger 在学骑车的过程中遇到了困难，无法保持平衡，在此过程中亟须他人的建议。郑钧作为建议提出者，出于关心、担心，十分希望对方能接受自己的建议，因此采用了直接指示动作的建议策略，向对方发出"**快蹬，脚不能停，快蹬。**"等建议，吻合当下的情景条件。

3. 商榷类建议表达实例。

该类建议常在上文存在待纠正的行为或待改进的观点时产生。建议提出者需要通过改变对方观点，才能使建议得以实施，因此对建议能够得以实施的预期比前两类建议低。建议实施者对该建议并未抱有一定要实施的态度，建议强度较低。例如：

例 5-23（在综艺节目《美食地图》中，美食侦探对餐厅中制作汽锅鸡的锅发生了兴趣，想要买下来。）

美食侦探：跟您商量个事呗，<u>这锅您开个价。</u>

厨师：<u>要不我给您买一个新的，送您一个新的。</u>

美食侦探：您开个数。

厨师：这个没有价钱。

——语例来源：《美食地图·锅魁好吃肉馅暗藏玄机》

在画线句所含建议产生的情景中，厨师不同意对美食侦探的提议"**这锅您开个价。**"希望改变对方的观点。厨师另提出了两个新的建议供对方选择"**要不我给您买一个新的**"，或者干脆"**送您一个新的。**"事实上，厨师对对方是否接受这两个建议未有很高的预期，使对方接受这一建议的意愿也不强，因此，采用了"要不……"这样带有商量、选择语气的语言形式，吻合情景条件。最后，对话双方也未能获得一致意见，厨师提出的建议未被对方接受。

4. 劝说类建议表达实例

与商榷类建议类似，该类建议常在上文存在待纠正的行为或待改进的观点时产生。建议能够得以实施的预期低，但建议提出者希望建议能够被接受，建议强度较高。例如：

例 5-24（王琳、林志玲、宋茜、马天宇一行在综艺节目《花样姐姐》中，即将参观土耳其著名的蓝色清真寺。游览清真寺的女性需要戴头巾，而王琳、林志玲、宋茜都没有头巾。大家发现清真寺门口可以租借头巾，开始阅读租借说明。）
马天宇：它这是那个 free 的吧！
宋茜：不会吧。不可能，不要钱的。
林志玲：有围巾的可以用围巾就行。
马天宇：<u>你还是借那个，免费的。免费的！</u>
王琳：免费的，来仨。
——语例来源：《花样姐姐》20150322 期

在例 5-24 中，宋茜提出头巾"不可能不要钱的"。林志玲则提出可以使用围巾。马天宇认为她们的想法/行为并不正确，通过解释原因的建议策略，劝说对方还是租借头巾进入清真寺。在建议中，马天宇使用了"还是"以强调语气，并用"那个"与上文提到的"围巾"相对应，同时还解释了阻止行为的原因：租借是免费的。在他的努力下，提出的建议很快得到了接受。

5. 催促类建议表达实例

该类建议常发生于上文情景中存在［+时间紧迫］的条件中。在情景中，建议提出者希望对方立刻执行建议中所指示的行为。例如：

例 5-25（在综艺节目《花样姐姐》中，李治廷、徐帆、奚美娟来到一家餐厅，准备点菜。由于吃完饭后，众人还需要继续参观景点，因此李治廷希望大家能速战速决。）
徐帆：我只是觉得现在的科技很发达，但是它削弱了，人和人之间的交往。我就是觉得大家就是别弄成见面不如不见面，就麻烦，那你说我们在一起的聚会，要干什么呢？如果为了看这个的话，可以不来。

李治廷：**帆姐，我们赶紧先点菜吧。**
徐帆：我不识字，孩子，你点啊！
奚美娟：你来点吧。

——语例来源：《花样姐姐》20150405 期

在例 5-25 中，由于客观上存在着［+时间紧迫］的特征，而徐帆又在针对与吃饭无关的行为发表看法，因此，建议发出者采用了"赶紧……"这一形式，催促对方迅速完成点菜这一行为。

6. 叮嘱类建议表达实例

该类建议常发生于即将挂断电话、即将分离等特定场合。建议提出者对所建议的行为是否得以实施并不关心，该建议对调节气氛、维系关系等起来更大的作用。例如：

例 5-26（在综艺节目《爸爸回来了》中，Jagger 的外公、外婆到 Jagger 家作客，临走的时候，外婆叮嘱 Jagger 要好好听话。）

外婆（对 Jagger）：你来送外公外婆吧。
外公：我们走了郑钧。
郑钧：好。
外婆（对 Jagger）：**你在这里听乖乖听爸爸的话，给爸爸做小尾巴。**

——语例来源：《爸爸回来了》20150516 期

在以上话轮中，Jagger 的外公、外婆即将离开 Jagger 和爸爸郑钧。而在这样的分离情景中，出于关心，长辈往往会叮嘱小辈"多吃点饭""要听话""要好好上学"等，以吻合即将离别的特殊情景。

7. 提醒类建议表达实例

该类建议常发生于上文中存在［+潜在危险］的条件下。建议提出者发现了这一危险，并提醒对方注意。例如：

例 5-27（情景：在综艺节目《花样姐姐》中，几位嘉宾一同攀爬一处险要的天井。）

奚美娟：杨紫，走慢点儿。
杨紫：好嘞。
奚美娟：一定要抓住边上的绳子。
马天宇：小心小心啊。
林志玲：好的。

——语例来源：《花样姐姐》20150426 期

在例 5-27 中，在陡峭的台阶上行走的成员随时可能出现危险。因此，在这样的情况下，嘉宾之间采用"走慢点儿""小心""一定要……"等语言形式互相提醒，吻合当下的情景条件。

第三节 本章小结

本章的研究主要关注影响语言形式选择的情景条件、建议范畴内部成员的划分及形式聚合关系。

依据以往研究中对语境要素的区分结果，本章对语料中表达建议功能的情景要素进行了标注。语料标注结果与语言形式之间的相关系数显示，建议提出者与建议接受者之间的双方的权势关系、建议强度、建议预期、建议结果、上文情景条件、建议策略这六种情景要素与表达建议功能的语言形式显著相关，可作为划分建议范畴内部成员的区别特征。

本章通过描写情景要素对语言形式选择的影响，归纳了这些区别特征在影响语言形式选择时的不同表现，即区别特征的"值"。例如，情景中"双方的权势关系"的区别特征分别存在［+权势顺差］、［-权势顺差］和［+平辈］三个"值"；建议强度存在［+高］和［-高］两个值；上文条件存在［+上文出现建议征询］、［+上文存在待解决的困境］、［+上文存在待纠正的行为或待改进的观点］、［+上文存在值得继续/实现/完成的事件或愿望］、［+上文存在潜在危险］、［+上文存在特定的时间、地点］、［+上文存在待指导的行为］八个值等。（区别特征及其值的具体列表见本章第一节，表8）

本章通过以上区别特征及其"值"的分布，共描写了建议范畴的 4 种典型成员（提议类建议、商榷类建议、劝说类建议和指示类建议）和 3

种边缘成员（叮嘱类建议、提醒类建议和催促类建议）。对于范畴内部成员而言，区别特征的值及其强弱特点，决定了该成员与范畴原型之间的距离和方向。例如，上文中不存在实施阻力（如值为［+上文存在待解决的困境］、［+上文出现建议征询］等），建议预期［+高］，建议强度［-高］，常使用［+直接指示某个动作］、［+征询对方意愿］、［+提供选择］等建议策略，建议结果常被对方［+接受］的成员为提议类建议。提议类建议为最接近建议范畴原型的典型成员，而上文条件为［+上文存在特定的时间、地点］、建议预期［-高］，建议强度［-高］的叮嘱类建议则属于边缘成员，在建议范畴中处于较为边缘、接近酬应客套范畴的位置。

语言形式在建议范畴的内部成员中存在一定的聚合特点。商榷类建议最常用"表达征询意愿的附加问句：……好不好/好吗/行不行？"表达。指示类建议最常使用"无标记肯定祈使句"表达。提议类建议虽也常用"无标记肯定祈使句"表达，但其使用"语气词吧/嘛/呗"的比例远高于其余几类。而劝说类建议使用的表达形式则较为平均。建议范畴的边缘成员"叮嘱类建议""提醒类建议""催促类建议"则分别常使用"小心/当心+VP""快快快，快点，快点V"和"赶快/赶紧：（NP）+赶快，赶紧，马上，抓紧时间+VP""多+V（点儿）+NP"和"别+VP"或"别+形容词短语"等语言形式表达。

在综合了以上研究后，本章还对建议范畴各成员表达在典型情景中的表达实例进行了描写。

通过以上研究，本章回答了文章开头的第三个问题：**汉语中的建议功能包含哪些类型，每种类型对应哪些语言形式？** 然而，学习者在学习时，不可能将所有的语言形式都一并学习，这就需要对常见的语言形式、表达手段进行描写和归纳。

在下一章中，将对建议范畴的区别特征与表达建议功能的语言形式之间的关系进行讨论，并归纳汉语口语中建议功能的表达手段。

第六章　汉语口语中建议功能的常用表达手段

功能的表达需要一定的形式，而形式又需要在一定的情景条件下才能表达这一功能。句子的形式和特定的表达功能之间有某种稳定的联系。① 在前几章中，本书分别对建议功能的形式、形式表达建议功能的语义和情景条件、建议功能自身的分类及对应的语言形式等进行了讨论，从总体上对建议功能及其表达手段进行了描写。对于汉语作为第二语言的学习者来说，一次性掌握建议功能的所有表达是不可能的，先掌握部分常用的语言形式也是提高学习效率的方法之一。因此，需要分析一些常用于表达建议功能的形式，并对其表达建议功能的支持条件、表达特点进行归纳，总结建议功能的常用表达手段。

限于篇幅和客观研究条件的限制，我们只描写了在本书语料中最常见用于表达建议功能的几种形式作为表达手段的描写对象：无标记肯定祈使句（占总量的 21.58%）、语气词"吧/嘛/呗"（占总量的 11.92%）、表达征询意愿的附加问句：……好不好/好吗/行不行？等（占总量的 10.39%）、包含助动词的祈使句（语料条数占总量的 8.52%）和"如果……就"引导的假设类条件复句（占总量的 5.38%）。另外，根据本书第三章第四节的分析结果，在表达建议功能的语言形式中，有 23 种语言形式在一般情况下不表达建议功能，占形式总数的 46%。此类形式表达的建议功能占建议功能表达语料总条数的 10.85%。本章也将分析此类表达的情景条件、表达特点和实现连贯表达的衔接手段。

---

① 袁毓林：《现代汉语祈使句研究》，北京大学出版社 1993 年版，第 7 页。

第一节　祈使句对建议功能的表达

句子可以根据不同的标准、在不同的层面上划分出不同的类型。黄伯荣、廖序东（2007）主编的《现代汉语》中，根据句子在语言交际中的功能，在语用平面（pragmatic plane）上把句子分为陈述句、疑问句、祈使句和感叹句等类型。

从表达功能上看，祈使句的作用主要是要求（包括命令、希望、恳求等）听话人做或不做某事。从表意功能上看，祈使句可以表示命令、建议、请求及与之相对的禁止、劝阻、乞免等。从语言形式上看，有肯定式、否定式两大类。肯定祈使句还分为带有助动词的强调式祈使句和无标记肯定祈使句。另外，祈使句还可以通过加上语气词"吧"、加上"好吗？行不行？"等疑问形式，来使祈使语气变得更加委婉。①

从祈使句对建议功能的表达上看，两者确实存在着密不可分的关系。祈使句的作用"要求（包括命令、希望、恳求等）听话人做或不做某事"符合建议功能的三大特性之一"指令性"的表达需求，这就使得人们在选择语言形式时容易选择能够表达祈使语气的语言形式。但是，祈使句的使用范畴，与建议功能的表达范畴并不完全重合。祈使句与建议功能的表达存在以下关系：

1. 祈使句不都表达建议功能

祈使句的意义类可以分成三类六种：命令句和禁止句、建议句和劝阻句、请求句和乞免句。② 在"说话人认为自己没有资格或不宜采取发号施令的方式"时，祈使句用于表达建议功能。本书在第三章的第二节中也讨论了建议功能与命令功能、请求许可功能之间的交叉情况。

2. 建议功能不都由祈使句表达

祈使句确实是建议功能表达的重要手段。但根据语料统计的结果，陈述句、疑问句、感叹句也都能用于表达建议功能，如"是字句""一般疑问句：小句+吗/吧？""好/真（是）/太+形容词+NP+啊/哇/喽！"等。

---

① 袁毓林：《现代汉语祈使句研究》，北京大学出版社1993年版，第14—16页。
② 同上书，第14页。

这些形式也是建议功能表达中不可忽视的组成部分。

3. 形式与表达功能间存在复杂对应关系

对句子功能的判断需要同时满足句法形式特征和满足语用功能两个条件。而汉语词汇、形式中存在着大量多义复合情况，形式和句类、表达功能之间不并完全对应。比如由形式"NP+VP"构成的简单主谓句，其在语言表达中，与祈使句、建议功能的关系至少包含如下五种：

（1）A1：你明天做什么？B1：<u>我复习一下英语。</u>（陈述句，不表达建议功能）

（2）A2：明天的舞台结束姿势大家打算怎么摆？B2：<u>我摆个葫芦娃。</u>（陈述句，表达建议功能。）

（3）A3：妈妈！B3：<u>你出去！</u>（祈使句，不表达建议功能。）

（4）A4：摘哪一个比较好？B4：<u>你摘上面那个。</u>（祈使句，表达提议类建议功能。）

（5）A5：我摘这个吧。B5：这一个不太好。要不，<u>你摘上面那个？</u>（祈使句，表达商榷类建议功能。）＊①

以上例子中的句子（B1—B5），既可以表达陈述语气，也可以表达祈使语气。而表达了祈使语气的句子，既可能表达建议功能，也可能不表达建议功能。表达建议功能的句子，也可能表达建议功能中的不同小类。由此可见，判断形式是否表达建议功能，还是应当根据形式在具体情景中的语义、情景条件，描写其表达特点。

综上所述，对建议功能与祈使句而言，在表达上，祈使句是建议功能的重要表达手段，建议功能是祈使句表达的主要功能之一。但双方表达功能与表达范畴之间并不完全重合，在具体的语言使用中，更是存在着复杂的对应关系。接下来，将讨论无标记肯定祈使句对建议功能的表达。

一 无标记肯定式祈使句表达建议功能情况概述

祈使句从句法形式上看，它的谓语主要由表示动作、行为的谓词性词

---

① ＊这些句子为生造句，并非源自语料。

语充当，主语往往是第二人称代词"你""您""你们"或第一人称代词复数式"咱们""我们"。① 一般情况下，祈使句有主语和谓语两部分。在某些情况下，可以没有主语。例如：[你] 去吧！[咱们] 走吧！②

在语料中，用无标记的肯定式祈使句表达建议功能的语料共有 646 条，占全部语料的 21.80%。根据语料标注及统计结果，无标记肯定祈使句在表达建议功能时，其情景条件存在一定的集中特点：

表 11　　无标记祈使句表达建议功能时的情景条件分布表

情景条件	类别	该类形式百分比（%）	全体语料平均百分比（%）
建议小类	提议类建议	42.1	34.1
	指示类建议	39.3	21.6
上文类型	上文存在待解决的困境	29.3	24.7
	上文存在待纠正的行为或待改进的观点	20.0	25.1
接受预期	高	84.4	62.0
建议强制度	高	51.4	40.1
双方的权势关系	平辈	71.1	73.4
言语策略	直接指示	94.9	74.8
建议结果	接受	91.2	86.5

由表 11 可知，在无标记肯定祈使句表达建议功能时，与建议功能表达的一般情况相比，更常在"上文存在待解决的困境"中表达建议功能，表达提议类、指示类建议，建议预期、建议强制度均较高，常以直接指示的言语策略完成建议，建议结果更常被接受。

在表达建议功能时，无标记肯定祈使句中还存在七种形式小类：

1. （主语+）动词（213 条）

"（主语+）动词"指的是构成祈使句的核心动词为独用的动词，有时可带宾语。例如：**李小鹏**："你当裁判。"

2. （主语+）修饰语+动词（160 条）

"（主语+）修饰语+动词"指的是构成祈使句的核心动词前有修饰

---

① 袁毓林：《现代汉语祈使句研究》，北京大学出版社 1993 年版，第 7 页。
② 引自《现代汉语八百词》，商务印书馆 1980 年版，第 21 页。

语，例如：**贾乃亮**："**你就一直喊着。**"

3.（主语+）动趋式（30条）

"（主语+）动趋式"指的是该祈使句由动词和趋向补语构成。例如：**奶奶**："**你钻过去，接过来。**"

4.（主语+）动词的重叠形式（49条）

"（主语+）动词的重叠形式"指的是构成该祈使句的核心动词是重叠形式。例如：**马场员工**："**你摸摸他嘴巴，摸摸他鼻子。**"

5.（主语+）动词+补语（结果补语及状态补语）（18条）

"（主语+）动词+补语（结果补语及状态补语）"指的是该祈使句由动词和结果补语或状态补语构成。例如：**奚美娟**："**杨紫，走慢点儿。**"

6.（主语+）动词+一下／一会儿／一点儿……（144条）

"（主语+）动词/形容词+一下／一会儿／一点儿……"指的是该祈使句由动词或形容词后边加上"一下／一会儿／一点儿"等成分构成。例如：**郑钧**："**咱俩将就一下。**"

7.（主语+）连动式（32条）

"（主语+）连动式"指的是该祈使句由连动结构构成。例如：**黄磊**："**你去那边堵他。**"

二 无标记肯定式祈使句表达建议功能的语义及情景条件

祈使句从表意功能上看，可以表示命令、建议、请求及与之相对的禁止、劝阻、乞免等。从形式上看，可以进入祈使句的动词需为自主动词。①

在表达建议功能时，从语义条件上看，首先，表达建议功能的祈使句，语气比较委婉。建议功能语气的委婉程度，可以通过一些语言形式来实现，如动词的重叠形式表示时间短、动量小、尝试，"动词+一下／一会儿／一点儿"也具有表示时间短、尝试等特点。其次，表达建议功能的祈使句，常为建议接受者提供行为方式、行为信息等，这主要通过形式"（主语+）修饰语+动词"实现。

本书的第三章第二节中讨论了命令、请求与建议的区别。从情景条件

---

① 袁毓林：《现代汉语祈使句研究》，北京大学出版社1993年版，第15—25页。

上看，形式是否表达建议功能，需依赖上文情景条件（上文中是否存在建议需求、上文中是否存在对方不允准的情况）。而在表达建议功能的语料中，统计结果显示，不同的形式，表达建议功能时所依赖的情景条件不尽相同。上文条件与形式小类之间的聚合关系如图 19 所示：

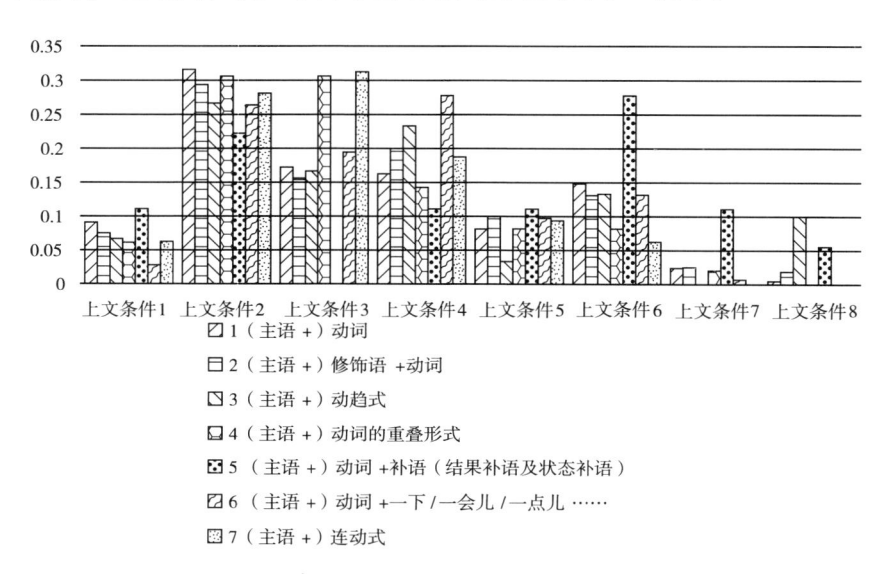

图 19　无标记肯定祈使句表达建议功能的上文条件分布图

注：上文条件 1：上文存在建议征询；上文条件 2：上文存在待解决的困境；上文条件 3：上文存在值得继续/实现/完成的事件或愿望；上文条件 4：上文存在待纠正的行为或待改进的观点；上文条件 5：上文存在特定的时间、地点；上文条件 6：上文存在待指导的行为；上文条件 7：上文存在潜在的危险；上文条件 8：上文存在时间紧迫的客观条件

图 19 显示：

1. 当"上文存在建议征询""上文存在待指导的行为""上文存在潜在危险""上文存在特定的时间、地点"时，建议提出者最常选择"动补式，（主语+）动词+补语（结果补语及状态补语）"，以对对方的行为进行修正和提示。

2. 在"上文存在待解决的困境"的情景条件下，建议提出者最常选择"（主语+）动词"，对对方进行行为指示。

3. 在"上文存在值得继续/实现/完成的事件或愿望"时，建议提出者最常选择"（主语+）动词的重叠形式""（主语+）连动式"，对对方已经在进行的一件事，进行行为鼓励。

4. 当"上文存在待纠正的行为或待改进的观点"时，建议提出者最常选择语气最为轻缓的形式"（主语+）动词+一下／一会儿／一点儿……"。在情景中，对方行为如果已经为自己所不满，则需要借助一些语气缓和的语言形式，否则该句的话语功能容易进入命令范畴。

由此可见，不同的形式小类在表达建议功能时所依赖的上文条件有所不同，而在其表达建议功能时，也体现出不同的表达特点。

三 无标记肯定祈使句在表达建议功能时的特点及分类

"主观化"是"意义变得越来越依赖于说话人对命题内容的主观信念和态度"。[①] 对话语境要求言者对听者的需求进行主观性的观照，对语言进行调节，以使听说双方处在一种良好的互动关系中，也就是"交互主观性"。[②]

无标记肯定祈使句适用于不同的上文条件，并用于表达不同的建议功能小类的情况，也与交互主观性有关。一方面，无标记肯定祈使句表达了说话人自身对建议行为的指示意愿，体现出一定的共性。另一方面，在表达自身意愿的同时，如果将对方对建议可能产生的态度也考虑进来，就会体现为不同的形式选择。如在表达建议功能的小类上，形式（主语+）动词+一下／一会儿／一点儿……较多用于劝说、商榷类建议，而叮嘱类建议则更常采用动补形式，如"吃饱点"，"穿暖点"等。无标记祈使句形式小类表达建议功能小类分布如图 20 所示：

由图 20 可知，以上形式表达建议功能时，最主要的功能小类都是提议类建议和指示类建议。除此之外，形式 1（主语+）动词和形式 4（主语+）动词的重叠形式更常使用来表达提议类建议，形式 6（主语+）动词+一下／一会儿／一点儿……更常用来表达劝说类建议，形式 3（主语+）动趋式更最常用来表达催促、指示类建议，形式 7（主语+）连动式更常用来表达商榷类建议，形式 5（主语+）动词+补语更常用来表达叮嘱、提醒类建议。

---

① 吴福祥：《近年来语法化研究的进展》，《外语教学与研究》2004 年第 1 期。
② 张旺熹：《汉语口语成分的话语分析》，北京语言大学出版社 2012 年版，第 46 页。

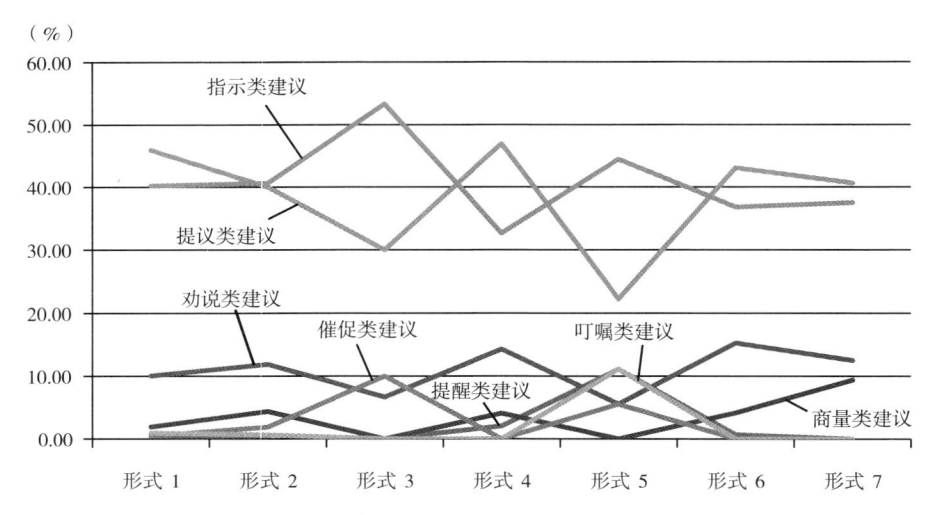

图 20 无标记肯定祈使句表达建议功能小类分布图

注：

形式 1：（主语+）动词；形式 2：（主语+）修饰语+动词；形式 3：（主语+）动趋式；形式 4：（主语+）动词的重叠形式；形式 5：（主语+）动词+补语；形式 6：（主语+）动词+一下/一会儿/一点儿……；形式 7：（主语+）连动式

另外，采用形式 4 表达的建议强制度最低，采用形式 5 表达的建议预期最高，所有的形式的建议结果的接受率都在 90% 以上。

综合以上数据统计结果，可以归纳出，在使用无标记肯句祈使句表达建议功能时，常用的表达手段有四种：

1. 在"上文存在待解决的困境"时，常用"（主语+）动词"表达指示、提议类建议。例如：

例 6-01（在综艺节目《爸爸回来了》中，贾乃亮和甜馨把兔子买回家后，甜馨和兔子玩了一会儿，感到肚子饿了。可是此时贾乃亮在睡觉。）

甜馨：爸爸，小兔子来。爸爸我饿了。
贾乃亮：饿了吃饭，爸爸给你做饭吃。

——语例来源：《爸爸回来了》20150523 期

在例 6-01 中，甜馨向爸爸提出了她的困境：饿了。这时候，贾乃亮针对其困境直接进行了行为指示："让妈妈给你做饭吃"，满足了对方的需求，表达了建议功能。

2. 在"上文存在值得继续/实现/完成的事件或愿望"时，常用"（主语+）动词""（主语+）动词的重叠形式""（主语+）连动式"三种语言形式表达提议类建议。例如：

例 6-02（在综艺节目《花样姐姐》中，李治廷带领姐姐们来到大教堂。这时候，李治廷提议让姐姐们用望远镜观看远处的耶稣画像。）

李治廷：因为它太远了，耶稣的那个画，所以我带了望远镜，就可以看到了。

徐帆：好啊，好啊。

（大家围到李治廷身边。）

李治廷：**每个人凑一凑，看一看。**

——语例来源：《花样姐姐》20150322 期

在例 6-02 中，李治廷建议正在参观教堂的姐姐们用挨个望远镜观看远处的圣像。李治廷针对这个行为，提供了具体的实施方案："**每个人凑一凑，看一看。**""（主语+）动词的重叠形式"描述了动作的实施方式，表达了与语境契合的建议。

3. 在"上文存在建议征询""上文存在待指导的行为""上文存在潜在危险""上文存在特定的时间、地点"如告别、即将挂断电话的情景条件时，常用"动补式，（主语+）动词+补语（结果补语及状态补语）"，表达指示、叮嘱类建议。例如：

例 6-03（在综艺节目《花样姐姐》中，嘉宾们准备举办一个舞会。李治廷在写邀请函。）

马天宇：这（字）就是漂亮的吗？

李治廷：我尽了最大的努力。

马天宇：**写漂亮一点。**

——语例来源：《花样姐姐》20150510 期

在例 6-03 中，李治廷正在写字。这时候，马天宇对他写字这一行为提出了建议，"**写漂亮一点**"。形式"（主语+）动词+补语（结果补语及状态补语）"适用于行为指导，常用于提出指示类的建议，如"挂高一点""打深一点"等。

4. 在"上文存在待纠正的行为或待改进的观点"时，"动补式，（主语+）动词+补语（结果补语及状态补语）"，常用"（主语+）动词+一下/一会儿/一点儿……"表达劝说、商榷类建议。例如：

例 6-04（在综艺节目《爸爸回来了》中，郑钧带 Jagger 学着玩架子鼓。打到一半，Jagger 饿了。）
Jagger：我饿。
郑钧：<u>我们在这玩一会儿。</u>
郑钧：<u>我们在这玩。</u>＊
——语例来源：《爸爸回来了》20150530 期

在例 6-04 中，Jagger 在与爸爸玩架子鼓时，突然提出了自己的感觉："**我饿。**"这样的感觉下包含着 Jagger 的要求："我要吃东西。"而当时在音乐教室并没有吃的，爸爸希望过一会儿再满足对方"要吃东西"的要求，这引发了爸爸郑钧的建议："**我们在这玩一会儿。**"这里的"一会儿"对"在这玩"这个对方可能不喜欢的建议起到了一个舒缓语气的作用。而如果换成"**我们在这玩**"，就显得有些生硬。与之相比，在例 6-01 中，贾乃亮的建议"饿了吃饭"，中的"吃饭"，解决了对方的困境，顺应了建议提出者的要求，单独使用动词就与语境契合。这样的形式选择，既反映了说话人的意愿，又考虑了对方对建议的态度，体现了交互主观性的特点。

四 无标记肯定祈使句对建议功能的表达手段

综上所述，无标记肯定式祈使句是建议功能表达的最常用的表达形式之一，常用于平辈间用于直接指示的建议策略时提出提议、指示类建议，建议基本上都能为对方接受。该类形式存在四类常用表达手段。

表 12　　无标记肯定式祈使句表达建议功能时的表达手段表

序号	表达手段	小类	上文条件
1	（主语+）动词	指示、提议	上文存在待解决的困境
2	（主语+）动词的重叠形式 （主语+）连动式	提议	上文存在值得继续/实现/完成的事件或愿望
3	（主语+）动词+补语（结果补语及状态补语）"	指示、叮嘱	上文存在待指导的行为 上文存在特定的时间、地点
4	（主语+）动词+一下/一会儿/一点儿……	劝说、商量	上文存在待纠正的行为或待改进的观点

第二节　表达征询意愿的附加问句对建议功能的表达

在本书语料中，用含有表达征询意愿的附加问句的句子来表达建议功能的有 311 条，占全部建议功能表达语料的 10.4%。在这些语料中，按附加问句的不同，可分为如下几类：

1. 附加问句为"好吗/好不好/好吧?"
2. 附加问句为"行吗?/行不行?/行吧?"
3. 附加问句为"怎么样?"
4. 附加问句为"可以吗?/可不可以?"
5. 附加问句为"对不对?/对吗"
6. 附加问句为"合适吗?"
7. 附加问句为"你说呢?"

语料分布统计显示，附加问句"好吗/好不好/好吧?"的使用频率远高于其他类别，是带有表达征询意愿的附加问句的句子表达建议功能时最重要的语言形式。

一　此类形式表达建议功能的语义及情景条件

构成表达征询意愿的附加问句的"好、行、可以"等多为"多义""多功能词"，其对建议功能的表达需要语义、情景条件的支持。以多义词"好"为例，《现代汉语八百词》对"好"的解释是：【形容词】1. 优点多的。2. 健康、病愈。3. 亲爱，友爱。4. 完成。5. 容易。6. 表示效果。7. 表示某种语气。【副词】1. 强调多或久。2. 表示程度深。助动：

可以。【名词】：1. 表扬的话或喝彩声。2. 问候的话。

在以上意义中，只有在【形容词】1. "优点多的"之下，存在一个义项"用疑问形式征求对方意见，有表示商量或不耐烦的语气。"这一个义项中，才能构成表达征询意愿的附加问句，以表达建议功能。其他词如"行不行""可不可以"等，在表达征询意愿的附加问句中，也通常指的是其"征询意见"的意义。袁毓林（1993）认为，说话人在表达委婉语气时，可使用带有疑问形式的祈使句。表达征询意愿的附加问句也常通过构成带有疑问形式的祈使句来表达建议功能。但是，带有疑问形式的祈使句并非都能表达建议功能。例如：

例 6-05A. 表达命令：**你没带钢笔还有理了？安静点好不好？**
例 6-05B. 表达请求许可：**我没带钢笔，你的借我用用，好不好？**
例 6-05C. 表达提出建议：**你没带钢笔，你就用我的吧，好不好？**

在例 6-05A 中，通过"**你没带钢笔还有理了？**"推知该语句的引发通过两个条件：1. 对方存在困境。2. 对方存在令说话人不满的行为（争执、抱怨等）。但说话人的语句"安静点"解决的是后者，对对方的困境并没有帮助。不存在受益性。因此不是建议功能。

在例 6-05B 中，上文语境是"**我没带钢笔**"，因此，该句的引发条件为"自己存在困难"。而行为"**你的借我用用**"，对对方没有好处，例 605B 中也没有其他任何证据显示对方和"我"之间存在着利益共同体的特性，即帮助"自己"也能使对方获益的特性。因此可以判断，对方作为这一行为，只对"我"有益，对对方的利益不影响甚至可能有损害。因此这一言语行为只能判断为"请求许可"。

而在例 6-05C 中，上文语境是"**你没带钢笔**"。该句的引发条件为"对方存在困境"。而行为"**你就用我的吧**"，符合对方的利益。因此，满足了建议的三个条件：指令性、有益性、信息性。该语句的功能为建议功能。由此可见，情景条件对该形式是否表达建议功能，仍存在一定的制约作用。

在语料中，用该类形式表达的建议功能常由"上文存在待纠正的行为或待改进的观点"（31.2%）、"上文存在值得继续/实现/完成的事件或愿望"（19.3%）、"上文存在待指导的行为"（16.1%）三种上文条件引发。如图21所示，这三类上文条件所占的比例高于表达建议功能全体语料的平均值。这与表达征询意愿的附加问句在表达建议功能时较为委婉有关。因此，由于会话双方在言语交际时需遵守合作原则，在对他人行为进行反驳、修正的时候，更适合在句子的后面加上表达征询意愿的附加问句以缓和语气。如图21所示：

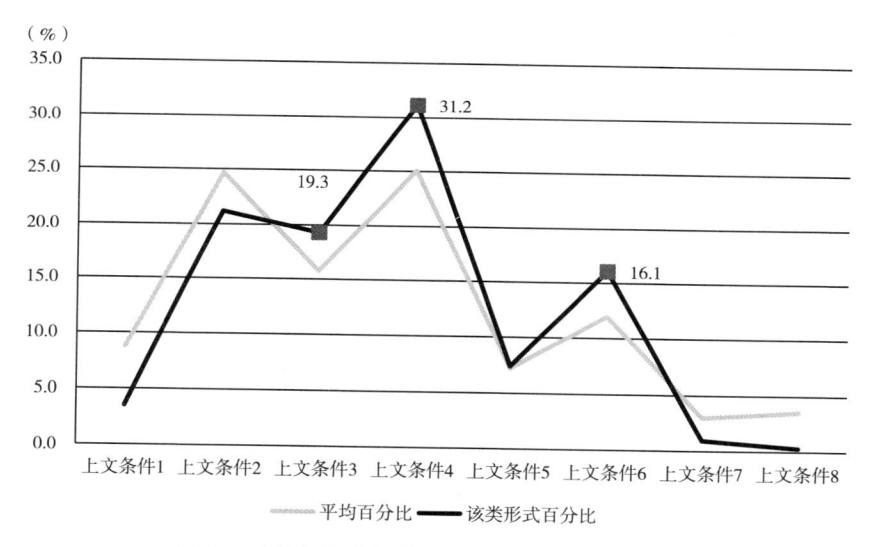

图21 表达征询意愿的附加问句上文条件分布图

注：

上文条件1：上文存在建议征询；上文条件2：上文存在待解决的困境；上文条件3：上文存在值得继续/实现/完成的事件或愿望；上文条件4：上文存在待纠正的行为或待改进的观点；上文条件5：上文存在特定的时间、地点；上文条件6：上文存在待指导的行为；上文条件7：上文存在潜在的危险；上文条件8：上文存在时间紧迫的客观条件

二 此类形式表达建议功能的特点

表达征询意愿的附加问句在表达建议功能时，有其自身的特点。

第一，表达征询意愿的附加问句在表达建议功能时，语气较为委婉，具有强度弱、预期低的特点。如图22所示，表达征询意愿的附加问句在建议强度为"低"、建议预期为"低"的百分比中，均大大高于平均值。

如图 22 所示：

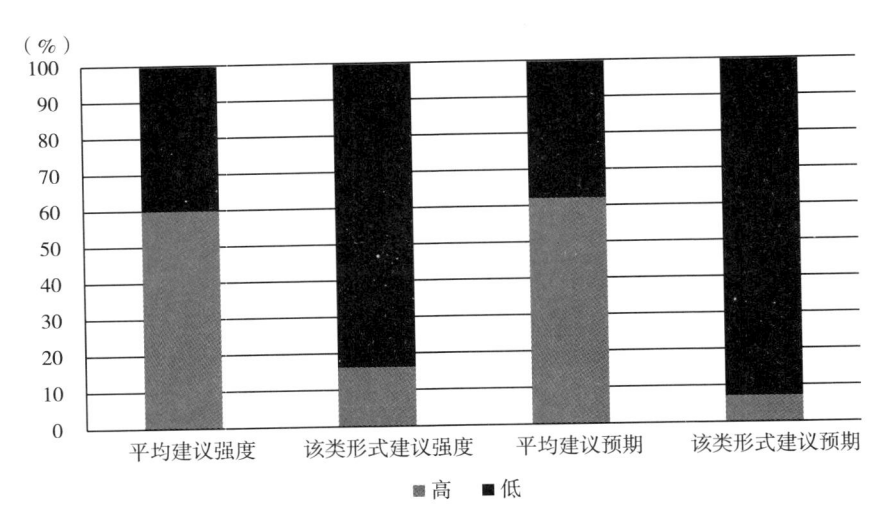

图 22　表达征询意愿的附加问句建议预期与建议强度分布图

第二，与其他形式不同，表达征询意愿的附加问句表达建议功能时，用于权势顺差关系中的比例大大超过平均值。如图 23 所示：

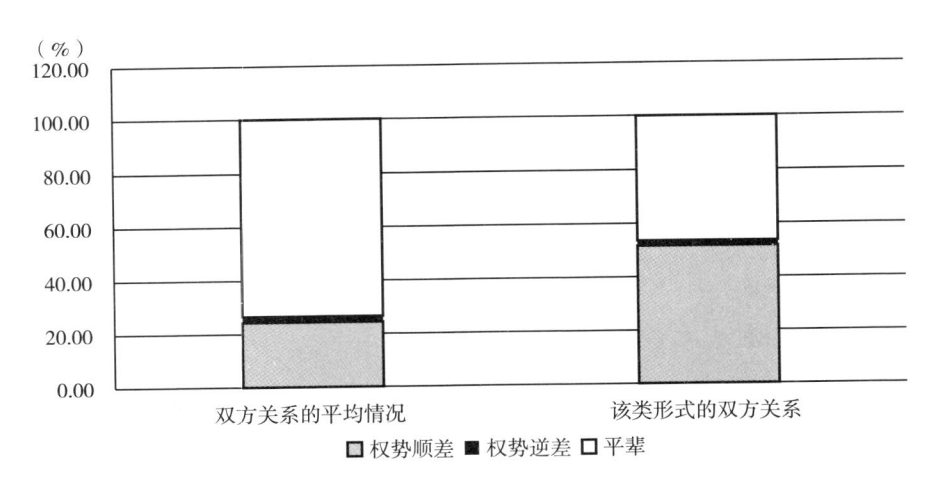

图 23　表达征询意愿的附加问句建议双方的权势关系分布图

在表达建议功能的语料中，发生于权势顺差关系中的语料占 46.4%，而使用该类形式表达建议功能时，发生于权势顺差关系中的语料占了 73.4%。语料统计结果显示，"好不好/好吗/好吧"是在亲子关系中最常用的形式之一。尤其当父母在孩子在进行某项活动时，父母常用这一形式对孩子进行建议、指导。例如：

例 6-06（在综艺节目《爸爸回来了》中，甜馨、奥莉、嗯哼都想要玩同一个玩具。）

甜馨：我想玩这个。

奥莉：我想玩。

（杜江的儿子嗯哼也走了上来。）

杜江：<u>大家轮着玩，好吗？</u>

——语例来源：《爸爸回来了》20150606 期

在例 6-06 中，三个小朋友都想要那个玩具，发生了争抢行为。于是爸爸杜江为了阻止这个行为，提出了"大家轮着玩"的建议，在句尾加了"好吗"以增加委婉、商量的语气。

第三，在这些形式之间，其引发的建议结果虽然都以"同意"居多，但也有一定的差异。如图 24 所示：

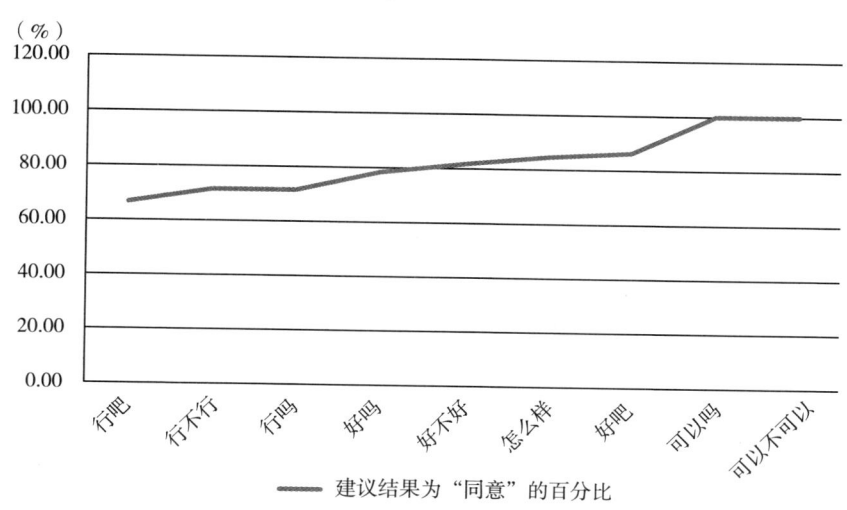

图 24　表达征询意愿的附加问句间建议结果差异图

对建议的接受上，带有"行"类句尾成分的建议小于带有"好"类形式的建议。而带有"可以"类句尾成分的建议，则全部被建议接受者所接受。

从另一个角度来看，这也说明带有"行"类句尾成分的建议更具有

"商量"的特征，该类结构在使用中更接近"征询意愿"的表达范畴。而带有"好"类、"可以"类句尾成分的形式，其常常不表达征询意愿，而仅是表示委婉的语气。例如：

例6-07（在综艺节目《爸爸回来了》中，贾乃亮和女儿甜馨闹着玩，扮演了一个猪八戒的角色，结果却把甜馨吓哭了。贾乃亮为了哄女儿开心，提议去买小兔子。）

贾乃亮：这儿，爸爸在这儿，爸爸保护你。你不要猪八戒，爸爸在呢。那以后猪八戒不要了。那你喜欢什么呀？

甜馨：喜欢小兔子。

贾乃亮：<u>去买小兔子，好不好？</u>

甜馨：恩。

——语例来源：《爸爸回来了》20150516期

在例6-07中，贾乃亮为了哄甜馨开心，建议去买她最喜欢的小兔子，这一建议甜馨一定会同意，贾乃亮采用句尾形式"好不好"，只是为了使语气更委婉而已。事实上，与成人间的对话不同，在亲子关系的对话中，建议提出者往往在接受预期高时才会采用征询性形式。而在接受预期低时，采用更加直接的命令性语气。这说明，在成人间遵行的平等、礼貌、合作等言语交际原则，在亲子关系中可能有不同的表达方式。

第四，不同的疑问形式（…吗？，V不V，…吧？），也表现了不同的"征询意愿"的程度。

以上文存在待纠正的行为或待改进的观点为例，50%以上的"行"类句尾成分使用于该条件下，而"可以吗""可不可以？"则没有出现在上文存在待纠正的行为或待改进的观点的情景中。说明"征询意愿"的程度按照"行"类、"好"类、"可以"类递减，这与上文中，建议被接受的程度按"行"类、"好"类、"可以"类递减的结论可以互相印证。而具体到每类成分中，"征询意愿"的程度则是按照"吗？"类、"V不V"类、"吧？"类同时递减。"……怎么样？"则与"……好吗？"所表达的征询意愿程度基本处于同一个水平上。如图25所示：

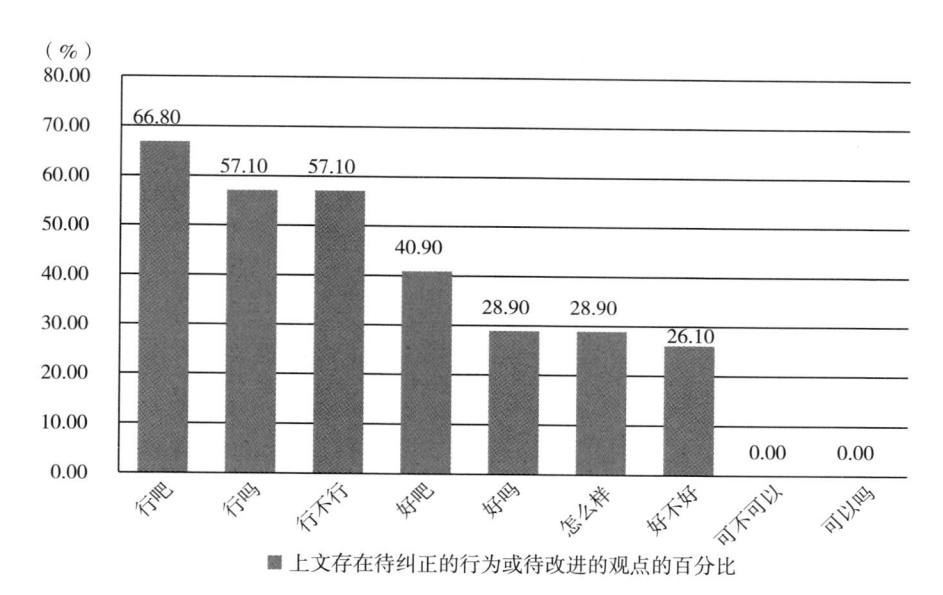

图 25　表达征询意愿的附加问句之间上文情景条件分布对比图

柱状图数据（上文存在待纠正的行为或待改进的观点的百分比）：
- 行吧：66.80
- 行吗：57.10
- 行不行：57.10
- 好吧：40.90
- 好吗：28.90
- 怎么样：28.90
- 好不好：26.10
- 可不可以：0.00
- 可以吗：0.00

三　此类形式对建议功能的表达手段

表达征询意愿的附加问句常通过"简单主谓句+句尾问句（如好吗？行不行？怎么样？等）"以表达商量、征询意愿的语气，从而表达建议功能。常用于"上文存在待纠正的行为或待改进的观点""上文存在值得继续/实现/完成的事件或愿望""上文存在待指导的行为"三种的上文条件引发。该类形式常在存在权势顺差的亲子关系中表达建议功能，在长辈对小辈的行为指导行为中最为常见，是其使用的典型情景之一。

用该类形式表达建议功能时，建议预期较低，建议强度也较弱。但是，其在亲子关系中也常使用于建议预期高的情景中。

该类形式中，不同的句尾成分，表达的建议功能与征询意愿功能之间的接近程度有所不同，得到的建议结果也有一定的差异。从统计数据上看，"行"类表达征询的意义最高，而"可以"类最低。不同的疑问形式也表现了不同的"征询意愿"的程度，按照"吗？"类、"V不V"类、"吧？"类递减。

综上所述，表达征询意愿的附加问句表达建议功能的情况如表13所示：

表 13　　表达征询意愿的附加问句建议功能表达手段表

形式	上文条件	预期	强度
简单主谓句+附加问句（如好吗？行不行？怎么样？等）	上文存在值得继续/实现/完成的事件或愿望 上文存在待纠正的行为或待改进的观点 上文存在待指导的行为	低（在亲子关系中，用于高预期）	低
附加问句在提出建议时的意愿征询程度： 行吧>行不行>行吗>好吧>好不好>怎么样>好吗>可以类			

第三节　带有助动词的句子对建议功能的表达

在威尔金斯提出的交际能力中，语言教学存在三个意念范畴：语义——语法范畴（借助语法形式所表达的意义）、情态意义范畴（借助情态动词等所表达的意义）和交际功能范畴（说话人的目的或意图）。其中，情态动词，也称助动词，是功能表达的重要形式。

"助动词这个名称是从英语语法引进来的，原文的意思是'辅助性动词'。助动词里边有一部分是表示可能与必要，有一部分是表示愿望之类的意思，所以又叫'能愿动词'"。①"助动词"的概念与归属，在汉语史上存在着一定的争议，有研究者认为其属动词内部的一个小类，如赵元任《汉语口语语法》、朱德熙《语法讲义》等。也有研究者认为其属动词的一个附类，如丁声树等人的《现代汉语语法讲话》等。也有学者将其单独列为一类，如高名凯、陈望道等。助动词的范围也存在着一定的争议。②

本书不对有关助动词的上述争议进行讨论，仅选取"要、应该、得、可以、（不）能、（不）用"这六个常用于建议功能表达的助动词，讨论包含助动词的建议功能表达手段的特点。

在与第二人称"你"或第一人称代词的复数式同用时，助动词常作为祈使句的强调标记，表达说话人对听话人执行指令的主观态度——说话人认为听话人做某事的可能性、必要性等。在本书所使用的汉语口语语料中，通过助动词表达建议功能的语料共有 253 条，常用性百分比为 8.61%。六个助动词中，"要"和"可以"是最常用于表达建议功能的助

---

① 吕叔湘：《汉语语法分析问题》，商务印书馆 1979 年版，第 41 页。
② 熊文：《助动词研究述略》，《汉语学习》1992 年第 4 期。

动词，出现频率分别为 128 次和 70 次。这六个助动词在表达建议功能时，其语义条件、情景条件、表达范围及用法有其各自的特点。

一 助动词表达建议功能的语义条件

带有助动词的句子表达建议功能时的语义条件，主要取决于助动词在句中的含义。这六个表达建议功能的助动词均为多义词，意义可分成两类：客观的和主观的。在客观层面而言，助动词所在的句子，表达的是建议发出者基于现实条件的判断，对建议接受者作出的指导。而在主观层面而言，助动词所在的句子，表达的是建议发出者的主观意愿。

首先，在客观层面上，助动词表达的是说话人对当下情形的判断，并基于这个判断，对建议接受者发出的建议。存在如下两种情形：

1. 客观条件"需要"执行某个动作。一般由"要^1、应该、得"来表达，其否定形式为"别/不要"和"不用/不需要"。语义条件分别为要^1（客观条件"需要、应该"执行某个动作。）、应该（表示情理上必须如此。例如：学习应该认真。）、得（表示情理上的需要，"一定必须"。）

以上三个助动词在表达客观条件"需要"执行某个动作的意义时，存在着程度上的差异。按照客观条件对行为动作的强制程度来看，应是要^1<应该<得。

例如：你要向他请教。/你应该向他请教。/你得向他请教。

以上三个句子，说话人认为对方需要执行"向他请教"这一行为的程度越来越高。

对于包含这三个助动词的建议表达而言，其否定形式有以下两种：

（1）否定该行为，即客观条件"需要""不"执行某个动作。其否定形式为："别/不要"。

例句：你别向他请教。①/你不要向他请教。

---

① 本节主要关注助动词对建议功能的表达特点，因此包含语气副词"别"的形式不纳入本节的讨论范围。

（2）否定该行为的必要性，即客观条件"不需要"执行某个动作。其否定形式为："不用/不需要"。

例如：你不用向他请教。/你不需要向他请教。

2. 客观条件"允许"执行某个动作。一般由可以、不能来表达。语义条件分别为：可以¹（表示可能。①）、不能（条件不允许执行某个动作。）

例句：这里到处都是镜头，所以可以和镜头打招呼。（肯定）/这里没有镜头，所以不能和镜头打招呼。（否定）

其次，在主观层面上，表达说话人自身意愿的表达，并以此作为对希望建议接受者采取的行动。

1. 说话人主观上想做某事。一般由"要²、不想"表达，语义条件分别为：要²（某人表示做某事的意志。②）、不想（与要¹不同，其否定形式不能是"别"）。

例如：我要吃烤肉。/我不想（不要）吃烤肉。③

2. 说话人主观上认为某个行为行得通。一般由可以²、可以+不表达。语义条件为：可以²（提出另一种选择）。

例如：可以把豆腐先放这里。（肯定）/你可以唱大人的歌。（肯定）/你可以不去。（否定）

可以¹和可以²在表达建议功能时，常用于不同的句式。可以¹常加上

---

① 解释引自《现代汉语八百词》，商务印书馆1980年版，第337页。
② 同上书，第591页。
③ 在《现代汉语八百词》中，对于要²的解释中显示，其表示否定通常不说"不要"，说"不想"或"不愿意"。但在我们的语料中确实存在"我不要吃烤肉。""我不要去他家。"的说法。

"了",形成"可以……了"句式,表达建议客观条件上允许该建议的执行。可以²常加上"啊",形成"可以……啊"句式,表达建议提出者在主观上认为这个建议行得通。

例如:

买到了机票,你可以¹去海南了。
你这么怕冷,你可以²去海南啊。

综上所述,助动词表达建议功能的语义条件如表 14 所示:

表 14　　　带有助动词的句子表达建议功能时的语义条件表

序号	助动词	语料条数	语义条件
1	要¹	117	客观条件"需要、应该"执行某个动作
2	要²	11	某人表示做某事的意志
3	应该	11	表示情理上必须如此。
4	得	29	表示情理上的需要。
5	不用	7	否定该行为的必要性,即客观条件"不需要"执行某个动作
6	不能	8	条件不允许执行某个动作
7	可以¹	43	表示(客观上)存在可能性
8	可以²	27	主观上提出另一种选择。

二　助动词表达建议功能的情景条件及分类

(一) 此类形式表达建议功能的情景条件

我们将助动词按 1—8 进行编号,对助动词的选择与情景条件的分布进行了相关分析。据本书对语料标注结果的统计,助动词的选择与情景的两个情景要素相关:建议策略和上文情景条件。相关系数如表 15 所示:

表 15　　　助动词的选择与情景条件中的相关性表

	上文情景条件	建议策略
助动词编号	−0.166**	−0.206**

** 在置信度(双测)为 0.01 时,相关性是显著的。

在语料分析中我们发现,助动词的选择与上文情景条件、建议策略固然存在相关性，但与建议强度、所表达的建议功能小类、建议双方的权势关系之间也存在一定的关联。

1. 上文情景条件

根据本书统计，在带有助动词的句子表达建议功能时，助动词的分布与上文的情景条件有关。

在上文情景条件方面，要¹的上文条件分布较为平均。但要²和可以¹更常用于在"上文存在建议征询"的情景条件中。可以¹还常用于"上文存在待指导的行为"中。

在"上文存在待解决的困境"时，最常用的助动词是"可以²"。

在"上文存在待纠正的行为或待改进的观点"时，最常用的助动词是"不用"。该助动词也常用于"上文存在值得继续/实现/完成的事件或愿望"中，同样常用于该上文条件的还有助动词"不能"。如图26所示：

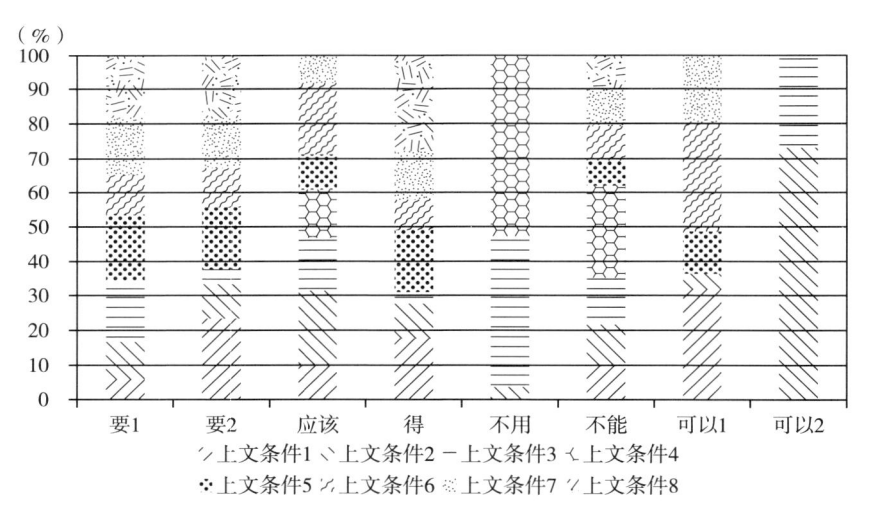

图26 带有助动词的句子表达建议功能的上文情景条件分布频率图

注：

上文条件1：上文存在建议征询；上文条件2：上文存在待解决的困境；上文条件3：上文存在值得继续/实现/完成的事件或愿望；上文条件4：上文存在待纠正的行为或待改进的观点；上文条件5：上文存在特定的时间、地点；上文条件6：上文存在待指导的行为；上文条件7：上文存在潜在的危险；上文条件8：上文存在时间紧迫的客观条件

同时，上文条件对助动词也存在着一定的选择性。

最常用于"在上文存在待指导的行为""上文存在潜在危险"时的助动词是"要²"和"应该"。而"上文存在时间紧迫的客观条件"时,最常用的助动词是"应该"和"得"。如图27所示:

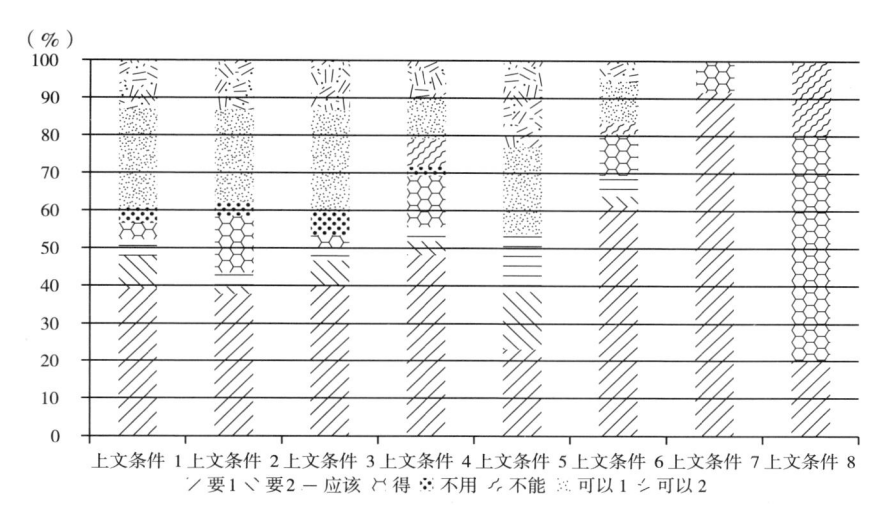

图27 上文条件对助动词的选择情况分布图

注:
上文条件1:上文存在建议征询;上文条件2:上文存在待解决的困境;上文条件3:上文存在值得继续/实现/完成的事件或愿望;上文条件4:上文存在待纠正的行为或待改进的观点;上文条件5:上文存在特定的时间、地点;上文条件6:上文存在待指导的行为;上文条件7:上文存在潜在的危险;上文条件8:上文存在时间紧迫的客观条件

2. 建议策略

语料统计结果显示,绝大部分带有助动词的句子在表达建议功能时,采用的是"直接指示某个动作"的建议策略。

其中,"要""得""应该"还可用于表示"强调"的建议策略中。

而"不能""不用"也可用于表达"提供建议原因"的建议策略中,这也与其上文条件中常有"上文存在待纠正的行为或待改进的观点"有关。如图28所示:

3. 建议强度

虽然语料标注结果未显示建议强度与助动词选择间的相关性,但带有助动词的句子表达建议功能时,其建议强度与助动词小类之间也存在一定关联。

"要¹""应该"和"得""不能"表达的建议强度较强,"要²""可

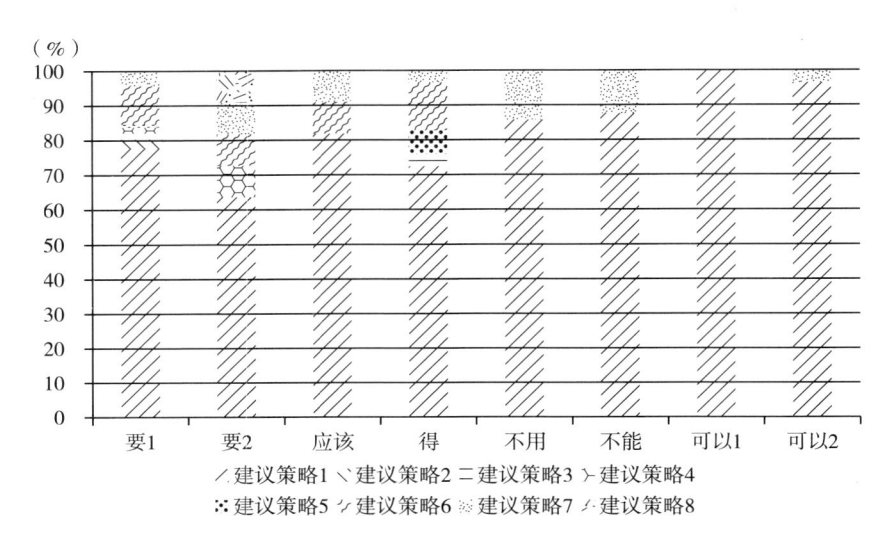

图 28 带有助动词的句子表达建议功能时使用的建议策略对照图

注：建议策略 1：直接指示某个动作；建议策略 2：陈述建议结果；建议策略 3：陈述行为后果；建议策略 4：暗示；建议策略 5：征询意愿；建议策略 6：强调；建议策略 7：提供建议原因；建议策略 8：提供选择

以""不用"，表达的建议强度较弱。如图 29 所示：

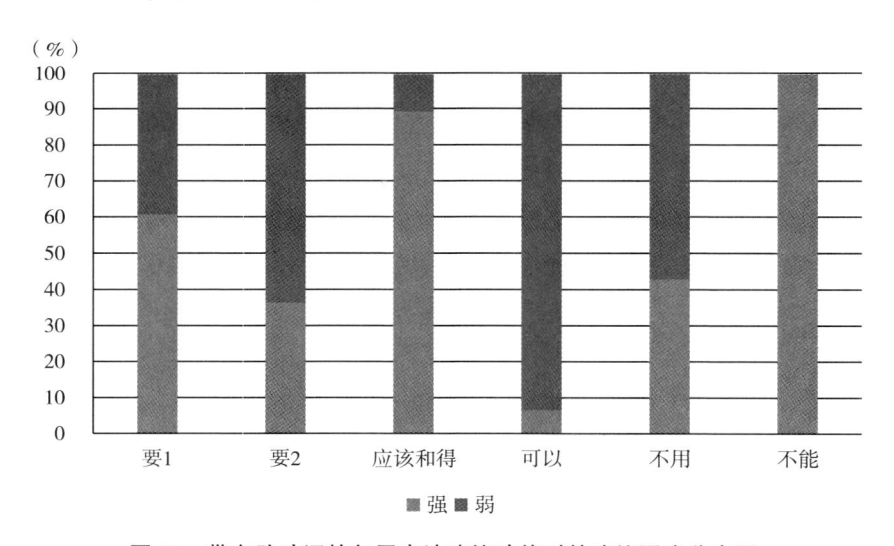

图 29 带有助动词的句子表达建议功能时的建议强度分布图

4. 所表达的建议功能小类

带有助动词的句子在表达建议功能时，所表达的小类侧重也稍有不同，提议类建议主要由包含助动词"可以""不用"的祈使句表达，而劝说类建议主要由包含"要^2""不能"的助动词表达。指示类建议多用包含"要^1""要^2"和"应该""得"的祈使句表达。而从整体上看，包含助动词的祈使句都可以用于催促类建议，同时较少用于商榷类建议。如图30所示：

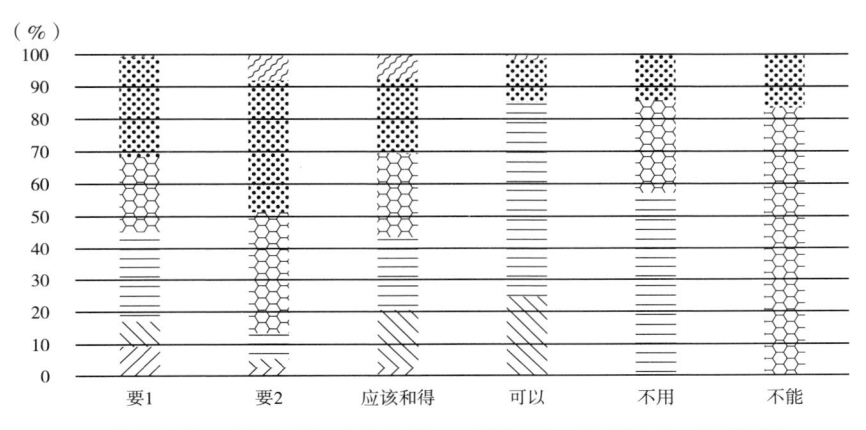

图30 带有助动词的句子表达建议功能的小类分布图

5. 双方的权势关系

值得注意的是，在本书语料中，助动词的选择与建议双方的权势关系并未呈现出明显的相关关系。（相关系数为-0.04）不过，语气最为强硬的"得"出现在权势顺差对话中的比例略高，而语气较弱的"可以1"则可用于表达权势逆差条件下的建议功能。如图31所示：

（二）此类形式表达建议功能的分类

根据上文的分析结果，带有助动词的句子表达建议功能的情况可以归纳为如下四种：

1. 在"上文存在待指导的行为""上文出现建议征询"时，建议接受者对建议的需求较为明确，因此建议提出者常针对对方的需求，采用"要^2+VP"的语言形式，直接进行行为指示，或用"可以^1……了"说明某项动作的执行条件已经达到，可以进行该动作，进而完成指示类建议。例如：

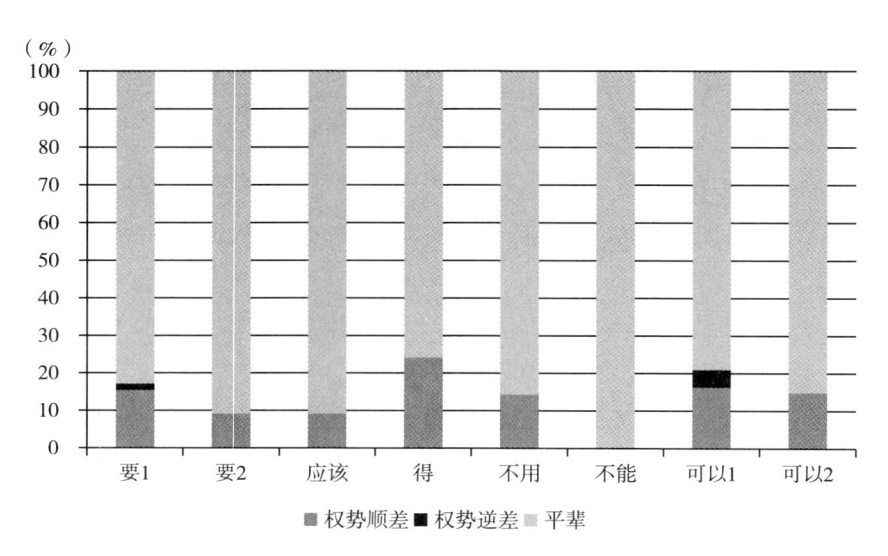

图 31　带有助动词的句子表达建议功能时建议双方权势地位差异分布图

例 6-08（在综艺节目《花样姐姐》中，林志玲羡慕马天宇切面切得好，决定向马天宇学习。）

马天宇：你要不要试一下。你不用切那里。

林志玲（拿起刀）：你切得太漂亮了。

马天宇：<u>呐，你切的时候要拿这里。</u>

——语例来源：《花样姐姐》20150405 期

在例 6-08 中，林志玲拿起刀开始切，却不知如何下手。这是一件需要指导的行为。于是，马天宇对其发出了直接行为指示"要拿这里"，表达建议。换成"你切的时候要/得/应该拿这里。"都符合语境要求。

2. 在"上文存在待纠正的行为或待改进的观点"时，建议提出者在采用"不要/不用/不能+VP"等语言形式直接否定对方行为之外，还可能采用"告知对方原因""告知对方后果"的建议策略，采用"不要/不用/不能+VP"等语言形式提出劝说类建议。例如：

例 6-09（在综艺节目《花样姐姐》中，李治廷收到了来自上一任嘉宾的视频信。在用手机看视频信时，李治廷用竖屏看，看得不太清楚。）

工作人员：刘烨视频信。

李治廷：录给我的。
工作人员：<u>你不能这样看，太小了。</u>
——语例来源：《花样姐姐》20150315 期

在例 6-09 中，工作人员由于不满意李治廷用竖屏看视频的行为，劝说其"不能这样看"。因为这样"太小了"。

在表达中，虽然从理论上说，"不应该+VP"也可以用于指示未发生的行为，但在本书语料中，"不应该+VP"仅用于表达评价已经发生的行为。例如：马天宇：**"你应该和你自己说。你不应该和我们说。"** 此处的"和我们说"这一行为，在上一话轮已经结束了。

3. 在"上文存在潜在危险"时，建议提出者常采用"（千万）要/应该/得小心"等语言形式，以建议对方躲避危险。在要¹用于表达建议功能时，11.21%的语料用于"上文存在潜在危险"时，与"小心"一起，共同表达"提醒"类建议。还常在"要"之前加上"千万"，即"千万要小心。"同样可以用于"提醒"类建议的还有和"得"。在"上文存在时间紧迫的客观条件"中，也常用"得""要¹"以表达催促类建议。例如：

例 6-10（在综艺节目《爸爸回来了》中，杜江带嗯哼去姑姥姥家看小狗。小狗在楼下，嗯哼在楼上。）
杜江：小狗在喝奶，好萌啊。
姑姥姥：小狗在喝奶吧。
杜江：麒麒，嗯哼，你要下来看看吗？<u>你要小心一点哦。</u>
——语例来源：《爸爸回来了》20150627 期

在例 6-10 中，杜江担心嗯哼一个人从楼上下来，会有危险，于是提醒他"要小心一点"。在当前语境中，说"**你得小心一点哦。**"也是合适的。

4. 在"上文存在待解决的困境""上文存在值得继续/实现/完成的事件或愿望"时，建议提出者既可以使用建议强度高的语言使用"你要¹/应该+VP"实现指示类建议，也可以使用建议强度较低的"你可以²+VP"等语言形式，为对方提供新思路，实现提议类建议。在此类情景条件下，如果建议的执行人是"我",使用助动词"应该""可以"均可。但如果建议的执行人是对方或第三方,则多使用助动词"可以"。例如:

例 6-11 (在综艺节目《我去上学啦》中,钟汉良、孙艺洲等嘉宾在舞蹈老师的带领下,排练文艺晚会的节目。)
　　钟汉良:最后结尾怎么结?
　　舞蹈老师:结尾摆一个造型就可以了。有一个在前面就可以了。(拉孙艺洲)
　　孙艺洲:<u>我可以摆一个葫芦娃</u>。
　　　　　　　　——语例来源:《我去上学啦》20151001 期

在例 6-11 中,钟汉良首先发出了建议征询"**最后结尾怎么结?**"舞蹈老师回应了这一征询,提出建议"摆一个造型就可以了。"并希望孙艺洲在前面。孙艺洲认为这个行为值得继续/鼓励,因此将它具体化了,进一步提议"**我可以摆一个葫芦娃**"。在这里,"我可以摆一个葫芦娃"可以换成"我要摆一个葫芦娃"或"我应该摆一个葫芦娃"。虽然语气增强了一些,但仍符合情景。

但下文中的"可以"就不能换成"应该":

例 6-12 (在综艺节目《花样姐姐》中,徐帆为大家煮了红糖姜水,每人一碗,邀请大家来喝。王琳和马天宇在厨房里,这时候,奚美娟、林志玲得到消息,从外面进来,准备尝一尝红糖姜水。)
　　奚美娟:是不是这两个没有人动的。
　　王琳:对,都没有人动。
　　奚美娟:太好了。
　　林志玲:治廷呢,治廷呢。
　　马天宇:<u>你可以偷他的一勺子吃</u>。
　　马天宇:<u>你应该偷他的一勺子吃</u>。*
　　林志玲:好。
　　　　　　　　——语例来源:《花样姐姐》20150503 期

在例 6-12 中，奚美娟和林志玲看到了两碗红糖姜水。这时候，林志玲想到，未在厨房中的李治廷可能也还没有喝到姜水，因此，出现了"还有三个人没喝姜水，但只剩下两碗"的困境。这时候，马天宇向林志玲提议，"可以偷他的一勺子吃"。这样，就既让林志玲能喝上姜水，也缓解了姜水不够的尴尬。这个建议得到了林志玲的接受。而如果换成"你应该偷他的一勺子吃"就不符合当下的情景条件。

三 助动词对建议功能的表达手段

本节在语料中共归纳出六个用于表达建议功能的助动词，其表达建议功能的语义条件、情景条件及表达范围各不相同。而不同的情景条件下，适用的助动词也不同。具体分类结果见表 16。在学习时，学习者不仅需要了解词汇意义，也在在学习词汇的同时，参考其使用的情景条件，在情景中合理使用。

第四节 带有语气词"吧""嘛""呗"的句子对建议功能的表达

语料统计结果显示，用带有语气词"吧、嘛、呗"的句子表达建议功能的语料共有 353 条。其中，带有"吧"的语例 294 条，带有"嘛"的语例 35 条，带有"呗"的语例 24 条。语气词需与其他语言形式共同表达建议功能，可以用于句中、句尾，也可以用于名词、形容词、介词短语、表达祈使语气的从句、复句后面，共同表达建议功能。"吧"还常用于引导建议功能的插入语中。本节将讨论带有不同的语气词的句子在表达建议功能时的不同特点。

一 语气词"吧""嘛""呗"表达建议功能的语义条件

在《现代汉语八百词》中，语气词"吧""嘛"都是多义词。可以用于表达建议功能的解释有"吧"：用在祈使句末尾，表示命令、请求、催促、建议等。例如：你好好儿想想~帮帮我的忙~。"嘛"：表示期望、劝阻。而"呗"一词在《现代汉语八百词》中，仅描写了其在陈述句末尾的用法，但其表示"道理简单，无须多说"的意义，也可以用于解释其在表达建议功能句中的意义，即提出一个认为理所应当的建议。同时，三个

表16 助动词对建议功能的表达手段表

序号	词目（条数）	语义条件	上文条件	建议策略	建议小类	表达式
1	要¹ (117)	客观条件"需要"，应该"执行某个动作	上文存在待解决的困境上文存在值得继续/实现/完成的事件或愿望	直接指示某个动作	指示	要+VP
			上文存在待纠正的行为或待改进的观点	陈述建议结果陈述行为后果	劝说	不要+VP 可能要+VP
			上文存在潜在危险上文存在时间紧迫的客观条件	直接指示某个动作	提醒	（千万）要小心（+VP）
2	要² (11)	某人表示做某事的意志	上文存在待指导的行为、上文出现建议征询	直接指示某个动作、强调	提议	要+VP 否定：不要/不想+VP
3	应该 (11)	表示情理上必须如此。	上文存在潜在危险上文存在时间紧迫的客观条件	直接指示某个动作、强调	催促、提醒	应该+VP 未见否定用法
	得 (29)	表示情理上的需要				
4	不用 (7)	否定该行为的必要性，即客观条件"不需要"	上文存在待纠正的行为或待改进的观点	陈述建议结果、陈述行为后果	劝说	不用/不能+VP
5	不能 (8)	条件不允许执行某个动作	上文存在待指导的行为、上文出现建议征询	直接指示某个动作	提议	可以……了
6	可以¹ (43)	表示（客观上）存在可能性	上文存在待解决的困境，上文存在值得继续/实现/完成的事件或愿望	直接指示某个动作	提议	可以+VP+啊
	可以² (27)	提出另一种选择				

语气词都可作为疑问句的句末语气词使用。但在表达建议功能时，其所在的句子应为降调。除此之外，判断其是否表达建议功能，则需要借助情景条件。

二 语气词"吧""嘛""呗"表达建议功能的情景条件及特点

在表达建议功能时，带有语气词"吧、嘛、呗"的句子具有如下特点：

第一，语气词"吧、嘛、呗"在表达建议功能时，其建议的接受预期较高，建议强度较低。这些句子中，89%采用了直接指示行为的言语策略，51.4%的语料用于表达"提议"类的建议。

第二，带有语气词"吧、嘛、呗"的句子表达建议功能适用于各类上文情景条件。

与其他几类不同，带有语气词"吧、嘛、呗"的句子在表达建议功能时，在"上文存在特定的时间、地点"条件中，高于总体平均值。在其余部分，该类形式表达建议功能的上文情景条件未表示出明显偏好，几乎与总体平均值相当。如图32所示：

语气词"吧、嘛、呗"在表达建议功能时，需要附加在其他形式后面，以实现言语功能和意义。它们可以与各类形式共同表达建议功能：

1. 可以用于句中

语气词"吧、嘛、呗"可以与"表征询意愿的附加问句（如好吗？行不行？怎么样？等）"合用，形成"简单主谓句+吧/嘛/呗+附加问句（如好吗？行不行？怎么样？等）"的形式，表达建议功能。例如：

> 例6-13（在综艺节目《爸爸回来了》中，杜江、嗯哼、李小鹏在一块儿吃早餐。杜江拿好食物返回座位时，听见嗯哼在发出一些奇怪的声音。）
> 杜江：你在干什么你？
> 李小鹏：嗯哼在唱歌。
> （嗯哼停了下来，看着爸爸。）
> 杜江：<u>你在唱歌啊，那继续给我们唱歌听吧，好不好？</u>
> ——语例来源：《爸爸回来了》20150606期

(%)

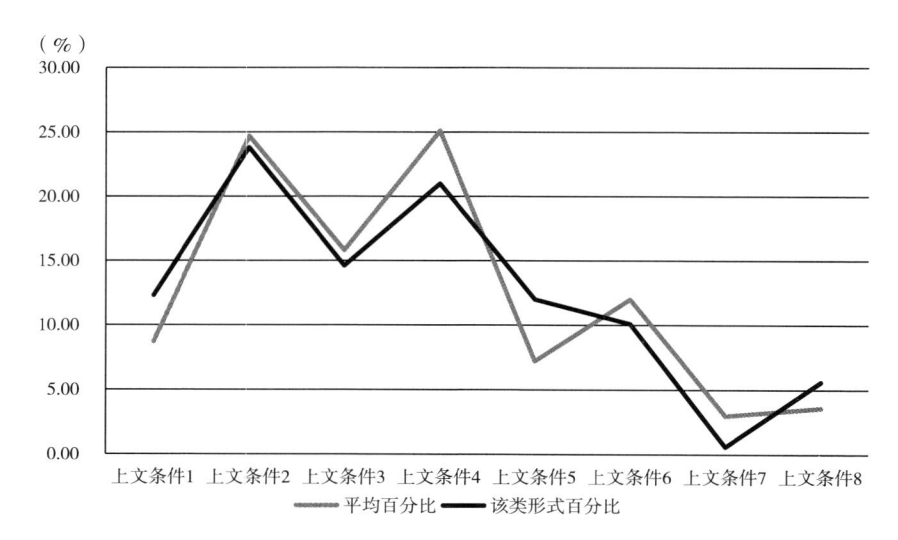

```
30.00
25.00
20.00
15.00
10.00
 5.00
 0.00
      上文条件1 上文条件2 上文条件3 上文条件4 上文条件5 上文条件6 上文条件7 上文条件8
                      —— 平均百分比    —— 该类形式百分比
```

图 32　带有语气词"吧、嘛、呗"的句子表达建议功能的上文条件分布图

注：上文条件 1：上文存在建议征询；上文条件 2：上文存在待解决的困境；上文条件 3：上文存在值得继续/实现/完成的事件或愿望；上文条件 4：上文存在待纠正的行为或待改进的观点；上文条件 5：上文存在特定的时间、地点；上文条件 6：上文存在待指导的行为；上文条件 7：上文存在潜在的危险；上文条件 8：上文存在时间紧迫的客观条件

在例 6-13 中，杜江本来感觉嗯哼的声音干扰到了大家。但是李小鹏表示"嗯哼在唱歌。"杜江转而认为嗯哼的行为值得鼓励，可以继续进行。于是向对方提出建议"**继续给我们唱歌听**"，并同时用了"吧"和"好不好"以缓和语气。

2. 可以用于名词、形容词、介词短语等形式后面

语气词"吧、嘛、呗"可以用于一些在普通情况下不表达建议功能的形式后，使其表达建议功能。例如：

例 6-14（在综艺节目《极限挑战》中，黄渤在地铁上向周围的观众募集资金，以备下一个活动环节中使用。）

黄渤：但我身上没有现金你知道吧。你觉得多少钱我能唱一首歌呢？

观众 1：<u>我觉得 5 毛钱差不多吧</u>。

黄渤：不行 5 毛不够。

观众 2：<u>100 块吧</u>。

——语例来源:《极限挑战》20150621 期

在例 6-14 中,观众 2 针对黄渤的提问,以及考虑到他否定了"5 毛钱唱一首歌"的提议,而提出了"100 块吧"的建议。在这里,"吧"直接附加于数量短语"100 块"后面,表达了建议功能。

3. 加在表达祈使语气的从句、复句后面,形成带语气词的祈使句

祈使句中,建议句的语气比较委婉,常用语气词"吧",主语可以用第一人称代词复数式"咱们""我们"。① 这也是该类语气词表达建议功能时最常见的用法。在使用中,还形成了一些固定的,常用于表达建议功能的形式,如还是……吧/嘛/呗,要不……吧/嘛/呗,赶紧……吧/嘛/呗等。例如:

例 6-15(在综艺节目《花样姐姐》中,李治廷和马天宇负责计划、记录所有成员的花销,他俩在讨论是否要天天记账的问题。)

李治廷:真的没事我觉得,哦!对,我算那个的时候,还没算你花的那些钱。

马天宇:但我从没记账啊!

马天宇:我一分钱都没有记账。

李治廷:<u>还是记一下吧!</u>

马天宇:为什么呀?你总得要花吧。

——语例来源:《花样姐姐》20150329 期

在例 6-15 中,马天宇表示"我一分钱都没有记账"。这样的行为让李治廷感到不满,因此李治廷建议对方"还是记一下吧!"在这里,建议提出者用新的建议以否定上一个说话者提出的建议。

4. "吧"还常用于引导建议功能。在建议功能的表达之前,常出现一些特定的建议功能引导形式。这些标记常常都带有"吧"或能加上"吧"。如:这样(吧),要不这样(吧)、来(吧)等。例如:

---

① 袁毓林:《现代汉语祈使句研究》,北京大学出版社 1993 年版,第 15 页。

例 6-16（在综艺节目《爸爸回来了》中，杜江和贾乃亮准备比赛在浴缸里憋气。但杜江的儿子嗯哼不知道他们在干什么，紧张地哭了。）

嗯哼（哭）：爸爸，爸爸爸爸，爸爸
杜江：没事，没事，爸爸和叔叔比赛呢，没事。
贾乃亮：你干嘛呢？
杜江：他哭了，我就出来了。
杜江：咱们要不这样（吧），别躺着，咱把头扎进去。

——语例来源：《爸爸回来了》20150606 期

在例 6-16 中，杜江发现嗯哼哭了，于是停下了与贾乃亮的比赛。为了让嗯哼不紧张，他向贾乃亮建议换一种比赛方式。**"要不这样（吧）"**引导了**"别躺着，咱把头扎进去"**这一建议。

以上形式表达的建议功能的特点，则与"吧"前的成分密切相关。如"赶紧……吧"表达的是催促类建议。"还是……吧"，表达的是商榷类建议，因为"还是……"表达了"经过比较、考虑，有所选择"。①

第三，虽然语气词"吧、嘛、呗"常成组出现，但三个语气词在表达建议功能的句子中，也存在着各自的特点：

特点 1. 在接受预期方面，带有"嘛"的句子接受预期较低。语料统计结果显示，建议接受预期"高"的句子所占百分比中，带有"吧"的句子、带有"呗"的句子分别为 70.7% 和 80%，而带有"嘛"的句子仅为 42.1%。

特点 2. 在建议强度方面，带有"嘛"的句子建议强度较高。语料统计结果显示，建议强度"低"的句子所占百分比中，带有"呗"的句子、带有"吧"的句子分别为 80% 和 75.51%，而带有"嘛"的句子为 57.14%。

特点 3. 上文情景条件方面，带有"呗"的句子多用于"上文存在待解决的困境"和"上文存在待指导的行为"中，而带有"嘛"的句子多用于"上文存在待纠正的行为或待改进的观点"。而带有"吧"的句子中，在"上文存在建议征询""上文存在特定的时间、地点"的比例高于总体平均值。

---

① 解释引自《现代汉语八百词》，商务印书馆 1980 年版，第 254 页。

这与三个语气词的语义有关。"呗"有"表示道理简单，无须多说"①的意义，因此带有"呗"的句子用于解决困难时提出的建议，表示建议提出者胸有成竹的态度。而带有"嘛"的句子常带有"劝阻"义，因此常用于"上文存在待纠正的行为或待改进的观点"情景中。"吧"则常用于祈使句中，表示委婉语气，常用于回答对方的建议征询。"吧"则常用于"上文存在特定的时间、地点"的上文情景条件中。例如，包含"吧"的祈使句"**我们上车吧！**"和"**我们回去吧！**"常用于列车到站、事件结束等特定情景中。如图33所示：

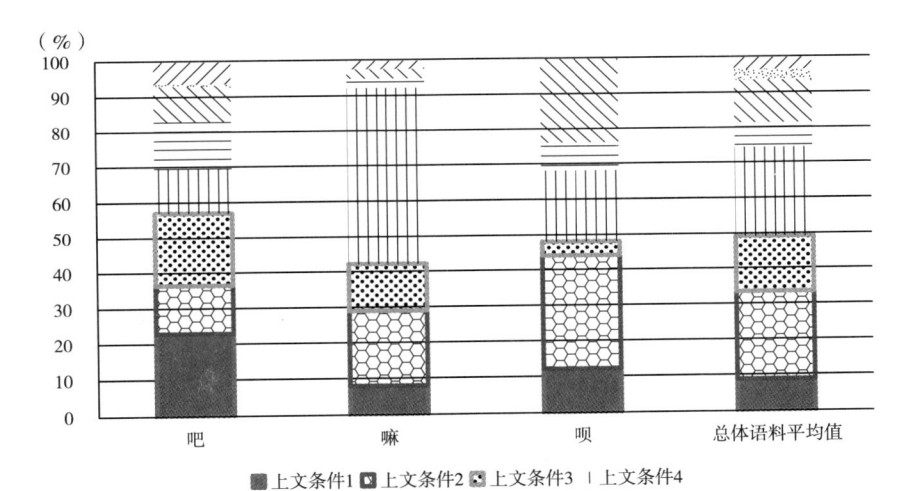

图33 带有语气词"吧、嘛、呗"的句子之间上文情景条件分布对比图

注：

上文条件1：上文存在建议征询；上文条件2：上文存在待解决的困境；上文条件3：上文存在值得继续/实现/完成的事件或愿望；上文条件4：上文存在待纠正的行为或待改进的观点；上文条件5：上文存在特定的时间、地点；上文条件6：上文存在待指导的行为；上文条件7：上文存在潜在的危险；上文条件8：上文存在时间紧迫的客观条件

综上所述，可以归纳出带有语气词"吧、嘛、呗"的句子在表达建议功能时常用的表达手段：

1. 带有语气词"吧"的句子常用于"上文出现建议征询""上文存在值得继续/实现/完成的事件或愿望"中，用于建议提出者对建议接受

---

① 解释引自《现代汉语八百词》，商务印书馆1980年版，第69页。

的预期较高，且建议强度较低的情景中。例如：

例 6-17（在综艺节目《爸爸回来了》中，郑钧来到杜江家，提出帮杜江做饭。）
郑钧：我帮你弄什么，你看。
杜江：都在冰箱里。
郑钧：冰箱里。
杜江：<u>然后你就看着弄吧。</u>
——语例来源：《爸爸回来了》20150530 期

在例 6-17 例中，郑钧向杜江提出了建议征询："**我帮你弄什么？**"杜江则向对方提出了动作指示。该建议被对方接受的概率很大，杜江也没有对方一定要接受这个建议的意愿。

2. 带有"嘛"的句子常用于"上文存在待纠正的行为或待改进的观点"中，建议提出者对建议被接受的预期较低，却有着较高的建议强度，体现出一定程度的不耐烦语气。例如：

例 6-18（在综艺节目《花样姐姐》中，嘉宾们来到了一个饮料摊。女嘉宾想要买饮料喝，而李治廷担心经费不够，不愿意同意。）
王琳：我们能又喝石榴汁又喝咖啡吗？
徐帆：要不要？
李治廷：额，有点难度。不用了，谢谢。
王琳：一杯石榴汁分成三杯，一人喝一小点，然后再喝一点咖啡，行吗？
李治廷：啊，我觉得行。我也很喜欢这个方法。但是我们不能。
王琳：<u>拿，拿几个空杯嘛！榨一杯石榴汁拿几个空杯。</u>
王琳：<u>拿，拿几个空杯吧！*榨一杯石榴汁拿几个空杯。</u>
王琳：<u>拿，拿几个空杯呗！*榨一杯石榴汁拿几个空杯。</u>
——语例来源：《花样姐姐》20150322 期

在例 6-18 中，王琳对李治廷不同意买饮料的行为感到不满，试图提出建议以改变对方的想法。她先采用了"……行吗?"提出了第一个建议。(本章第二节中,讨论过"行吗"也常用于建议接受度较低的情景条件中。)在被否定之后,继续提出了更具体的建议。在这里,该建议的建议预期低,强度高。如果换成"拿,拿几个空杯吧!"和"拿,拿几个空杯呗!"都不太符合情景条件的要求。

(3)带有"呗"的句子常用于"上文存在待解决的困境"中,建议提出者对建议被接受的预期较高,但建议强度却较低,建议提出者往往抱着"试一试"的心态。例如:

例6-19(在综艺节目《爸爸回来了》中,郑钧在教Jagger骑车,Jagger摇摇晃晃,骑不远。)

Jagger: 我想骑。

(Jagger始终无法掌握平衡,快要摔倒。)

郑钧:快蹬,脚不能停,快蹬,停就不行了。你看,就滑着呗。
郑钧:<u>快蹬,脚不能停,快蹬,停就不行了。你看,就滑着吧。</u>*
郑钧:<u>快蹬,脚不能停,快蹬,停就不行了。你看,就滑着嘛。</u>*

——语例来源:《爸爸回来了》20150523期

在例6-19中,Jagger一直试图学会骑自行车,但始终无法掌握平衡。这时候,爸爸郑钧提出了"滑着呗"的建议。这里的"呗"带有"滑着很容易,你可以试试"的意义。而此处如果换成"你看,就滑着吧"就没有了这样的意义。而如果使用"你看,就滑着嘛"则有一些不耐烦的语气。

三 语气词"吧""嘛""呗"对建议功能的表达手段

语气词"吧""嘛""呗"在表达建议功能时,总体而言,建议的接受预期较高,建议强度较低,一般直接指示行为的言语策略,用于表达"提议"类的建议。

就各个语气词分别而言,"吧"主要用于缓和语气,"嘛"体现出一定程度的"劝阻"义,而"呗"则表达了建议提出者认为建议中的行为轻松、简单的态度。在接受预期方面,带有"呗"的句子的接受预期较高,而带有"嘛"的句子较低。在建议强度方面,带有"呗"的句子较低，而带有"嘛"的句子较高。上文情景条件方面，带有"呗"的句子多用于上文存在"困境表达"的情况，带有"呗"的句子多用于上文存在"不满意的行为"的情况。而带有"吧"的句子中，上文中存在"建议征询"的比例远高于总体平均值。

三个语气词在表达建议功能时的常用表达手段如表17所示：

表17 带有语气词"吧、嘛、呗"的句子在表达建议功能时的表达手段表

语言形式	上文条件	接受预期	接受强度
带有语气词"吧"的句子	直接建议征询 上文存在特定的时间、地点	高	低
带有语气词"嘛"的句子	不满意行为	低	较高
带有语气词"呗"的句子	困境表达	高	低

第五节 假设复句对建议功能的表达

黎锦熙在《新著国语文法》中，将假设复句单独列为复句的一类。"假设句，即假定的原因句。或是本来确定的因果律，或是虚拟的条件，或是推想的预言，乃至浪漫的假想，都可用假设的语气表出来，成为一个从句"。① 假设实际上是一种待实现的原因，假设句是分句间具有假设和结果关系的复句。"②

根据语料统计结果，在复句层面上，最常用于表达建议功能的形式为假设复句。该类复句指的是前一部分提出一个假设的条件，后一部分说明在这个条件下所要产生的结果的复句句式。③ 假设复句前后两部分常用"如果""假如""如""要是"等词语关联。根据语料统计结果。在语料中，假设复句表达建议功能的语料共有161条，占全部语料的5.38%。

一 假设复句表达建议功能的语义条件

"指令性"是建议功能的三大特性之一。对于假设复句而言，是否表

---

① 黎锦熙：《新著国语文法》，湖南教育出版社2007年版，第248页。
② 邢福义：《汉语复句研究》，商务印书馆2001年版，第83页。
③ 胡习之：《试说假设复句的表达功能》，《当代修辞学》1992年第5期。

达建议功能，主要取决于该假设复句是否指示一个行为动作。例如：

例 6-20（在综艺节目《爸爸回来了》中，工作人员和郑钧在午饭间聊天。）
工作人员：<u>郑钧老师，如果他（Jagger，郑钧的儿子）以后要组个乐队的话，你支持吗？</u>
郑钧：那肯定支持。
工作人员：必须玩起来。
——语例来源：《爸爸回来了》20150530 期

在例 6-20 在调查中，母语者对该句"是否表达了建议功能"的评分仅为 1.55，被母语者判断为不表达建议功能。在该语例中，主句为疑问句，没有指令性，因此该句不表达建议功能。

同时，在假设复句表达的建议功能中，存在着两个小类：

假设复句表达建议功能小类 A：条件分句 S1A 表述建议内容，主句 S2A 表述建议结果。例如：

例 6-21（在综艺节目《非诚勿扰》中，男嘉宾在播放的视频中表示，由于种种原因，自己已经 15 年没回家了。这时，主持人孟非让女嘉宾劝劝男嘉宾。）
女嘉宾：没有任何一个理由可以成为你 15 年不回家的理由，当你以后结婚生孩子之后，你的孩子这样对你，你就会知道，这 15 年中你的父母是怎样一个痛彻心扉，我就问你，你想他们吗？
男嘉宾：想。
女嘉宾：<u>想他们今年就买票回家陪他们过年。</u>
——语例来源：《非诚勿扰》20150314 期

在该情景中，从句"想他们"是主句行为"回家陪他们过年"的条件。"回家陪他们过年"具有指令性，是针上文条件中存在的"男嘉宾对家人的想念"提出的建议。

假设复句表达建议功能小类 B：条件分句 S1B 表述建议的实施条件，

主句 S2B 表述建议内容。例如：

例 6-22（在综艺节目《极限挑战》中，节目设计了"抢夺金条"的游戏环节。在该环节中，只有获得一定数量金条的参加者才能胜出，进入下一轮。而此时，张艺兴的金条意外丢失，其余几位组员在商量从各自的金条中匀一部分出来，捐给张艺兴。）

王迅：艺兴我确实帮不了你。
……
黄磊：王迅一块可以吗？
王迅：我说实在话。
黄磊：<u>其实你听我讲，如果你拿了一块，你输了你会非常开心的</u>。
黄磊：十五、十六。
张艺兴：可以了，不用再拿了，就 16 块。

——语例来源：《极限挑战》20150621 期

在该句中，主句中的"输了会非常开心"，是从句中的行为"拿了一块"的有利结果。建议提出者通过对建议中所指示行为结果的假设，完成了建议功能的表达。

对 A 类假设复句而言，在表达建议功能时，S1 表达的是建议所指向的行为，S2 为 S1 中行为的结果（例 6-22 中，"会非常开心"是"拿了一块"的结果）。对 B 类假设复句而言，是否表达建议功能，主要取决于表达建议内容的分句 S2 是否为具有行为指向功能的 VP。若 S2 为具有指向行为的 VP，该句则可表示建议。（例 6-21 中，"回家陪他们过年"具有指导行为的功能。）

二 假设复句表达建议功能的情景条件

假设复句在表达建议功能时，两类假设复句在表达建议功能中，所属的建议小类分布有较大差异。

首先，假设复句表达建议功能小类 A 有 44.4% 的语料表达了劝说类建议，而假设复句小建议小类 B 有 40.4% 表达了提议类建议，高于语料的总平均值。例如：

例 6-23（在综艺节目《爸爸回来了》中，郑钧在看着儿子 Jagger 吹气球。）

郑钧（问工作人员）：直接吹？吹哪儿？

（Jagger 开始吹气）

郑钧：吹，吹气。再吹，吹。真的是老虎吗？再吹。<u>好好，再吹就爆了</u>。

——语例来源：《爸爸回来了》20150627 期

在例 6-23 中，"**好好，再吹就爆了**"引发于 Jager 持续吹气的行为。而郑钧认为这一行为不应再继续下去，对其产生了劝说。

其次，假设复句表达建议功能小类 A 使用"陈述建议结果"（25.93%）和"告知建议后果"（14.81%）的比例大大高于假设复句表达建议功能小类 B（分别为 7.7% 和 1.0%）及全体语料平均值（分别为 1.8% 和 0.9%）。而假设复句小类 B 常采用的建议策略与平均值较为接近，仅在"陈述建议结果"中图高于平均值。如图 34 所示：

三 假设复句表达建议功能的分类

1. 假设复句表达建议功能小类 A：条件分句 S1 表述建议内容，结果分句 S2 表述建议结果。假设复句表达建议功能小类 A 主要表达商量、劝说类建议，25.9% 在的上文条件为"上文存在待纠正的行为或待改进的观点"，主要采用为"陈述建议结果"和"陈述行为后果"的建议策略，以实现建议功能的表达。

（1）陈述建议结果。例如：

例 6-24（在综艺节目《非诚勿扰》中，节目中刚刚播放了对一位男嘉宾的个人介绍 VCR。2 号女嘉宾举手发言。）

2 号女嘉宾：刚刚 VCR 里您说您是一个很自律的人……我在三四岁的时候，我就知道我的梦想，我想当世界冠军我想开赛车……现在有一句话想送给男嘉宾，我觉得我们应该继续坚持自己的梦想吧，因为我们当我们经历了一段能把自己都感动的日子之后我觉得岁月都会把我们想要的统统给我们的。

(%)
```
80.00
70.00
60.00
50.00
40.00
30.00          25.93
20.00                    14.81
10.00    7.69      1.00
         1.78      0.87
 0.00
      建议策略1 建议策略2 建议策略3 建议策略4 建议策略5 建议策略6 建议策略7 建议策略8
          —— 假设复句小类A   —— 假设复句小类B   —— 全体语料平均值
```

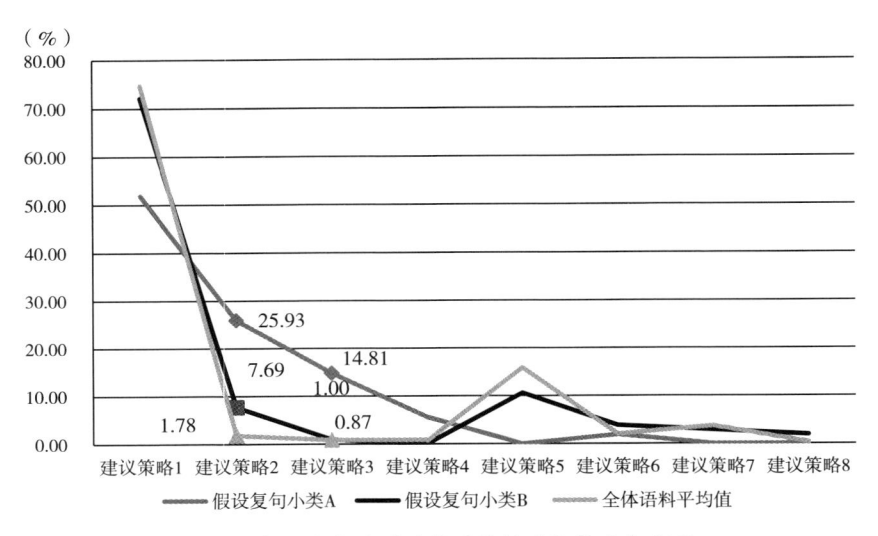

图 34　假设复句表达建议功能的建议策略分布图

注：

建议策略1：直接指示某个动作；建议策略2：陈述建议结果；建议策略3：陈述行为后果；建议策略4：暗示；建议策略5：征询意愿；建议策略6：强调；建议策略7：提供建议原因；建议策略8：提供选择

<u>黄菡：但是我觉得2号女嘉宾你真的什么时候，如果要是哪怕你引用别人的格言能多说一点爱情的东西，你可能离牵手的日子近一点。</u>

——语例来源：《非诚勿扰》20150228期

如在例6-24中，在黄菡提出这条建议之前，2号女嘉宾刚刚送给男嘉宾一句关于职业梦想的话。S1中"多说一点爱情的东西"对这一行为进行回指衔接，并与其关于职业梦想的话的内容相对照，紧接着在S2中指出"多说一点爱情的东西"这一建议的结果：离爱情更近一点——这正是女嘉宾参加非诚勿扰的目的。从而达到提出建议的目的。

（2）陈述行为后果。例如：

例6-25（在综艺节目《极限挑战》中，节目要求徐峥带着冰块乘坐冷藏车迅速赶到下一地点。徐峥上车后，司机师傅磨磨蹭蹭不想开车。徐峥试图说服师傅开车。）

徐铮：师傅，<u>要不走，我们就白赢了前面</u>。

——语例来源：《极限挑战》20150906 期

在例 6-25 中，通过表示如果不采用该建议而导致的后果，来实现这一建议。S1 中的"不走"则是通过对上文行为的复述进行回指衔接，接着 S2 中通过对这一行为的否定，而实现对上文行为的反驳，间接提出了"走"的建议。即通过否定建议的反面产生的后果，达到肯定实际建议行为的目的。

2. 假设复句表达建议功能小类 B：条件分句 S1 表述建议的实施条件，结果分句 S2 表述建议内容。这一类的条件句，其条件从句主要是为了阐明该建议的适用条件。该类假设复句常用于在"上文存在待解决的困境""上文存在待指导的行为"中表达商量、劝说类建议，建议策略多为"直接指示某个动作"。例如：

例 6-26（在综艺节目《非诚勿扰》中，三号男嘉宾表示自己是一名服装设计师，二十一号女嘉宾希望男嘉宾对自己的着装进行评价。）

二十一号女嘉宾：我想问一下，你觉得我是什么风格的女生呢？

孟非：你走出来一下，给我们看一看。

三号男嘉宾：那你现在的一个状态就是现在是比较一个简洁的一个状态，但是……

二十一号女嘉宾：那你觉得适合我的内心吗？就是看我的样子。

三号男嘉宾：首先可能就是第一个我可能眼睛度数特别高这样子。

二十一号女嘉宾：那需要我站近一点吗？

孟非：首先你要知道她的内心。她问适合我的内心吗？<u>你要知道她的内心就说，你要不知道你别瞎说</u>。

——语例来源：《非诚勿扰》20150321 期

在例 6-26 中，男嘉宾无法回答女嘉宾的问题，而女嘉宾步步紧逼。男嘉宾陷入了困境。因此，孟非向对方提出了指导类的建议："**你要知道**

她的内心就说,你要不知道你别瞎说。"。

四 假设复句对建议功能的表达手段

假设复句是在表达建议功能的重要表达手段之一。从语义上看,可分为两个小类:

1. 假设复句表达建议功能小类 A:条件分句 S1A 表述建议内容,主句 S2A 表述建议结果。

2. 假设复句表达建议功能小类 B:条件分句 S1B 表述建议的实施条件,主句 S2B 表述建议内容。

两类假设复句在表达建议功能时,常用两种表达手段,如表 18 所示:

表 18　　　　假设复句表达建议功能的表达手段表

	上文条件	建议强度	小类	言语策略
A 类	上文存在待纠正的行为或待改进的观点	高	商量、劝说	陈述建议结果 陈述行为后果
B 类	上文存在待解决的困境 上文存在待指导的行为	高	商量、劝说	直接指示某个（条件下的）动作

第六节　一般不表达建议功能的形式对建议功能的表达

在口语表达中,有时一个功能的实现往往不仅依靠某个词、某句话,而是在一个话轮或是数个话轮的共同作用下,形成一个连贯的语篇,从而实现功能表达。在表达中可能使用了一些用于连句成篇的词汇和语法方面的衔接手段,从而实现功能表达中的结果——连贯。[①] 在建议功能的表达中,也有这样一种情况:话语的整个语段都用于表达建议功能,而表达建议的句子本身采用什么样的形式,几乎不对该句的建议功能表达产生任何影响。

例如:

[①] 张德禄、刘汝山:《语篇连贯与衔接理论的发展及应用》,上海外语出版社 2003 年版,第 20 页。

例 6-27（在综艺节目《花样姐姐》中，嘉宾和导游的妻子一同商量在住家的大客厅中筹办一台化装舞会。）

奚美娟：你们去问问，有人在这儿跳过舞吗？要是在他那个厅里。

导游妻子：其实他们也是很喜欢开这种 party 呀，这种舞会的，他们是很喜欢，能办起来吗？

大家：可以。

马天宇：（用手在一块空地上比画）<u>大的音箱</u>。

林志玲：对，可以的。

马天宇：（用手在另一块空地上比画）<u>放一个滑板鞋</u>。

——语例来源：《花样姐姐》20150510 期

针对例 6-27 对母语者进行调查的结果显示，在对画线句"是否表达了建议功能"的判断中，有 28 名被调查者认为其表达了建议功能，标准差为 0.817，所有被调查者认为其表达建议功能的平均分为 4.77 分。也就是说，绝大部分的汉语母语者认为其表达了建议功能。但是，该例中用于表达建议功能的句子，所采用的语言形式却极少在其他情景条件中用于表达建议功能。

该建议来源于导游妻子的问题"能办起来吗？"大家的回答"可以"。引发了"如何办这个舞会"的建议征询。接下来的语料中，不论是"大的音箱"还是"放一个滑板鞋"，都表达了建议功能。事实上，适用于这一建议情景的形式是多种多样的。例如使用前文讨论的常用于表达建议功能的形式"无标记肯定祈使句""表达征询意愿的附加问句""助动词""句尾语气词"形成句子——"在这儿放一个大的音箱。""大的音箱，好不好？""这儿可以放一个大的音箱。""在这儿放一个大的音箱吧。"都可以在上文的情景中表达建议功能。除此之外，一些不常用于表达建议功能的形式，如反问句"这儿放一个大的音箱不就行了吗？"是字句"这儿是一个大的音箱，这儿是一个滑板鞋。"也可以进入该情景中表达建议功能。

也就是说，在这样的情景中，上下文的情景条件，对其建议功能的表达能够起到足够的支持作用，使适用于此情景中的形式获得更大的选择范围。本节就将结合建议功能的表达条件，分析由情景表达手段的组成及表达特点。

一 支持此类形式表达建议功能的情景条件分布

表达建议功能的语料（2416条）在本书收集的所有的汉语口语语料条数（38450条）中占6.28%。也就是说，一个形式如果用于表达建议功能的句子，在使用该结构的全体语料中的百分比低于6.28%，那么该形式对建议功能的表达，就低于建议功能的平均出现频率，可以说，该类形式在汉语口语中一般不用于表达建议功能。那么，在使用其表达建议功能时，建议功能主要依赖情景手段。分析其出现情景，就更能够清楚地描述表达建议功能的情景手段的情景特征。

这样的形式共有23个，表达建议功能的语料共有291条，占所有建议功能语料总条数的10.85%。23种形式列表如表19所示：

表19　本书语言形式提取结果中一般不表达建议功能的形式表

序号	语言形式	建议功能在该形式所有表达中的比例（%）
1	辛苦……了。	0.05
2	包含为什么、什么、多少、多大、在哪儿……的特殊疑问句	0.19
3	"怎么"引导的疑问句	0.56
4	语气词"呢"结尾的疑问句	0.69
5	存现句	0.79
6	好/真（是）/太+形容词+NP+啊/哇/喽！	0.81
7	是字句	0.84
8	选择问句：是……还是？、……或……？	1.47
9	被字句	1.61
10	名词谓语句	1.71
11	带陈述语气的简单主谓句。	1.74
12	比较句	1.82
13	含心理动词的主谓句：NP 喜欢/讨厌……	2.11
14	形容词谓语句	2.46
15	转折复句：虽然……但是……	2.50
16	因果复句：因为……所以……	2.74
17	一般疑问句：小句+吗/吧？	2.92
18	小句+干嘛\\ 什么\\ 啥？	3.65

续表

序号	语言形式	建议功能在该形式所有表达中的比例（%）
19	介词短语单独成句	4.48
20	表转述的主从句：他/你/我/某人说+从句	4.49
21	记得/好好/多+VP	6.00
22	表示反问语气的（难道）……吗/吧/啊？	6.01
23	完全条件复句：无论……都；不管……都	6.22

由这些形式表达的建议功能，其上文条件具有一定的特点。

1. 在此类形式表达建议功能时，上文条件中"上文存在建议征询（16.49%）""上文存在值得继续/实现/完成的事件或愿望（17.87%）""上文存在待纠正的行为或待改进的观点（29.90%）"的比例超过了平均值（8.73%、15.77%、25.08%）。（见图27）这说明此类形式在表达建议功能时，需要一定的上文条件支持。如图35所示：

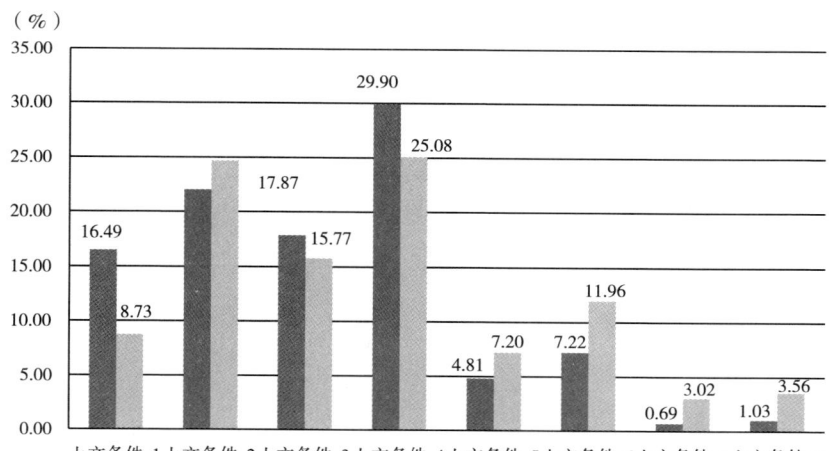

图35 一般不表达建议功能的形式表达建议功能时的上文条件分布图

注：上文条件1：上文存在建议征询；上文条件2：上文存在待解决的困境；上文条件3：上文存在值得继续/实现/完成的事件或愿望；上文条件4：上文存在待纠正的行为或待改进的观点；上文条件5：上文存在特定的时间、地点；上文条件6：上文存在待指导的行为；上文条件7：上文存在潜在的危险；上文条件8：上文存在时间紧迫的客观条件

2. 在建议策略的分布中，建议策略"直接指示某个动作"的比例小于全体语料的平均值，但"暗示""强调""提供建议原因"这三个建议策略高于全体语料的平均值。

该类形式在表达建议功能时，常使用疑问句等对建议进行暗示，使用反问句以强调建议，使用表示原因的关联词"因为……所以……"作为实现语篇连续的衔接手段。见图36：

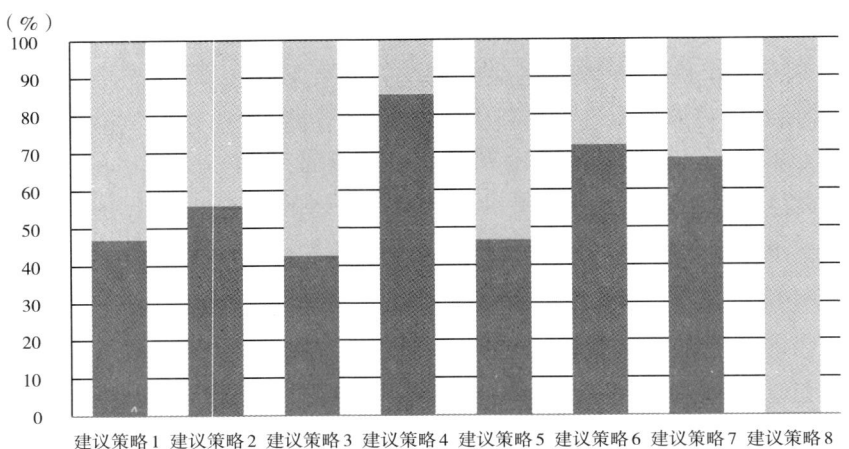

图36 一般不表达建议功能的形式使用的建议策略分布图

注：建议策略1：直接指示某个动作；建议策略2：陈述建议结果；建议策略3：陈述行为后果；建议策略4：暗示；建议策略5：征询意愿；建议策略6：强调；建议策略7：提供建议原因；建议策略8：提供选择。

3. 在建议小类的分布中，劝说类建议、提议类建议所占的比重，高于全体语料的平均值。这说明此类形式常用于对话间对对方意见的即时反驳，或是用于一些即时情况中对行为的指导中。在这样的情景下，在会话双方的背景知识高度一致，扩大了形式的选用范围。同时，用该类形式表达的建议，不获接受的比例为13.1%，也高于平均值9.1%。

另外，在该类建议功能的表达中，指示类建议的比重低于平均值。该类建议多由疑问句、陈述句、感叹句表达，因此不常用于发起直接的行为动作指令。见图37：

综上所述，用非典型形式表达建议形式的情形需要上文情景条件的支持，多发生于上文中存在建议征询，或上文存在待纠正的行为或待改进的

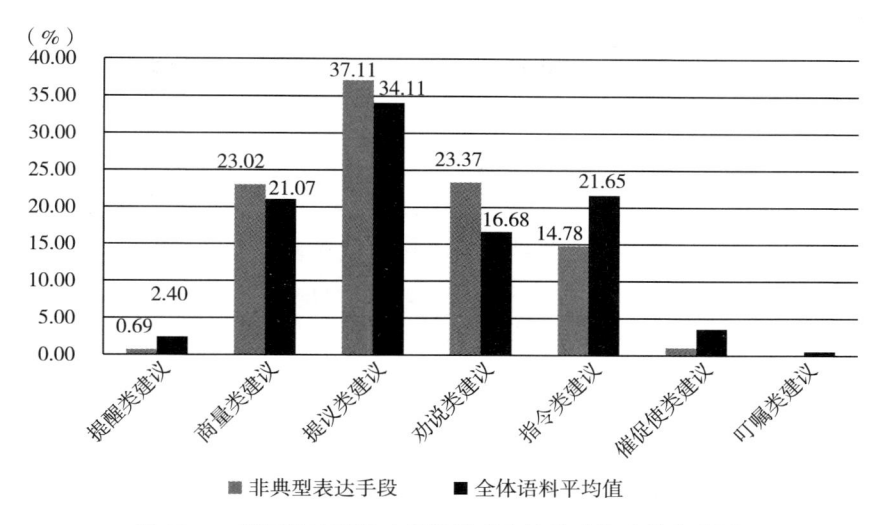

图 37 一般不表达建议功能的形式表达的建议小类分布图

观点时。因此建议提出者常用一些关联词作为衔接手段以使用更多的建议策略，如暗示、强调、说明原因等，使对方接受自己的建议。

二 此类形式表达建议功能的特点与分类

在非典型形式表达建议功能的情景中，各情景要素也存在着一定的组合形式。语料统计结果显示，采用不常用于表达建议功能的语言形式表达建议功能时，常有以下几类表达手段：

1. 在对方存在建议需求时，用一定的语言形式描述建议内容，给予对方建议以解决对方的难题。这时候，该建议是否能够得到采纳与本人利益无关，但符合对方利益，建议被接受的概率很高。这样的表达手段占总数的 11.90%。例如：

例 6-28（在综艺节目《我去上学啦》中，嘉宾辰亦儒和孙艺洲在准备参加一场游泳比赛。辰亦儒需要制定惩罚规则以惩罚对方失败选手。）

辰亦儒：有什么惩罚？
孙艺洲：<u>惩罚就是输的把他扔到水里啊。</u>
辰亦儒：好。

孙艺洲：<u>输的就被赢的四个推</u>。

——语例来源：《我去上学啦》20150920 期

在例 6-28 中，辰亦儒首先向孙艺洲征询关于"有什么惩罚？"的建议。孙艺洲则向其提出了建议。在该情景下，孙艺洲提出的两个建议**"惩罚就是输的把他扔到水里啊。""输的就被赢的四个推。"** 分别使用了是字句和被字句，均不是常用于表达建议功能的形式。在上述情景中，使用其他形式，如**"我们可以把他扔到水里。""我觉得就是扔到水里。"** 等，都可以同样表达建议功能。

2. 当说话人认为当前的会话情景中的事件/意见值得继续进行下去时，可以通过征询对方意愿的方式提出建议，共同将当前的事件继续下去。这时候，建议实施的阻力小，建议提出者对该建议能够顺利实施抱有较大希望。这样的表达手段占总数的 13.95%。例如：

例 6-29（在综艺节目《爸爸回来了》中，一大清早，奥莉起床后，发现爸爸李小鹏手里拿着冰淇淋。）

奥莉：这是个什么，这是什么？

李小鹏：<u>不好意思，你要试试吗</u>？

——语例来源：《爸爸回来了》20150718 期

在例 6-29 例中，李小鹏知道奥莉喜欢吃冰淇淋，而手中的冰淇淋本来也就是拿给她吃的，却故意问她**"你要试试吗？"** 其实就是向她发起了提议"我们一起吃冰淇淋吧！"在例 6-29 中，李小鹏直接回答"这是冰淇淋"或者"我有一个冰淇淋"。或者使用常用于表达建议功能的形式"我们一起吃冰淇淋吧！"，都可以实现同样的表达功能。

3. 在对方正在进行或准备进行一项不符合自身利益的行为时，说话人由于种种原因不能直接反对对方意见，只能通过提出表面上符合对方利益，解决对方困难的建议，劝对方改变主意，以达到保证自身利益的效果。该类表达手段占总数的 20.75%。例如：

例 6-30（在综艺节目《极限挑战》中，孙红雷、王迅在进行找药材比赛，由师傅念药材名，他们在中药格中找到相应的药材。）

孙红雷：这哪记得住啊？有没有笔呀？

师傅：胆南星……

王迅：什么？

孙红雷：胆南星是什么意思啊？有没有笔啊？

（王迅迅速地找到各种药材）

孙红雷：<u>你还放盆里干什么呀？多麻烦！</u>

——语例来源：《极限挑战》20150809 期

在例 6-30 中，王迅迅速找到药材的行为让孙红雷感到不满，于是孙红雷向王迅提出的建议"**还放盆里干什么呀？**"实际上对自己有益。但为使对方能接受自己的建议，把药材和自己的药材放在一起，他首先使用了反问句强调自己的建议，还对对方当前的行为后果进行了评价。在该情景中，同样有其他的语言形式，可以达到以建议方式说服对方的目的。

三　情景条件支持下的形式对建议功能的表达手段

在建议功能的表达中，建议发出者在表达建议功能时，可以借用情景条件的支持，使用平时不常用于表达建议功能的形式来实现建议功能的表达。一些情景条件的组合能够形成持续表达建议需求的语篇，使得置入其中的语言形式，能够自动获得情景条件支持，从而表达建议功能。三种表达手段见表20：

表 20　　　　　　　情景条件支持下的表达手段表

	上文条件	建议强度	建议预期	建议策略	
表达手段1	上文存在建议征询	低	高	直接指示	
表达手段2	上文存在值得继续/实现/完成的事件或愿望	高	征询意愿	提议	
	上文条件	建议预期	建议强度	建议策略	建议受益人
表达手段3	上文存在待纠正的行为或待改进的观点	低	高	暗示、强调、告知对方行为后果等	自己

第七节　语言形式表达建议功能中情景条件的衔接手段

情景的衔接、连贯是会话交际中形成语篇意义的重要方面。衔接手段也一直是各类研究者讨论的对象。衔接手段对语篇的形成具有重要作用，在"文本系统中对各类选项的选择，比如这些对主题的选择，信息，声音，以及对衔接方式的选择，回指、代称、省略、衔接（词），都倾向于被交际中的形式决定，特别是在那些对整体情景产生影响的方面。"①

在发生建议功能的话语中，建议功能的产生可能是在一个话轮中完成，也可能由多个话轮共同完成。但是，在话轮中，尤其是在自由发言的话轮转换中，话题有时会随着关注焦点的变化而不断转换。本书在第四章的第二节中，讨论了建议话题得以延续的四种条件：回应未得到满足的建议征询、吻合未得解决的困境特征、待纠正或继续的活动持续进行、时间、地点条件触发。而实现话题延续、上下文衔接，在形式上主要依赖话语标记、回指、带有功能标记的引导小句等手段。

首先，插入语"这样""这样吧""我告诉你"等，常用于在话轮间回应间断的建议征询，用于引导建议句。例如：

例6-31（在综艺节目《非诚勿扰》中，11号女嘉宾猫脸面具下到底是什么样的面容一直不断引起大家的猜测。黄磊即将离开《非诚勿扰》，孟非表示，一方面希望11号能和别人牵手成功，这样能回答大家的疑问。另一方面又不希望她牵手成功，这样黄磊就能在离开节目后经常来看节目。）

孟非：就是黄磊老师在我们那个节目当中就倒计时最后三场，就是在这最后三场当中11号会不会跟谁牵手也解答了你一个问号。

黄磊：对，其实我们还真的不知道她到底长什么样子。

孟非：要不然这样吧，反正我也希望，我就希望11号千万不要

---

① Halliday. M. A. K., "Text as Semantic Choice in Social Contexts", in Van Dijk. T. A. and J. Petöfi eds., *Grammars and Descriptions*, Berlin: Walter de Gruyter, 1977, pp.176–226.

在这三场跟人牵手走。你还留点悬念回家看电视吧。我还指望你看电视呢。

黄磊：我会因为你去看电视，因为黄菡老师去看电视，放心吧。

——语例来源：《非诚勿扰》20150307 期

在例 6-31 中，在之前的话题中，11 号女嘉宾为要不要和对方牵手犹豫不决，陷入困境。而之后，交谈者的话题转移到嘉宾的长相，以及黄磊即将离开节目的离愁。此时，建议提出者用话题标记"要不然这样吧"，回应了之前的困境，引出了"11 号千万不要在这三场跟人牵手走"的建议。

其次，在话题转移之后，对困境、建议征询中的行为、事物进行回指是另一个用于建议功能情景衔接的手段之一。例如：

例 6-32（在综艺节目《我去上学啦》中，嘉宾们聚餐后，在收拾食材，打扫卫生。）

白凯南：剩这么多菜怎么整？你还要鸡蛋吗？盘里还有鸡蛋。怎么样这鸡蛋？

孙艺洲：这西红柿鸡蛋属于我们三个人合作的。你主厨的。

白凯南：我就扒拉扒拉。放了点料。

孙艺洲：我就颠吧颠吧。

白凯南：这个菜不放料不好吃。

白凯南：这个菜全靠料。

张凯丽：好吃吗？

蒋劲夫：好吃。

张凯丽：好吃吗？

孙艺洲：无公害的。

蒋欣：农民伯伯多不容易啊。

孙艺洲：没吃了的菜搁冰箱吧。

——语例来源：《我去上学啦》20151001 期

在例 6-23 中，建议征询者白凯南在发出建议征询"剩这么多菜怎么整?"之后,话题发生了转变,话题参与者开始讨论菜品的质量。最后,孙艺洲通过"**没吃了的菜**"这一形式回指"剩这么多菜",实现对建议征询的回应。

事实上,在自由发言的话语形式中,回指往往不一定有相同、相近的形式。意义上的跨话轮衔接也能实现意义上的回指。例如:

例6-33 (在综艺节目《我去上学啦》中,嘉宾孙艺洲、钟汉良、辰亦儒等被要求在晚会上表演一个节目。)

孙艺洲:我们要一起演个戏,来这里就是参考大家意见,有没有什么想法?

钟汉良:<u>所以要排练一个很厉害的。</u>

孙艺洲:不太现实。

钟汉良:不太现实,但是也不能辜负了学生对我们的期待。

钟汉良:我最担心的,都担心,其实我们因为,我们都是演戏的,我们都是演员,如果我们几个人搭一台戏都做不好就特别担心……

孙艺洲:演戏我们都有问题,那就是我们在自扇耳光。

辰亦儒:这是我们的专业领域。

孙艺洲:对啊。

钟汉良:<u>学生熟悉一点的场面,投影在,投影在学生能看到的地方。</u>

孙艺洲:就是前面我们两个人来模仿一下这种?

钟汉良:就是,就等于是它放完了,我们在前面演。

——语例来源:《我去上学啦》20150820期

在例6-33中,孙艺洲的建议征询句"要一起演个戏……有没有什么想法?"引发话题参与者提出针对"演个戏"的"想法"的建议。然而,在第一个建议"排练一个很厉害的"结束后,话题发生了转移。之后,建议提出者钟汉良通过"**学生熟悉一点的场面,投影在,投影在学生能看到的地方。**"这一个对演戏的想法,回应了建议征询者关于"演个戏"的"想法",实现了意义上的回指。

另外，在主持、演讲等情景中，由于说话者只有一人，不存在话轮转换的情况，建议提出者常用"我想对你们说……""我有一个建议"等带有功能标记的小句，来提示自己即将表达建议功能。例如：

例 6-34（在综艺节目《我去上学啦》中，凯丽来到一所中学体验学生生活。老师要求其上台用英语做一个小演讲。）

老师：好，接下来我们共同来见证一下，凯丽姐姐在这五天的时间里面，这个，我觉得是一个飞跃和进步哦，我很想听你说英文，好吗？

张凯丽：我不会英文说，这我怎么能会呢，这怎么会啊，完了，这英文又不行了，这个是什么呀，英语，必须怎么说？

张凯丽：我想对你们说，<u>我亲爱的同学们，你们应该在适当的时间做正确的事情，这是我作为过来人给你们的建议</u>。

——语例来源：《我去上学啦》20150806 期

在例 6-34 中，张凯丽的建议接受者为全班同学，其与全班同学间也不存在话轮转换的现象，她用"我想对你们说"这一小句，引导下面表达建议功能的句子。

综上所述，情景条件的保持和传递，在以"特例"形式来表达建议功能时成为重要。在话轮转换的过程中，情景条件的支持还可以通过一些形式获得保持和传递，如话语标记［包括"（要不）这样吧""我告诉你"等］、回指手段（形式上的回指及意义上的回指）、带有建议标记的小句等。综合本书第四章第二节中的研究，可将语言形式在表达建议功能时的支持条件、保持条件及其手段总结如表 21 所示：

表 21　　语言形式在表达建议功能时的情景条件及衔接手段表

	情景条件
引发条件	上文出现建议征询
	上文存在待解决的困境
	上文存在待纠正的行为或待改进的观点
	上文存在值得继续/实现/完成的事件或愿望

续表

引发条件	情景条件
	上文存在时间紧迫的客观条件
	上文存在潜在危险
	上文存在特定的时间、地点
	上文存在待指导的行为
保持条件	建议征询未获回答
	建议中的困境未得解决、潜在危险未得消除
	待纠正的行为、待指导活动持续进行
衔接手段	插入语"这样""这样吧""我告诉你"以引导建议句。
	对困境、建议征询中的行为、事物进行回指（包括形式上和意义上的回指）
	"我想对你们说……""我有一个建议"等带有功能标记的小句。

第八节　本章小结

本章对汉语口语中建议功能的表达手段进行了归纳。

在对以无标记肯定祈使句作为表达形式的表达手段进行归纳时，本章通过统计该形式表达建议功能时的情景条件分布、各类形式的出现频率、上文条件对各类形式的引发的频率等，归纳了使用该形式表达建议功能各类表达手段（见表12）。

在对以表达征询意愿的附加问句为表达形式的表达手段进行归纳时，本章通过对多义句尾形式进行区分，描写其表达建议功能的语义条件。通过对形式表达建议功能常见的上文情景条件，以及表达建议功能的建议强度、建议预期、建议结果的统计，分析各形式在表达建议功能时征询意愿的程度，归纳该形式对建议功能的表达特点（见表13）。

在对以助动词为表达形式的表达手段进行归纳时，本章通过对助动词的分类和统计，描写表达建议功能时的语义条件，分析支持助动词表达建议功能的情景条件、建议策略、功能小类等，归纳相应表达手段（见表16）。

在对以语气词"吧、嘛、呗"为表达形式的表达手段进行归纳时，本章在对其建议功能的语义条件、情景条件进行统计外，还根据语气词的附着特点，分析语气词与其他形式共同表达建议功能时的特点。如用于句中，可与表征询意愿的附加问句共同表达建议功能;用于名词、形容词、介词等一般不用于表达建议功能的形式的后面,可以使其表达建议功能;加在表达祈使语气的从句、复句后面,可以形成带语气词的祈使句;还可以组成"这样吧""要不这样吧"等用于引导建议功能的短语等。语气词在表达建议功能时也各有特点:"嘛"的建议预期低,建议强度高。"呗"则多用于上文存在待解决的困境,表示建议所指示的行为简单的主观看法(见表17)。

在对以假设复句为表达形式的表达手段进行归纳时,本章将假设复句分为两个类别,归纳两类假设复句表达建议功能的情景条件、建议策略(见表18)。

本章还讨论了一般不表达建议功能的形式对建议功能的表达。对23种一般不表达建议功能的形式在表达建议功能时的上文条件进行了统计,发现"上文存在建议征询""上文存在值得继续/实现/完成的事件或愿望""上文存在待纠正的行为或待改进的观点"这三类上文条件最能支持此类形式表达建议功能。该类形式常用于暗示、强调、提供建议原因这三个建议策略表达劝说类、提议类建议功能(见表20)。

本章还归纳了三类实现建议功能连贯表达的衔接手段:1. 常用于在话轮间回应间断的建议征询,引导建议功能表达的插入语"这样,这样吧,我告诉你"。2. 对困境、建议征询中的行为、事物进行回指的手段(包括意义上的回指)。3. 常用于提示即将表达建议功能的带有功能标记的小句"我想对你们说""我有一个建议"等(见表21)。

通过以上研究,本章对常用语言形式在表达建议功能时的条件进行了描写、归纳,这就回答了开头的第四个问题:**说话人在表达建议功能时,用怎样的表达手段才能实现合理、连贯的表达**?事实上,不论何种语言形式,在进行口语功能表达时,都有与之相适应的情景条件。这是语言形式构成句子,进入语篇,实现语篇连贯的前提和保证。汉语作为第二语言的学习者在进行语言形式的学习时,对语言形式的掌握固然重要,但语言形式在实现功能表达时的支持条件,语言形式在功能表达中的特点及分布,也是实现在情景中得体表达,提高交际能力的重要方面。汉语第二语言学习者应同时注意语言形式及其用于表达时的语义条件、情景条件,将其作为一个完整的表达手段进行学习,这样才能真正实现"情景中的运用",提高交际能力。

第七章 结语

第一节 本书的主要结论

本书的主要结论如下：

1. 汉语口语中，建议功能具有指令性、信息性、受益性的特征。建议功能具有原型范畴特征，与命令功能、请求许可功能、询问陈述功能、酬应客套功能之间既有区别，又有交叉（见第三章第四节）。

2. 建议范畴存在七个内部成员，成员与表达形式之间存在着聚合关系。

建议范畴内部存在劝说类建议、商榷类建议、提议类建议、指示类建议、催促类建议、提醒类建议、叮嘱类建议七个成员。

这七个成员是由六个能够影响形式选择的区别特征组成形成的。这六个区别特征是：建议提出者与建议接受者之间双方的权势关系、建议强度、建议预期、建议结果、上文情景条件、建议策略。

建议范畴的内部成员常用的语言形式有所不同。例如，指示类建议常用"无标记肯定祈使句""把字句"表达；商榷类建议常用"表达征询意愿的附加问句：……好不好/好吗/行不行？"；叮嘱类建议则常用"记得/好好/多+VP"等语言形式表达等（见表10）。

3. 语言形式与建议功能表达之间存在"多对多"的复杂对应关系。建议功能可以通过多种语言形式表达，研究中也未发现哪种语言形式仅适用于表达建议功能。大多数语言形式在汉语口语中，实现建议功能的表达需要情景条件和语义条件的支持。

语言形式对建议功能的表达存在三种情况：能够独立完成建议功能表达（如"用于表达建议功能的主从句：我建议/提议+从句"）、具有需要一定的情景条件对形式的多义性进行消歧后，能够完成建议功能的表达（如"无标记肯定祈使句"）、在一般情况下不表达建议功能，必须依靠情景条件的支持才能实现建议功能的表达（如"名词谓语句"）。能够独立完成建议功能表达的语言形式数量少，使用频率也不高。大量的语言形式表达建议功能时，需要借助情景条件和语义条件的支持。还有 10.85%的建议功能通过 23 种一般不表达建议功能的语言形式获得表达，对情景条件存在更高的依赖程度。

4. 建议功能的表达存在典型表达手段。这些表达手段使用频率高，母语者接受度也高，可以作为中高级口语教学材料的设计参考。

例如，在"上文存在值得继续/实现/完成的事件或愿望在形式对建议"时，建议发出者如果要表达"提议"的建议小类，典型的表达方法之一是在"无标记肯定祈使句"中选择"（主语+）动词的重叠形式"和"（主语+）连动式"来表达该功能（见第六章第一节）。

而在"上文存在潜在危险"或"上文存在时间紧迫的客观条件"时，建议发出者如果要表达"催促、提醒"的建议小类，典型的表达方法之下是在"带有助动词的句子"中选择"应该/得+VP"的形式来表达该功能（见第六章第三节）。

限于篇幅，不再一一赘述，具体内容可以参见第六章。

5. 建议功能实现表达中的连贯常借用一些衔接手段。情景条件也是建议功能的衔接手段之一。

无标记肯定祈使句、表达征询意愿的附加问句、助动词、语气词"吧、嘛、呗"、假设复句等形式在一定语义、情景条件的支持下，可以表达不同功能侧重点的建议功能（见表 12、表 13、表 16、表 17、表 18）。而一般不表达建议功能的形式，在情景条件的支持下，有时也可以实现对建议功能的表达（见表 20）。

支持语言形式实现建议功能表达的情景条件存在但不限于以下三种形式上的表现：1. 常用于在话轮间回应间断的建议征询，引导建议功能表达的插入语，如"这样，这样吧，我告诉你"。2. 对困境、建议征询中的行为、事物进行回指。3. 常用于提示所说的话题表达的是建议功能的带有功能标记的小句，如"我想对你们说""我有一个建议"等。

综上所述，本书对汉语口语中建议功能及其表达形式、支持条件进行了描写和归纳,将建议功能、表达建议功能的语言形式、表达建议功能的情景条件作为建议功能的三个维度明确关联。研究对建议功能表达手段的描写结果(见附录3)可为汉语口语教材、汉语口语教学大纲,尤其是中高级口语教材、教学大纲的编制提供参考和材料。

第二节 有待进一步研究的问题

功能语言学特别是系统功能语言学的相关理论,为语言的意义表达、形式选择等研究提供了广阔的研究空间和研究基础。但是,相关理论常是在以英语为语言材料的基础上开拓出来的理论和研究方法。当我们把它应用到汉语的研究,尤其是第二语言教学的视角中进行语言分析时,就可在应用语言学的视角下对其进行改造。同时,本书也应在更大规模的自然语料中进行验证、应用。

汉语中语言形式对意义的表达存在更为复杂的特点。韩礼德(1995)将多种语言形式表达同一意义的现象称为"语法隐喻",并讨论了相关的信息结构、名词化现象。[①] 然而,本书的结果显示,在汉语中,不同形式对功能的表达手段也许存在更多的可能。例如,**"你还是把这杯水喝了吧!""你把这杯水喝了嘛!""桌上有一杯水。"** 等,都可以表达"建议某人喝水"的功能,其表达焦点的差异则来自汉语中的语气词、句式等。而在对人际关系(概念)的表达中,以往研究多讨论的是情态动词等情态手段对话语情感的表达。但本书发现,说话人在选择助动词时,受人际关系的影响很小(相关系数仅有-0.04)。相反,一些句式如"……,好不好?"却更能提示对话中可能存在"具有权势顺差的亲子关系"。因此,如果能够根据汉语的特点,对功能语言学尤其是系统功能语言学的相关理论进行探索、应用,就能对功能、语言形式、语境三方面在汉语中表现形式进行更为深入的探讨和思考,进而建立适应汉语特点的应用理论体系。

另外,韩礼德曾经提出,语境对语言应能够起到预测作用。本书通过

[①] Halliday. M. A. K.. Computing meanings: Some reflections on past experience and present prospects. Paper presented to the second conference of the Pacific Association of Computational Linguistics. University of Queensland. Brisbane. 1995.

语料标注、相关性统计的方式，统计在语料中影响语言形式选择的情景条件，描绘建议范畴内部成员与语言形式之间的聚合关系。依据本书现有的研究成果来看，研究中分析出的情景条件也有一定的语言形式可循。本书虽以建议功能作为研究样本，但该方法可以应用至更多的汉语口语功能标注。如果能够在更多的语料、更大范围的研究内容中进行验证本书中情景条件的形式规约和标记，建立情景条件标注语料库，也许就可以实现对自然语料中话语意图的自动判断，能够实现计算机对语言功能的预测和自动处理。

  本书的研究虽已告一段落，但是由于各种原因，还是存在许多不尽如人意之处。研究从第二语言学习者的角度出发，围绕学习者感兴趣的六个话题划定研究范围，这也在样本量上造成了一定的限制；一些容易引发建议功能的情景，如医患对话情景、导师——学生指导情景等未能进入此次研究范围。文中对表达建议功能的语言形式的提取也存在一定的主观性，未能将材料中所有表达建议功能的语言形式完全提取出来，这在一定程度上影响了语料分析的概括性和准确性。而文中情景条件的标注系统以以往的语境要素研究为基础，还不够开放，一些可能对语言形式选择造成影响的因素，如中国人的文化心理因素等未能进入本次讨论范围。

  这些就有待我们今后进一步扩大研究范围，对语言形式及功能表达之间的关系进行更进一步的研究。

附　　录

附录1　关于汉语口语中的建议功能判断的调查问卷

亲爱的朋友，您好！欢迎您参加本测验！

请您对问卷中画线句子表示建议的程度进行判断。请根据您的第一印象对其进行评分，在对应的分值处画√即可。请在填写之前认真阅读指导语。

选1表示您认为这句话的意图完全不是建议。

选2表示您认为这句话的意图可能不是建议。

选3表示您认为这句话的意图介于是建议与不是建议之间。

选4表示您认为这句话的意图接近建议。

选5表示您认为这句话的意图是建议。

如下图所示：

不是建议◀──────────────────────▶是建议
　　　　　1　　　2　　　3　　　4　　　5

2. 如果您的选择是1和2（即判断这句话的目的不是建议），请选择说话人的意图：

A. 命令　　　B. 请求许可　　　C. 询问信息　　　D. 客套应酬

E. 陈述事实　F. 其他_____

您的参与对我们的研究非常重要，请您认真完成。衷心感谢您的合作！

您的年龄：_____

您的专业：_____

您的工作：_____

1. 情景：在综艺节目《非诚勿扰》中，男嘉宾在播放的视频中表示，由于种种原因，自己已经15年没回家了。这时，主持人孟非让女嘉宾劝劝男嘉宾。

女嘉宾：没有任何一个理由可以成为你15年不回家的理由，当你以后结婚生孩子之后，你的孩子这样对你，你就会知道，这15年中你的父母是怎样一个痛彻心扉，我就问你，你想他们吗？

男嘉宾：想。

女嘉宾：<u>想他们今年就买票回家陪他们过年。</u>

画线的这句话中，女嘉宾是在向男嘉宾提出建议吗？

不是建议←——————————————→是建议
　　　　　1　　　2　　　3　　　4　　　5

如果不是，您认为她的意图是：

A. 命令　　　B. 请求许可　　　C. 询问信息　　　D. 客套应酬

E. 陈述事实　F. 其他_____

2. 情景：在综艺节目《爸爸回来了》中，工作人员和郑钧在午饭间聊天。

工作人员：<u>郑钧老师，如果他（Jagger，郑钧的儿子）以后要组个乐队的话，你支持吗？</u>

郑钧：那肯定支持。

工作人员：必须玩起来。

画线的这句话中，工作人员是在向郑钧提出建议吗？

不是建议←——————————————→是建议
　　　　　1　　　2　　　3　　　4　　　5

如果不是，您认为他的意图是：

A. 命令　　　B. 请求许可　　　C. 询问信息　　　D. 客套应酬

E. 陈述事实　F. 其他_____

3. 情景：在综艺节目《我去上学啦》中，孙艺洲进入某所中学体验学生生活。午餐时间，他来到了餐厅，却只在餐台前转悠，不上前打菜。

同学：你觉得菜不好吃吗？

孙艺洲：我觉得好吃，没有饭卡。你们带饭卡了吗？

同学：<u>你随便问谁借一张就好了呀！</u>

画线的这句话中，同学是在向孙艺洲提出建议吗？

不是建议 ←———————————————→ 是建议
　　　　　　1　　　2　　　3　　　4　　　5

如果不是，您认为他的意图是：

A. 命令　　　B. 请求许可　　　C. 询问信息　　　D. 客套应酬

E. 陈述事实　　F. 其他_____

4. 情景：在综艺节目《爸爸回来了》中，李小鹏在做饭，贾乃亮过来帮忙。

李小鹏：交给你一个任务好不好？

贾乃亮：怎么了？

李小鹏：把这个番茄洗了，然后切一下就好了。我这边开始做了，他们怎么样？做完咱们就吃。

画线的这句话中，李小鹏是在向贾乃亮提出建议吗？

不是建议 ←———————————————→ 是建议
　　　　　　1　　　2　　　3　　　4　　　5

如果不是，您认为他的意图是：

A. 命令　　　B. 请求许可　　　C. 询问信息　　　D. 客套应酬

E. 陈述事实　　F. 其他_____

5. 情景：在综艺节目《我去上学啦》中，孙艺洲和任家萱在指导一位同学表演朗诵。

同学：车厢里一片寂静，静得可怕……

孙艺洲：好，停。那个我反复给大家强调一个事情就是一方面是尊重作家的原创，另外一方面我们希望在他的这个意境里展现出来我们自身能够赋予它的东西。

任家萱：我希望你以后可以来上戏剧课。这位同学，你们会希望吗？

画线的这句话中，任家萱是在向这位同学提出建议吗？

不是建议 ←———————————————→ 是建议
　　　　　　1　　　2　　　3　　　4　　　5

如果不是，您认为她的意图是：

A. 命令　　　B. 请求许可　　　C. 询问信息　　　D. 客套应酬

E. 陈述事实　　F. 其他_____

6. 情景：在综艺节目《爸爸回来了》中，贾乃亮和李小鹏在聊天。

贾乃亮：我总是喜欢问我的助手和我身边的司机一些人生选择题，可能听起来有点俗，你希望将来奥莉找一个什么样的男朋友？

李小鹏：你希望甜心以后找个什么样的？

贾乃亮：<u>我跟你讲，如果甜心将来要是找男朋友我倒希望找像你这样的。</u>

甜馨：别说了！

画线的这句话中，贾乃亮是在向李小鹏提出建议吗？

　　不是建议←—————————————————→是建议
　　　　　　　　1　　2　　3　　4　　5

如果不是，您认为他的意图是：

A. 命令　　　B. 请求许可　　　C. 询问信息　　　D. 客套应酬

E. 陈述事实　F. 其他_____

7. 情景：在综艺节目《极限挑战》中，黄磊和罗志祥、孙红雷一起乘车去东平公园。此时已经接近下午两点。

黄磊：我们去哪来着？

罗志祥：东平公园。

黄磊：红雷你饿不饿？

孙红雷（把糕递给黄磊）：<u>有这个崇明糕。</u>

画线的这句话中，孙红雷是在向黄磊提出建议吗？

　　不是建议←—————————————————→是建议
　　　　　　　　1　　2　　3　　4　　5

如果不是，您认为他的意图是：

A. 命令　　　B. 请求许可　　　C. 询问信息　　　D. 客套应酬

E. 陈述事实　F. 其他_____

8. 情景：在综艺节目《花样姐姐》中，宋茜、李治廷一行来到了土耳其最大的清真寺。李治廷担任导游的角色，应为大家提供讲解服务。

宋茜：你讲解一下。

李治廷：这是一个建筑，嘿嘿嘿……没有，它里面有一个很美很美的一个，那个圣母玛利亚的一个画。对，<u>它还有一个叫哭泣的石柱，也是一个有意义的</u>。我得看看它这里写的是什么。

画线的这句话中,李治廷是在向宋茜提出建议吗？

不是建议 ←——————————————→ 是建议

    1 2 3 4 5

如果不是,您认为他的意图是：

A. 命令 B. 请求许可 C. 询问信息 D. 客套应酬

E. 陈述事实 F. 其他_____

9. 情景：在综艺节目《极限挑战》中,黄磊、王迅、张艺兴共同参加一个"金条争夺"的游戏。金条的数量关系到游戏的胜负。这时候,张艺兴的金条由于种种原因不见了,黄磊与王迅讨论是否能将自己的金条分给张艺兴。

黄磊：王迅一块可以吗？

王迅：我说实在话……

黄磊：<u>其实你听我讲,如果你拿了一块,你输了你会非常开心的。</u>

画线的这句话中,黄磊是在向王迅提出建议吗？

不是建议 ←——————————————→ 是建议

    1 2 3 4 5

如果不是,您认为他的意图是：

A. 命令 B. 请求许可 C. 询问信息 D. 客套应酬

E. 陈述事实 F. 其他_____

10. 情景：在综艺节目《非诚勿扰》中,节目邀请了观众时宏岩夫妇来到现场。孟非询问时宏岩夫妇的情况。

孟非：以前来过南京没有？

时宏岩妻：我以前来过,我先生是第一次来。

孟非：可以在南京玩一玩,看一看啊。<u>南京一日游很多项目,最著名的项目就是孟非小面馆。</u>

画线的这句话中,孟非是在向时宏岩的妻子提出建议吗？

不是建议 ←——————————————→ 是建议

    1 2 3 4 5

如果不是,您认为他的意图是：

A. 命令 B. 请求许可 C. 询问信息 D. 客套应酬

E. 陈述事实 F. 其他_____

11. 情景：在综艺节目《极限挑战》中，节目组要求嘉宾携带一定重量的冰块前往终点。冰块的重量与胜负有关。黄磊和罗志祥获得了与任意箱子交换的机会。他们在猜测其他箱子中冰块的重量，以决定是否需要交换箱子。

工作人员：小猪，你4号要不要和5号换？

黄磊：现在是这样啊，<u>5、6、7这3个箱子里或者是7公斤或者是8公斤或者4公斤，都比小猪那个多</u>。而小猪那个是空的，所以就干掉一个三傻了。

罗志祥、黄磊：换换换。

画线的这句话中，黄磊是在向罗志祥提出建议吗？

不是建议 ←——————————————→ 是建议
    1 2 3 4 5

如果不是，您认为他的意图是：

A. 命令 B. 请求许可 C. 询问信息 D. 客套应酬

E. 陈述事实 F. 其他_____

12. 情景：在综艺节目《花样姐姐》中，嘉宾们在蓝色清真寺门口与马天宇走散了。宋茜与李治廷在寻找马天宇

宋茜：他在那呢！

李治廷：在那吗？

宋茜：<u>在那上面嘛，站着呢</u>。

画线的这句话中，宋茜是在向李治廷提出建议吗？

不是建议 ←——————————————→ 是建议
    1 2 3 4 5

如果不是，您认为她的意图是：

A. 命令 B. 请求许可 C. 询问信息 D. 客套应酬

E. 陈述事实 F. 其他_____

13. 情景：在综艺节目《爸爸回来了》中，郑钧和Jagger来到了藏区的一户人家。女主人在指导郑钧如何点火。

女主人：差不多点了，你就放牛粪，要不然它就……

郑钧：这是这得往里塞吧？

女主人：<u>对，往里面一点</u>。

画线的这句话中，女主人是在向郑钧提出建议吗？

不是建议←——————————————→是建议

     1 2 3 4 5

如果不是，您认为她的意图是：

A. 命令 B. 请求许可 C. 询问信息 D. 客套应酬

E. 陈述事实 F. 其他_____

14. 情景：在综艺节目《我去上学啦》中，张凯丽和钟汉良到一所中学体验学生生活。午睡铃已经响起，而他俩还在聊天

张凯丽：太便宜了。

钟汉良：十顿饭才……

同学：<u>这位同学到点了，该睡觉了。</u>

画线的这句话中，该同学是在向张凯丽和钟汉良提出建议吗？

不是建议←——————————————→是建议

     1 2 3 4 5

如果不是，您认为他的意图是：

A. 命令 B. 请求许可 C. 询问信息 D. 客套应酬

E. 陈述事实 F. 其他_____

15. 情景：在综艺节目《美食地图》中，美食侦探向厨师询问制作面食的秘诀。

美食侦探：那这个面粉和这玉米面，它有没有一个比例呀，大概多少？

厨师：<u>比例应该是在4∶1。</u>

画线的这句话中，厨师是在向美食侦探提出建议吗？

不是建议←——————————————→是建议

     1 2 3 4 5

如果不是，您认为他的意图是：

A. 命令 B. 请求许可 C. 询问信息 D. 客套应酬

E. 陈述事实 F. 其他_____

16. 情景：在综艺节目《非诚勿扰》中，男嘉宾向大家展示了一张世界地图，地图上插着旗子的地方表示他已经去过了。孟非和黄磊对此进行了讨论。

孟非：我们来看看大屏幕。看看世界地图打开以后他插过旗子的地方都是他去过的，看一看，你把全世界都快占领了。

黄磊：<u>而且我发现旗子插的非洲可真是不少啊，东南亚也不少，欧洲也很多。</u>

孟非：你这辈子没白活，真的可以。

画线的这句话中，黄磊是在向孟非提出建议吗？

不是建议←—————————————→是建议
　　　　　　1　　2　　3　　4　　5

如果不是，您认为他的意图是：

A. 命令　　　B. 请求许可　　　C. 询问信息　　　D. 客套应酬

E. 陈述事实　　F. 其他_____

17. 情景：在综艺节目《极限挑战》中，黄渤和小猪决定合作，用钥匙打开箱子，争取胜利的机会。王迅则希望说服小猪与自己合作。

王迅：小猪，跟不跟我合作啊？

黄渤：诶，你不要叫嚣啊。这把开不开，我们可以开上面的。

王迅：<u>小猪，上一集是不是我们……</u>

黄渤：跟上一集没关系，那已经播过了。

罗志祥：我们是往前看的。

画线的这句话中，王迅是在向罗志祥提出建议吗？

不是建议←—————————————→是建议
　　　　　　1　　2　　3　　4　　5

如果不是，您认为他的意图是：

A. 命令　　　B. 请求许可　　　C. 询问信息　　　D. 客套应酬

E. 陈述事实　　F. 其他_____

18. 情景：在综艺节目《爸爸回来了》中，李小鹏、贾乃亮、杜江带着各自的孩子参观鳄鱼公园。

李小鹏：世界鳄鱼王，看上去有五米吗？

贾乃亮：五米有吗，有。

李小鹏：对，算上尾巴。

杜江（对着嗯哼说）：<u>你看看，你身上是不是有个鳄鱼。</u>

李小鹏：哟，爬到肚子上来了。

画线的这句话中，杜江是在向嗯哼提出建议吗？

不是建议 ←————————————→ 是建议
　　　　　1　　2　　3　　4　　5

如果不是，您认为他的意图是：

A. 命令　　　B. 请求许可　　　C. 询问信息　　　D. 客套应酬

E. 陈述事实　F. 其他_____

19. 情景：在综艺节目《极限挑战》中，在节目的最后，黄渤、王迅、罗志祥都拿到了可能有一定财富的箱子。大家一块儿讨论应该如何处理这些箱子。

黄渤：我有这样提议好不好？

王迅：好好好。

黄渤：现在再打开，<u>我们把所有的金额数平均开好不好？</u>

画线的这句话中，黄渤是在向王迅等人提出建议吗？

不是建议 ←————————————→ 是建议
　　　　　1　　2　　3　　4　　5

如果不是，您认为他的意图是：

A. 命令　　　B. 请求许可　　　C. 询问信息　　　D. 客套应酬

E. 陈述事实　F. 其他_____

20. 情景：在综艺节目《爸爸回来了》中，杜江、李小鹏、贾乃亮等几个父亲在一旁商量游戏规则。此时，嗯哼打了奥莉一下，奥莉哭了起来。

奥莉：（哭）我要打电话，妈妈……

李小鹏：打电话给妈妈，那你先不哭了，好吧，去拿张纸过来，来，自己擦，对，把眼睛擦干净。

杜江：杜宇麒，站住，我批评你，你怎么回事，怎么打小朋友呢，你别以为没事了我告诉你，其他事都行，这个不行，听见没有，听见没有？

嗯哼：妹妹。

杜江：对，妹妹，不是，姐姐都哭了。<u>以后你不能打小朋友听见吗，以后不许了啊，听见没有，好不好？</u>嗯哼，知道错了吗？

嗯哼：妹妹。

画线的这句话中，杜江是在向嗯哼提出建议吗？

不是建议←—————————————————→是建议
　　　　　1　　　2　　　3　　　4　　　5

如果不是，您认为他的意图是：

A. 命令　　　B. 请求许可　　　C. 询问信息　　　D. 客套应酬

E. 陈述事实　F. 其他＿＿＿＿

21. 情景：在综艺节目《我去上学啦》中，孙艺洲来到一所学校体验生活，老师通知他需要住在学校，而孙艺洲并不情愿。

老师：孙艺洲你还今天要住宿的哦。

孙艺洲：没人跟我说啊。

老师：但是我们收到申请单了啊，你的经纪人已经给我们申请了。然后呢我们也已经安排好宿舍了。

孙艺洲：不是我什么都没有带，而且我今天一身臭汗。我今天出了三身臭汗要不你闻，老师你闻一下。

老师：不要，现在这么臭的汗我不要闻。

孙艺洲：<u>老师你还是放过我，我回去洗洗澡。</u>

画线的这句话中，孙艺洲是在向老师提出建议吗？

不是建议←—————————————————→是建议
　　　　　1　　　2　　　3　　　4　　　5

如果不是，您认为他的意图是：

A. 命令　　　B. 请求许可　　　C. 询问信息　　　D. 客套应酬

E. 陈述事实　F. 其他＿＿＿＿

22. 情景：在综艺节目《花样姐姐》中，嘉宾与李治廷在土耳其的街头发现了卖干果的摊点。

奚美娟：这边很流行干果。

徐帆：买一点儿。

李治廷：<u>买不买一点点吃啊。</u>

林志玲：赞成，不然我们常常肚子饿。

画线的这句话中，李治廷是在向其他嘉宾提出建议吗？

不是建议←—————————————————→是建议
　　　　　1　　　2　　　3　　　4　　　5

如果不是，您认为他的意图是：

A. 命令　　　B. 请求许可　　　C. 询问信息　　　D. 客套应酬
E. 陈述事实　F. 其他_____

23. 情景：在综艺节目《爸爸回来了》中，李小鹏和奥莉在景点吃饭。

李小鹏：这是你的，自己吃吧。

奥莉：我自己吃。

李小鹏：我给你，用叉子。<u>你能往右边一点点吗</u>？

画线的这句话中，李小鹏是在向奥莉提出建议吗？

不是建议←——————————————→是建议
　　　　　1　　2　　3　　4　　5

如果不是，您认为他的意图是：

A. 命令　　　B. 请求许可　　　C. 询问信息　　　D. 客套应酬
E. 陈述事实　F. 其他_____

24. 情景：在综艺节目《极限挑战》中，节目组要求王迅和黄渤、孙红雷等嘉宾徒手拉动飞机。

王迅：唉呦，我第一次这么近距离的在飞机。

黄渤：我还第一次在飞机底下看得这么仔细。

孙红雷：<u>是不是应该有人推，然后有人拽啊</u>？

画线的这句话中，孙红雷是在向其他嘉宾提出建议吗？

不是建议←——————————————→是建议
　　　　　1　　2　　3　　4　　5

如果不是，您认为他的意图是：

A. 命令　　　B. 请求许可　　　C. 询问信息　　　D. 客套应酬
E. 陈述事实　F. 其他_____

25. 情景：在综艺节目《美食地图》中，美食侦探结束了一天的工作，向餐馆老板道别。

美食侦探：这就算我今天的工资吧，走了啊。

老板：<u>慢点啊慢走</u>。

画线的这句话中，老板是在向美食侦探提出建议吗？

不是建议←——————————————→是建议
　　　　　1　　2　　3　　4　　5

如果不是，您认为他的意图是：

A. 命令　　　B. 请求许可　　　C. 询问信息　　　D. 客套应酬

E. 陈述事实　F. 其他_____

26. 情景：在综艺节目《花样姐姐》中，马天宇在节目的录制过程中看见了一名乞丐。当时没有给她钱。节目组来到餐厅准备吃饭，马天宇想要折返回去给乞丐一些钱。

马天宇：我能用自己的钱吗？

导演：为什么要花自己的钱？

马天宇：因为刚才那乞丐，我看了那个小孩，吹东西卖艺，结果被人赶走，把东西给抢走。我坐里边半天我都缓不过来。

导演：<u>那你准备现在去吗？</u>

马天宇：对，所以他们问我，你就说我去洗手间了。

画线的这句话中，导演是在向马天宇提出建议吗？

不是建议 ⟵—————————————⟶ 是建议

　　　　　　1　　2　　3　　4　　5

如果不是，您认为他的意图是：

A. 命令　　　B. 请求许可　　　C. 询问信息　　　D. 客套应酬

E. 陈述事实　F. 其他_____

27. 情景：在综艺节目《我去上学啦》中，老师让钟汉良、孙艺洲上讲台上答题。钟汉良和孙艺洲上台前在紧张地检查自己的答案。

钟汉良：他有叫我出来写是吗？他有吗？他有叫我出来写是吗？

孙艺洲：两个新同学。

同学：（对钟汉良说）<u>你不算出来啊？</u>

钟汉良：我这算出来了。

画线的这句话中，同学是在向钟汉良提出建议吗？

不是建议 ⟵—————————————⟶ 是建议

　　　　　　1　　2　　3　　4　　5

如果不是，您认为他的意图是：

A. 命令　　　B. 请求许可　　　C. 询问信息　　　D. 客套应酬

E. 陈述事实　F. 其他_____

28. 情景：在综艺节目《花样姐姐》中，李治廷、林志玲、王琳等嘉宾一同乘车前往庞贝古城。途中，李治廷模仿别的艺人，问其他位嘉宾想听什么歌曲。

李治廷：哎，我跟你说，我们这里有三个包间，不同的音乐：拉丁、欧美和中国风。

林志玲：走火入魔。

王琳：哈哈哈~

李治廷：<u>你喜欢凤凰传奇吗？</u>

林志玲：凤凰传奇？有没有别的选择。

画线的这句话中，李治廷是在向林志玲提出建议吗？

不是建议 ←——————————————→ 是建议
     1 2 3 4 5

如果不是，您认为他的意图是：

A. 命令 B. 请求许可 C. 询问信息 D. 客套应酬

E. 陈述事实 F. 其他_____

29. 情景：在综艺节目《爸爸回来了》中，郑钧教儿子 Jagger 洗衣服，从小培养劳动习惯。

郑钧：好，爸爸带你干点正事。

郑钧：真棒，<u>可别泼了啊</u>。这一大盆水还挺沉的，你慢点。

Jagger：那两个什么？

郑钧：刚好有俩凳子，咱俩一人一个，给。

画线的这句话中，郑钧是在向 Jagger 提出建议吗？

不是建议 ←——————————————→ 是建议
     1 2 3 4 5

如果不是，您认为他的意图是：

A. 命令 B. 请求许可 C. 询问信息 D. 客套应酬

E. 陈述事实 F. 其他_____

30. 情景：在综艺节目《花样姐姐》中，由于经费紧张，杨紫、李治廷、马天宇决定去导演处偷两瓶水来喝，从而省下买水的钱。

杨紫：我们小点声，别被导演发现了。刚才他说让我去偷两瓶水。你要吗？

李治廷：先拿着吧。哈哈~你学习好快啊。

马天宇：太厉害了，你怎么拿到的？
李治廷：<u>别问，别说，赶紧喝。</u>

画线的这句话中，李治廷是在向马天宇提出建议吗？

不是建议 ←——————————————→ 是建议
     1 2 3 4 5

如果不是，您认为他的意图是：

A. 命令 B. 请求许可 C. 询问信息 D. 客套应酬
E. 陈述事实 F. 其他_____

31. 情景：在综艺节目《我去上学啦》中，同学想请蒋欣帮其他同学签名。

同学：有好多同学想要签名。
蒋欣：这么多，给我表演个节目，要不不给你，我现在先不给你签。
同学：<u>让我筹备一堂课。</u>

画线的这句话中，同学是在向蒋欣提出建议吗？

不是建议 ←——————————————→ 是建议
     1 2 3 4 5

如果不是，您认为他的意图是：

A. 命令 B. 请求许可 C. 询问信息 D. 客套应酬
E. 陈述事实 F. 其他_____

32. 情景：在综艺节目《花样姐姐》中，导演带着马天宇来到一个非常豪华的酒店套间。

马天宇：那么神秘干什么？哇塞~喔~哇喔~，这是给我一个人住的吗？
导演：为什么要给你一个人住？你做了什么好事了。
马天宇：我不知道呀，哈哈~<u>我以为我长得好看，你就让我来这儿住了呢。</u>哈哈~那是什么呀？
导演：你们今天晚上可以住在这儿，我们在这里有三个房间，是给你们准备的，但是……（有条件）

画线的这句话中，马天宇是在向导演提出建议吗？

不是建议 ←——————————————→ 是建议
     1 2 3 4 5

如果不是，您认为他的意图是：
A. 命令　　　B. 请求许可　　　C. 询问信息　　　D. 客套应酬
E. 陈述事实　　F. 其他_____

33. 情景：在综艺节目《我去上学啦》中，蒋劲夫在某所中学体验学生生活。当他到达教室门口时，发现同学们已经开始上课了。

蒋劲夫：他们已经上课了吗？老师。

老师：怎么迟到了？

蒋劲夫：对不起老师，迟到了。

老师：下不为例，好不好？<u>抓紧进去，坐好</u>。

画线的这句话中，老师是在向马天宇提出建议吗？

不是建议←——————————————→是建议
　　　　　　1　　2　　3　　4　　5

如果不是，您认为他的意图是：
A. 命令　　　B. 请求许可　　　C. 询问信息　　　D. 客套应酬
E. 陈述事实　　F. 其他_____

34. 情景：在综艺节目《非诚勿扰》中，男嘉宾希望女嘉宾能接受他的表白。在男嘉宾表白之后，孟非询问女嘉宾的意见。

孟非：现在你可以有话告诉，回应他了。所以……

女嘉宾：所以，我记得黄磊老师说过一句话，说如果你不试一下的话，你永远不知道那边的人是对的人……

孟非：所以……

女嘉宾：<u>所以我想请你把我牵过去</u>。

画线的这句话中，女嘉宾是在向孟非（或男嘉宾）提出建议吗？

不是建议←——————————————→是建议
　　　　　　1　　2　　3　　4　　5

如果不是，您认为她的意图是：
A. 命令　　　B. 请求许可　　　C. 询问信息　　　D. 客套应酬
E. 陈述事实　　F. 其他_____

35. 情景：在综艺节目《花样姐姐》中，嘉宾和导游的妻子一同商量在住家的大客厅中筹办一台化妆舞会。

奚美娟：你们去问问，有人在这儿跳过舞吗？要是在他那个厅里。

导游妻子：其实他们也是很喜欢开这种 party 呀，这种舞会的，他们是很喜欢，能办起来吗？

大家：可以。

马天宇：（用手在一块空地上比画）<u>大的音箱</u>。

林志玲：对，可以的。

马天宇：（用手在另一块空地上比画）<u>放一个滑板鞋</u>。

画线的这句话中，马天宇是在向其他嘉宾提出建议吗？

不是建议 ←——————————————→ 是建议
     1 2 3 4 5

如果不是，您认为他的意图是：

A. 命令 B. 请求许可 C. 询问信息 D. 客套应酬

E. 陈述事实 F. 其他_____

36. 情景：在综艺节目《我去上学啦》中，辰亦儒和同学们一同参加了一个新的课程，老师在介绍课程内容。

同学们：老师您好。

老师：好，一节课只有一个内容，就是游戏。

辰亦儒：<u>游戏</u>。

画线的这句话中，辰亦儒是在向老师提出建议吗？

不是建议 ←——————————————→ 是建议
     1 2 3 4 5

如果不是，您认为他的意图是：

A. 命令 B. 请求许可 C. 询问信息 D. 客套应酬

E. 陈述事实 F. 其他_____

37. 情景：在综艺节目《花样姐姐》中，李治廷、徐帆等嘉宾一同参观庞贝古城。途中，徐帆由于穿着高跟鞋，脚不舒服，开始慢慢掉队。

徐帆：从一开始穿着这鞋出来，我就知道一定会是这样子的，但是我就觉得，要美怎么办呢？要美，美，臭美的美。

杨紫：这告诉大家一个事，以后旅游千万不要什么？

奚美娟：穿高跟鞋。

杨紫：答对，一百分。

李治廷（对徐帆说）：<u>还是拉着我吧</u>。

画线的这句话中，李治廷是在向徐帆提出建议吗？

不是建议←——————————————→是建议
　　　　　　　1　　　2　　　3　　　4　　　5

如果不是，您认为他的意图是：

A. 命令　　　B. 请求许可　　　C. 询问信息　　　D. 客套应酬

E. 陈述事实　　F. 其他_____

38. 情景：在综艺节目《爸爸回来了》中，贾乃亮带着甜馨去花鸟市场，路上给李小璐打电话。正说话间，已经到市场了。

贾乃亮：对呀。龙猫，然后我们还有小兔子、龙猫、小狗。到了，我们到了，好吧，没事了哈，跟妈妈再见。

甜馨：妈妈。

李小璐：哎。

甜馨：<u>多吃点饭，别饿着。</u>

贾乃亮：她说多吃点饭，别饿着。

甜馨：别冻着啊。

李小璐：好的。

甜馨：妈妈再见。

李小璐：再见，宝贝。

画线的这句话中，甜馨是在向李小璐提出建议吗？

不是建议←——————————————→是建议
　　　　　　　1　　　2　　　3　　　4　　　5

如果不是，您认为他的意图是：

A. 命令　　　B. 请求许可　　　C. 询问信息　　　D. 客套应酬

E. 陈述事实　　F. 其他_____

39. 情景：在综艺节目《极限挑战》中，张艺兴和孙红雷返回某个游戏地点，寻找之前孙红雷埋在那儿的钱，结果发现门打不开，进不去了。

张艺兴：我们现在到这边来是要干嘛呀？哥哥。

孙红雷：来拿咱们的钱。

张艺兴：机关不灵了？这门开不了了。

孙红雷：<u>试一下试一下。</u>

画线的这句话中，孙红雷是在向张艺兴提出建议吗？

不是建议 ←——————————————→ 是建议
　　　　　　1　　2　　3　　4　　5

如果不是，您认为他的意图是：
A. 命令　　　B. 请求许可　　　C. 询问信息　　　D. 客套应酬
E. 陈述事实　F. 其他_____

40. 情景：在综艺节目《极限挑战》中，节目要求孙红雷、张艺兴组选出一人参加智力游戏。

　　孙红雷：你觉得可以吗？智力游戏
　　张艺兴：我不确定，那我赌一次。

画线的这句话中，张艺兴是在向孙红雷提出建议吗？

不是建议 ←——————————————→ 是建议
　　　　　　1　　2　　3　　4　　5

如果不是，您认为他的意图是：
A. 命令　　　B. 请求许可　　　C. 询问信息　　　D. 客套应酬
E. 陈述事实　F. 其他_____

41. 情景：在综艺节目《花样姐姐》中，李治廷开着车，车上坐着导游妻子和马天宇。他们想要找一辆马车。这时，导游妻子发现了马车。

　　导游妻子：有马车，那有马车。
　　马天宇：那儿有。
　　李治廷：哪里？
　　马天宇（对李治廷）：真的有！直走直走。

画线的这句话中，马天宇是在向李治廷提出建议吗？

不是建议 ←——————————————→ 是建议
　　　　　　1　　2　　3　　4　　5

如果不是，您认为他的意图是：
A. 命令　　　B. 请求许可　　　C. 询问信息　　　D. 客套应酬
E. 陈述事实　F. 其他_____

42. 情景：在综艺节目《极限挑战》中，黄渤和黄磊被困在一个海岛上。黄渤钓到了一条鱼，打算当作午饭。黄磊想让他把小鱼放了。

　　黄磊：咱们把它放了啊，咱俩吃鲍鱼够了，你说呢？
　　黄渤：让我去钓鱼，钓上鱼来又让我放了。那好吧啊。那我放了。好

吧我们现在决定去放生。刚钓上来一条鱼，我们现在再把它给放啊。

画线的这句话中，黄渤是在向黄磊提出建议吗？

不是建议←——————————————→是建议
     1 2 3 4 5

如果不是，您认为他的意图是：

A. 命令 B. 请求许可 C. 询问信息 D. 客套应酬

E. 陈述事实 F. 其他_____

43. 情景：在综艺节目《花样姐姐》中，几位嘉宾一同攀爬一处险要的天井。

马天宇：小心小心啊。

林志玲：好的。

林志玲：到了（最高处）。

马天宇：到了？

奚美娟：慢点儿啊。

画线的这句话中，奚美娟是在向其他嘉宾提出建议吗？

不是建议←——————————————→是建议
     1 2 3 4 5

如果不是，您认为她的意图是：

A. 命令 B. 请求许可 C. 询问信息 D. 客套应酬

E. 陈述事实 F. 其他_____

44. 情景：在综艺节目《极限挑战》中，张艺兴、罗志祥等嘉宾通过努力，打开了门。在门打开的同时，响起了警报。

罗志祥：呀！开了开了。

孙红雷：到了！

张艺兴：有警报！**小心一点啊，大家。**

画线的这句话中，张艺兴是在向其他嘉宾提出建议吗？

不是建议←——————————————→是建议
     1 2 3 4 5

如果不是，您认为他的意图是：

A. 命令 B. 请求许可 C. 询问信息 D. 客套应酬

E. 陈述事实 F. 其他_____

45. 情景：在综艺节目《爸爸回来了》中，杜江和嗯哼去霍思燕参加的另一综艺节目探班。霍思燕和杜江描述节目录制过程。

霍思燕：郑恺也是，今天就你这俩同学，你知道吗，今天就他们俩同学按我。

杜江：歇会儿歇会儿，你歇会儿好不好，我觉得你行，但你还是别和男的硬碰。

霍思燕：还好我和李晨。

杜江：对，<u>你让李晨保护你，千万别受伤我跟你说</u>。我看他们录就老受伤。

画线的这句话中，杜江是在向霍思燕提出建议吗？

不是建议←——————————————→是建议
　　　　　　1　　2　　3　　4　　5

如果不是，您认为他的意图是：

A. 命令　　　B. 请求许可　　　C. 询问信息　　　D. 客套应酬
E. 陈述事实　F. 其他_____

46. 情景：在综艺节目《爸爸回来了》中，Jagger 向爸爸郑钧表示他不吃午饭。爸爸真的把饭做完了之后，没有给 Jagger 吃的意思。这时，Jagger 饿了，向爸爸要吃的。

Jagger：那不给我吃了吗？

郑钧：你刚刚自己说不吃的。

Jagger：那只是开玩笑的。

郑钧：这又不能开玩笑，这是大事。做一顿饭工程特别大，很难的，你可不能拿这个事开玩笑。……你哭也没用，刚才你说你不吃的。你说你不吃的，你就别吃了。以后可记得吃饭的事儿可不能开玩笑。<u>要吃就吃，不吃就不吃，千万不能开玩笑，尤其在我这儿不能开玩笑</u>。

画线的这句话中，郑钧是在向 Jagger 提出建议吗？

不是建议←——————————————→是建议
　　　　　　1　　2　　3　　4　　5

如果不是，您认为他的意图是：

A. 命令　　　B. 请求许可　　　C. 询问信息　　　D. 客套应酬
E. 陈述事实　F. 其他_____

47. 情景：在综艺节目《花样姐姐》中，几位嘉宾一同参观庞贝古城。徐帆的鞋子出了问题，李治廷作势要背她走。

徐帆：不行不行，宝贝。不用不用。

杨紫：加油，小姨。

李治廷：你都来了。

奚美娟：都来了。

李治廷：你都来了，赶紧，真的。

徐帆：确定吗？

李治廷：确定。

徐帆：<u>我宁肯你扶着我。</u>

画线的这句话中，徐帆是在向李治廷提出建议吗？

不是建议 ←——————————————→ 是建议
    1 2 3 4 5

如果不是，您认为她的意图是：

A. 命令 B. 请求许可 C. 询问信息 D. 客套应酬

E. 陈述事实 F. 其他_____

48. 情景：在综艺节目《非诚勿扰》中，女嘉宾在鼓励失利的男嘉宾。

女嘉宾：在我看来，我们两个是属于各自有着自己的梦想。然后我呢是在做我的小吃，在卖我的肉夹馍。等一下我们的女嘉宾为你灭了灯，你也要相信你会等到一个欣赏你的那个人，你加油，你很棒。

孟非：这姑娘不仅肉夹馍做得好她还特别会说话。<u>你可以把你的好多话和肉夹馍结合在一块，每一个那个馍里面不光夹肉还夹一个纸条。</u>哎，不光夹肉，还夹一个纸条。

画线的这句话中，孟非是在向女嘉宾提出建议吗？

不是建议 ←——————————————→ 是建议
    1 2 3 4 5

如果不是，您认为他的意图是：

A. 命令 B. 请求许可 C. 询问信息 D. 客套应酬

E. 陈述事实 F. 其他_____

49. 情景：在综艺节目《我去上学啦》中，嘉宾张凯丽和其他同学一块儿回到宿舍。

张凯丽：她俩咋还没回来呢？就一个呀？

同学：我们就三个人嘛

张凯丽：不是四个呀，不是四个。哎呀，让我撂倒一下吧。30 年了，又住到集体宿舍了。有没有很激动。你不知道这感觉多么的奇妙。真的有点穿梭的感觉。<u>我要是还是十七岁多好呀！</u>

画线的这句话中，张凯丽是在向同学提出建议吗？

不是建议←—————————————————→是建议
     1 2 3 4 5

如果不是，您认为她的意图是：

A. 命令 B. 请求许可 C. 询问信息 D. 客套应酬

E. 陈述事实 F. 其他_____

50. 情景：在综艺节目《花样姐姐》中，王琳、宋茜、李治廷等嘉宾在王子岛上逛街。到了吃饭的时间，大家开始讨论要吃什么。

王琳：现在已经是很晚了，我们是应该吃点啥了。

宋茜：哎！<u>好多冰淇淋啊！好多冰淇淋啊！</u>

李治廷：我们来土耳其这么远，就是为了吃冰淇淋啊！来，我们往那边走。

画线的这句话中，宋茜是在向其他嘉宾提出建议吗？

不是建议←—————————————————→是建议
     1 2 3 4 5

如果不是，您认为他的意图是：

A. 命令 B. 请求许可 C. 询问信息 D. 客套应酬

E. 陈述事实 F. 其他_____

附录 2　研究中表达建议功能的语言形式总表

列表说明：

1. 表中的"常用性百分比"指的是包含该类形式的语料条数在表达建议功能的全体语料中所占的百分比。常用性百分比越高，表明该形式越常用于表达建议功能。

2. 表中的"建议功能在该形式全体表达中的百分比"指的是表达建议功能的语料条数在包含该类形式的体语料中所占的百分比。建议功能在该形式全体表达中的百分比越高，表明建议功能在该形式的全体表达中占据更为核心的地位。

3. 在对语料使用结构进行统计时，语言形式间若存在套用情况，则同时使用的各形式均列入计算范围。因此，在计算频率时"表达建议功能语料的总条数"均计为"所有形式表达所有建议功能的语料条目总数量"，即为 2963 条。

例如：

包含形式 1："插入语：你知道吧、这样吧、我有个想法、我跟你说等"的语料共有 174 条，其中 30 条表达了建议功能。那么，

该形式的常用性百分比为：30÷2963＝1.01%；

建议功能在该形式全体表达中的百分比为：30÷174＝17.24%

编号	语言形式	包含该形式的语料条数	常用性百分比（%）	建议功能在该形式全体表达中的百分比（%）
语篇层面				
1	插入语：你知道吧、这样吧、我有个想法、我跟你说等	30	1.01	17.24
2	连接词：要不，……、要不然，……	61	2.06	62.24
3	表评价的附加问句：简单主谓句+就好了（嘞）/好了/行了/完了	94	3.17	46.77
4	表达询问评价的附加问句：……好不好看/吃/穿？、好看吗？	2	0.07	9.52
5	表达征询意愿的附加问句：……好不好/好吗/行不行？等	311	10.50	46.42
句法层面				
（一）复句				
6	假设条件复句：如果……就……、要是……就……、只要……就……	161	5.43	23.82
7	包含"要么"的选择复句：要么……，（要么）……	10	0.34	20.83
8	完全条件复句：无论……都、不管……都……	3	0.10	6.22
9	转折复句：虽然……但是……	4	0.13	1.88

续表

编号	语言形式	包含该形式的语料条数	常用性百分比（%）	建议功能在该形式全体表达中的百分比（%）
10	因果复句：因为……所以……	6	0.20	1.83
（二）单句				
（2.1）动词谓语句				
（2.1.1）主从句				
11	用于引发行为的主从句：NP 鼓励/希望/麻烦/建议/呼吁+从句	15	0.47	8.24
12	用于表达建议的主从句：我建议/提议+从句	18	0.61	90
13	表转述的主从句：他/你/我/某人说+从句	4	0.13	4.49
14	用于发表见解的主从句：我觉得/感觉/担心+从句	52	1.75	11.06
（2.2.2）常用于陈述语气的动词谓语句				
15	带陈述语气的简单主谓句	82	2.77	1.74
16	是字句	21	0.71	0.84
17	比较句	2	0.07	1.82
18	存现句	8	0.27	2.96
19	被字句	2	0.07	1.61
20	把字句	174	5.87	16.98
21	含心理动词的主谓句：NP 喜欢/讨厌……	3	0.10	2.11
（2.2.2）常用于祈使语气的动词谓语句				
22	NP+别+VP	73	2.46	27.55
23	表请托意义的双宾语句：NP+帮/麻烦/拜托等+宾语1+宾语2	59	1.99	10.65
24	使动句：让/叫+NP+VP。	59	1.99	24.89
25	无标记肯定祈使句	646	21.80	20.81
26	NP 还是……、NP 还是……比较好、NP 还是……吧	31	1.05	26.72
27	记得/好好/多+VP	3	0.10	16.00
（2.2.3）常用于疑问语气的动词谓语句				
28	选择问句：是……还是？、……或（者）……？	1	0.03	1.47
29	"是不是"引导的正反问句	17	0.57	8.37
30	"怎么"引导的疑问句	2	0.07	0.56

续表

编号	语言形式	包含该形式的语料条数	常用性百分比（%）	建议功能在该形式全体表达中的百分比（%）
31	语气词"呢"结尾的疑问句	4	0.13	0.69
32	正反问句：NP+VP 不 VP？	8	0.27	17.78
33	含助动词的正反问句，如：可不可以……？	83	2.80	16.44
34	一般疑问句：小句+吗/吧？	47	1.59	2.92
35	表示反问语气的（难道）……吗/吧/啊？	30	1.01	6.01
36	小句+干嘛/什么/啥？	5	0.17	3.65
37	包含为什么、什么、多少、多大、在哪儿等的特指疑问句	3	0.10	0.19
（2.2）其他类型的主谓句				
38	名词谓语句	29	0.98	1.71
39	形容词谓语句	61	2.06	2.46
40	主谓谓语句	2	0.07	14.29
（2.3）非主谓句				
41	好/真（是）/太+形容词+NP+啊/哇/喽！	4	0.13	0.81
42	介词短语单独成句	3	0.10	4.48
43	该……了	6	0.20	26.09
44	辛苦……了	1	0.03	0.05
词汇层面				
45	语气词"吧/嘛/呗"：小句+吧/嘛/呗	357	12.05	31.02
46	小心：小心/当心+VP	35	1.18	2.96
47	最好：NP+最好+VP	7	0.24	5.47
48	助动词：要、可以等	253	8.61	12.61
49	快、快快快、快点、快点 V	39	1.32	12.62
50	赶快/赶紧：（NP）+赶快/赶紧/马上/抓紧时间+VP	61	2.06	23.19

附录3 汉语口语中建议功能的表达手段表

常表达的建议功能成员	所需支持条件	语言形式	语义条件	情景条件
说类建议	直接表达建议功能	用于表达建议的主从句：我建议/提议+从句	—	—
		无标记肯定祈使句	各类无标记肯定祈使句间表达的建议功能有一定的差异，参看本书第六章第一节及表12。	—
		助动词：要，可以等	各助动词表达建议功能的语义条件、情景条件及表达范围有一定差异，参看文中表16。	—
		语气词"吧/嘛/呗"：小句+吧/嘛/呗	各语气词表达建议功能的语义条件、情景条件及表达范围有一定差异，参看本书第六章第四节中的及表17。	—
		NP+别+VP	表示劝阻或禁止	上文存在待纠正的行为或待改进的观点，且上文中存在困境，待解决的困难等
	语义和情景条件	假设条件复句：如果……就，要是……就，只要……就	假设复句在表达建议功能时的意义分为两类，与其他小节见本书第六章第六节。	上文存在待纠正的行为或待改进的观点
		插入语：你知道吧，这样吧，我跟你说等	对建议功能起到引发作用，子嵌套完成功能表达	上文存在待纠正的行为或待改进的观点
		包含"要么"的选择复句：要么……，(要么)……	表示两种意愿的选择，带有商量的语气	上文存在待纠正的行为或待改进的观点
		最好：NP+最好+VP	表示理想的选择，最大的希望	上文存在待纠正的行为或待改进的观点
		表评价的附加问句：简单主谓句+就好了（嘛）/好了/行了/完了	小句+就好了（表示：只要……问题就能解决）常用于表达劝说类建议	上文存在待解决的困境

续表

常表达的建议功能成员	所需支持条件	语言形式	语义条件	情景条件
劝说类建议	情景条件	表示反问语气的（难道）……吗/吧/啊?	—	上文存在值得继续/实现/完成的事件或待改进的观点/愿望
		包含助词的正反问句，如可不可以……?	—	上文存在待纠正的行为或待改进的观点
		表转述的主从句：他/你/我/某人说+从句	—	上文存在待纠正的行为或待改进的观点
		小句+干嘛/什么/啥?	—	上文存在待纠正的行为或待改进的观点
		含心理动词的主谓句：NP 喜欢讨厌……	—	上文存在待纠正的行为或待改进的观点
		转折复句：虽然……但是……	—	上文存在待纠正的行为或待改进的观点
		比较句	—	上文存在待纠正的行为或待改进的观点
商榷类建议	语义条件和情景条件	连接词：要不，……，要不然，……	引导小句，提出新的建议与对方协商	
		表达征询意愿的附加问句：……好不好/好吗/行不行?	各类附加问句同表达的建议功能有一定的差异，参看本书第六章第二节及表13。	
	情景条件	正反问句：NP+VP 不 VP?	—	上文存在指导的行为
		含助动词的正反问句，如可不可以……?	—	上文存在待纠正的行为或待改进的观点
		"是不是"引导的正反问句	—	上文存在待纠正的行为或待改进的观点
		一般疑问句：小句+吗/吧?	—	上文存在值得继续/实现/完成的事件或待纠正的行为或待改进的观点/愿望，上文存在待纠正的观点

续表

常表达建议功能成员	所需支持条件	语言形式	语义条件	情景条件
商榷类建议	情景条件	因果复句：因为……所以……	—	上文存在待纠正的行为或待改进的观点
		选择问句：是……还是……？，或（者）……？	—	上文存在待纠正的行为或待改进的观点
		语气词"呢"结尾的疑问句	—	上文存在待纠正的行为或待改进的观点
		"怎么"引导的疑问句	—	上文存在待指导的行为
		包含为什么、什么、多少、多大、在哪儿……的特指疑问句	—	上文存在待纠正的行为或待改进的观点
提议类建议	语义条件和情景条件	语气词"吧/嘛/呗"：小句+吧/嘛/呗	各语气词表达建议功能的语义条件、情景条件及表达范围有一定差异，参看本书第六章第四节中的及表17。	上文存在待纠正的行为或待改进的观点
		无标记肯定祈使句	各类无标记肯定祈使句间使用的建议功能有一定的差异，参看本书第六章第一节及表12。	
		表评价的附加问句：简单主谓句+就好了（嘞）/好了/行了/行了/完了	小句+就好了（表示：只要……就能完成）常用于表达提议、提醒类建议	上文存在待解决的困境
		NP还是……，NP还是……吧。	"还是"的意义为"经过比较、考虑，有所选择"，用"还是"引出所选择的一项	上文存在待解决的困境
		最好：NP+最好+VP	表示理想的选择，最大的希望	上文存在待纠正的行为或待改进的观点
		助动词：要、可以等	各助动词表达建议功能的语义条件、情景条件及表达范围各不相同，参看本书第六章第三节及表16。	上文存在待纠正的行为或待改进的观点

续表

常表达的建议功能成员	所需支持条件	语言形式	语义条件	情景条件
提议类建议	情景条件	使动句：让/叫+NP+VP。	—	上文存在待解决的困境
		假设条件复句：如果……就……/是……就……/只要……要	—	上文存在待纠正的行为或待改进的观点
		插入语：你知道吧，这样吧，我有个想法，我跟你说等	—	上文存在待纠正的行为或待改进的观点
		主谓谓语句	—	上文存在待指导的行为
		用于发表意见解的主从句：我觉得/感觉/担心+从句	—	上文存在待解决的困境
		表请托意义的双宾语句：NP+帮/麻烦/拜托+宾语1+宾语2	—	上文存在待解决的困境
		表询问评价的附加问句：……好不好/看/吃？，好看吗？	—	上文存在待解决的困境
		用于引发行为的主从句：NP鼓励/希望/麻烦/建议/呼吁+从句	—	上文存在值得继续/实现/完成的事件或愿望
		介词短语单独成句	—	上文存在待建议
		存现句	—	上文存在待建议
		带陈述语气的简单主谓句。	—	上文存在待纠正的行为或待改进的观点
		名词谓语句	—	上文存在待建议征询
		被字句	—	上文存在待建议征询
		是字句	—	上文存在待建议征询
		好+真（是）/大+形容词+NP+啊/哇喽！	—	上文存在待解决的困境、上文存在待纠正的行为或待改进的观点

续表

常表达的建议功能成员	所需支持条件	语言形式	语义条件	情景条件
指示类建议	直接表达建议功能	用于表达建议的主从句：我建议+从句	—	上文存在值得继续/实现/完成的事件或愿望
	语义条件和情景条件	无标记肯定祈使句	各类无标记肯定祈使句间表达的建议功能有一定的差异，参看本书第六章第一节及表12。	
	情景条件	把字句	—	上文存在待解决的困境
		形容词谓语句	—	上文存在待解决的征询
		辛苦……了	—	上文存在上文存在待解决的困境
催促类建议	情景条件	快、快快快、快点、快点V	—	上文存在时间紧迫的客观条件
		赶快赶紧：（NP）+赶快、赶紧、马上、抓紧时间+VP	—	上文存在时间紧迫的客观条件
		该……了	—	上文存在特定的时间、地点
提醒类建议	情景条件	小心：小心/当心+VP	—	上文存在潜在危险
叮嘱类建议	情景条件	记得/好好/多+VP	—	上文存在特定的时间、地点

注：表中语义条件引自《现代汉语八百词》。

参考文献

中文著作

陈望道：《修辞学发凡》，复旦大学出版社 2008 年版。

冯胜利：《汉语韵律句法学》，上海教育出版社 2000 年版。

国家对外汉语教学领导小组办公室：《高等学校外国留学生汉语教学大纲（长期进修）》，北京语言大学出版社 2002 年版。

胡壮麟：《语言系统与功能》，北京大学出版社 1989 年版。

胡壮麟：《韩礼德——哈桑的接应模式和汉语话语接应问题年版语言研究与应用》，商务印书馆 1992 年版。

胡壮麟：《语篇的衔接与连贯》，上海外语教育出版社 1994 年版。

胡壮麟：《系统功能语言学概论》，北京大学出版社 2005 年版。

黄伯荣、廖序东：《现代汉语》（增订第四版），高等教育出版社 2007 年版。

黄国文、辛志英：《什么是功能语法》，上海外语教育出版社 2014 年版。

黎锦熙：《新著国语文法》，湖南教育出版社 2007 年版。

孔子学院总部/国家汉办编制：《HSK 考试大纲（三级）》，人民教育出版社 2015 年版。

李战子：《话语的人际意义研究》，上海外语教育出版社 2002 年版。

刘虹：《会话结构分析》，北京大学出版社 2004 年版。

陆俭明：《现代汉语语法研究教程》，北京大学出版社 2003 年版。

吕明臣：《话语意义的建构》，东北师范大学出版社 2005 年版。

吕叔湘：《汉语语法分析问题》，商务印书馆 1979 年版。

吕叔湘主编：《现代汉语八百词》，商务印书馆 1980 年版。

吕叔湘：《中国文法要略》，《吕叔湘全集（第一卷）》，辽宁教育出版社 2002 年版。

吕叔湘主编：《近代汉语指代词》，学林出版社 1985 年版。

马建忠：《马氏文通》，商务印书馆 1983 年版。

牛保义编著：《认知语言学经典文献选读》，河南大学出版社 2008 年版。

邵敬敏：《现代汉语疑问句研究》，华东师范大学出版社 1996 年版。

沈家煊：《不对称和标记论》，江西教育出版社 1999 年版。

王建华、周明强、盛爱萍：《现代汉语语境研究》，浙江大学出版社 2002 年版。

王丕承等：《汉语纵横（会话课本）》，北京语言大学出版社 2011 年年版。

邢福义：《汉语复句研究》，商务印书馆 2001 年版。

徐通锵：《语言论——语义形语言的结构原理和研究方法》，东北师范大学出版社 1997 年版。

杨寄洲：《对外汉语教学初级阶段功能大纲》，北京语言大学出版社 1999 年版。

袁毓林：《现代汉语祈使句研究》，北京大学出版社 1993 年版。

袁毓林：《从施受关系到句式语义》，商务印书馆 2009 年版。

张伯江、方梅：《汉语功能语法研究》，江西教育出版社 1996 年版。

张德禄、刘汝山：《语篇连贯与衔接理论的发展及应用》，上海外语出版社 2003 年版。

张敏：《认知语言学与汉语名词短语》，中国社会科学出版社 1998 年版。

张旺熹：《汉语句法的认知结构研究》，北京大学出版社 2005 年版。

张旺熹主编：《汉语语法的认知和功能探索》，世界图书出版公司 2007 年版。

张旺熹：《汉语口语成分的话语分析》，北京语言大学出版社 2012 年版。

张志毅、张庆云：《词汇语义学》，商务印书馆 2012 年版。

赵建华主编：《对外汉语教学中高级阶段功能大纲》，北京语言文化大学出版社 1999 年版。

朱永生：《语境动态研究》，北京大学出版社 2005 年版。

朱志平：《汉语第二语言教学理论概要》，北京大学出版社 2008 年版。

祝畹瑾编：《社会语言学译文集》，北京大学出版社 1985 年版。

祝畹瑾编：《新编社会语言学概论》，北京大学出版社 2013 年版。

中译著作：

［英］杰弗里·N. 利奇：《语义学》，李瑞华等译，上海外语教育出版社 1987 年版。

［美］兰盖克：《认识语法基础》，牛保义、王义娜、席留生、高航译，北京大学出版社 2013 年版。

［美］乔治·莱考夫：《我们赖以生存的隐喻》，何文忠译，浙江大学出版社 2015 年版。

［美］乔治·莱考夫：《女人、火與危險事物：範疇所揭示之心智的奧秘》，梁玉玲等译，桂冠图书股份有限公司 1994 年版。

［英］威尔金斯：《外语学习与教学的原理》，刘幼怡、李宝琨译，国际文化出版公司 1987 年版。

中文论文：

陈平：《〈话语分析手册〉（第二卷）：话语的各个方面述评》，《国外语言学》1987 年第 2 期。

崔希亮：《语气词"哈"的情态意义和功能》，《语言教学与研究》2011 年第 4 期。

董博宇：《汉语家庭交流中建议会话分析》，博士学位论文，吉林大学，2016 年。

董秀芳：《主谓式复合词成词的条件限制》，《西南民族学院学报》（哲学社会科学版）2002 年第 S4 期。

董秀芳：《现代汉语中的助动词"有没有"》，《语言教学与研究》2004 年第 2 期。

董秀芳：《来源于完整小句的话语标记"我告诉你"》，《语言科学》

2010年第3期。

董秀芳：《从比较选择到建议：兼论成分隐含在语义演变中的作用》，《云南民族大学学报》（哲学社会科学版）2016年第3期。

丁崇明：《20世纪80年代以来对外汉语教学语法研究综述》，《北京师范大学学报》（社会科学版）2006年第3期。

丁崇明：《汉语第二语言学习者应学的"把"字句及其变换》，《语言文字应用》2007年第S1期。

丁崇明：《歧义格式"我也V不好"》，《云南民族大学学报》（哲学社会科学版）2006年第5期。

方梅：《自然口语中弱化连词的话语标记功能》，《中国语文》2000年第5期。

方梅：《篇章语法与汉语篇章语法研究》，《中国社会科学》2005年第6期。

方梅：《谈语体特征的句法表现》，《当代修辞学》2013年第2期。

方梅：《北京话语气词变异形式的互动功能——以"呀""哪""啦"为例》，《语言教学与研究》2016年第2期。

冯胜利著、张道俊译、黄梅校：《句法真的不受语音制约吗?》，《汉语学习》2011年第6期。

冯志伟：《自然语言处理中的歧义消解方法》，《语言文字应用》1996年第1期。

冯志伟：《韵律构词与韵律句法之间的交互作用》，《中国语文》2002年第6期。

冯志伟：《韵律句法学研究的历程与进展》，《世界汉语教学》2010年第1期。

M. A. K. 韩礼德、姜望琪、付毓玲：《篇章、语篇、信息——系统功能语言学视角》，《北京大学学报》（哲学社会科学版）2011年第1期。

郝琳：《语用标记语"不是我说你"》，《汉语学习》2009年第6期。

胡德明：《九十年代中期以来现代汉语反问句研究综述》，《汉语学习》2009年第4期。

胡习之：《试说假设复句的表达功能》，《当代修辞学》1992年第5期。

黄国文：《语篇分析与系统功能语言学理论的建构》，《外语与外语教学》2010年第5期。

李慧、李华、付娜、何国锦：《汉语常用多义词在中介语语料库中的义项分布及偏误考察》，《世界汉语教学》2007年第1期。

李明：《从〈红楼梦〉中的词语看儿化韵的表义功能》，《世界汉语教学》1995年第1期。

李泉：《第二语言教学中的功能及相关问题》，《中国人民大学学报》1997年第6期。

李咸菊：《北京口语常用话语标记研究》，博士学位论文，北京语言大学，2008年。

李宗江：《"看你"类话语标记分析》，《语言科学》2009年第3期。

戴浩一著、廖秋忠译：《〈功能学说与中文文法〉导言》，《国外语言学》1990年第3期。

廖秋忠：《〈语言的范畴化：语言学理论中的典型〉评介》，《国外语言学》1991年第4期。

廖秋忠：《也谈形式主义与功能主义》，《国外语言学》1991年第2期。

林新年：《歧义结构分析方法述评》，《福建论坛》（文史哲版）1998年第3期。

林正军、杨忠：《一词多义现象的历时和认知解析》，《外语教学与研究》（外国语文双月刊）2005年第5期。

刘安春：《"一个"的用法研究》，博士学位论文，中国社会社会科学院研究生院，2003年。

刘丽艳：《作为话语标记的"这个"和"那个"》，《语言教学与研究》2009年第1期。

刘丽艳：《话语标记"你知道"》，《中国语文》2006年第3期。

刘兴林：《歧义的语境解读》，《徐州师范大学学报》2006年第5期。

刘勋宁：《在对话中研究语言》，"语言教学与研究国际学术研讨会"参会论文（未刊稿），引自张旺熹《汉语口语成分的话语分析》，北京语言大学出版社2012年版。

刘元满：《高级口语教材的话题、情景和话轮》，《北京师范大学学报》（社会科学版）2008年第5期。

陆俭明：《关于"去+VP"和"VP+去"句式》，《语言教学与研究》1985年第4期。

陆俭明：《On the Functions of Classifiers and Measure Words in Chinese（现代汉语中数量词的作用）》，载戴浩一、薛凤生编《功能学说与中文文法》。转引自戴浩一著、廖秋忠译《〈功能学说与中文文法〉导言》，《国外语言学》1990年第3期。

陆俭明：《句类、句型、句模、句式、表达格式与构式——兼说"构式-语块"分析法》，《汉语学习》2016年第1期。

卢英顺：《"这样吧"的话语标记功能》，《当代修辞学》2012年第5期。

吕叔湘：《歧义类例》，《中国语文》1984年第5期。

马思宇：《现代汉语差比范畴研究》，博士学位论文，北京师范大学，2012年。

马思宇：《〈新实用汉语课本〉不同时期版本比较研究》，《云南师范大学学报（对外汉语教学与研究版）》2016年第3期。

牛保义：《"Bake NP NP"是属于动词还是属于构式？——以使用为基础的研究》，《外语研究》2012年第1期。

牛保义：《认知语法的"语境观"》，《解放军外国语学院学报》2017年第6期。

彭宣维：《认知发展、隐喻映射与词义范畴的延伸——现代汉语词汇系统形成的认知机制》，《北京师范大学学报》（社会科学版）2004年第3期。

彭宣维、程晓棠：《理论之于应用的非自足性——评价文体学建构中的理论问题与解决方案》，《中国外语》2013年第2期。

彭宣维：《韩礼德与中国传统学术——系统功能语言学的范式设计溯源》，《中国人民大学学报》2016年第5期。

齐沪扬、朱敏：《现代汉语祈使句句末语气词选择性研究》，《上海师范大学学报》（哲学社会科学版）2005年第2期。

任家英：《歧义结构试析》，《杭州大学学报》1986年第4期。

邵敬敏、朱晓亚：《"好"的话语功能及其虚化轨迹》，《中国语文》

2005 年第 5 期。

邵敬敏：《寻求歧义研究的解释力度：从认知视角到社会视角——兼评〈现代汉语歧义识别与消解的认知研究〉》，《当代修辞学》2011 年第 3 期。

沈家煊：《句法的象似性问题》，《外语教学与研究》1993 年第 1 期。

沈家煊：《语用法的语法化》，《福建外语》1998 年第 2 期。

沈家煊：《从语言看中西方的范畴观》，《中国社会科学》2017 年第 7 期。

施春宏：《歧义现象的演绎分析——以一组层次构造歧义的系统性分析为例》，《语言教学与研究》2000 年第 1 期。

史有为：《施事的分化和理解》，载《中国语言学报》第 4 期，商务印书馆 1991 年版。

苏敬勤、张琳琳：《情境内涵、分类与情境化研究现状》，《管理学报》2016 年第 4 期。

陶红印：《试论语体分类的语法学意义》，《当代语言学》1999 年第 3 期。

陶红印：《口语研究的若干理论与实践问题》，《语言科学》2001 年第 1 期。

陶红印、刘娅琼：《从语体差异到语法差异（下）——以自然会话与影视对白中的把字句、被动结构、光杆动词句、否定反问句为例》，《当代修辞学》2010 年第 2 期。

陶炼：《"结构—功能—文化"相结合教学法试说》，《语言教学与研究》2000 年第 3 期。

王海峰、王铁利：《自然口语中"什么"的话语分析》，《汉语学习》2003 年第 2 期。

王海峰：《现代汉语离合词离析形式功能研究》，博士学位论文，北京语言大学，2008 年。

王海峰：《现代汉语离合词离析现象语体分布特征考察》，《语言文字应用》2009 年第 3 期。

王建华：《语境歧义分析》，《中国语文》1987 年第 1 期。

王金娟：《语境———消除歧义的最佳途径》，《浙江师范大学学报》

1996 年第 1 期。

王倩倩：《名量合成词的构词特点及语体特点》，硕士学位论文，北京大学，2012 年。

王维成：《从歧义看句法、语义、语用之间的关系》，《语言教学与研究》1988 年第 1 期。

王永祥、潘新宁：《对话性：巴赫金超语言学的理论核心》，《当代修辞学》2012 年第 3 期。

吴福祥：《近年来语法化研究的进展》，《外语教学与研究》2004 年第 1 期。

吴世雄、陈维振：《论语义范畴的家族相似性》，《外语教学与研究》1996 年第 4 期。

吴萦：《语体研究与汉语第二语言高级口语能力的培养》，硕士学位论文，北京师范大学，2007 年。

吴宗济：《什么叫"区别特征"》，《国外语言学》1980 年第 1 期。

西槙光正：《语境与语言研究》，《中国语文》1991 年第 2 期。

席建国：《插入式语气标记语语用功能研究》，《外语研究》2008 年第 1 期。

肖奚强、王灿龙：《"之所以"的词汇化》，《中国语文》2006 年第 6 期。

谢敏：《对外汉语教学中"建议"功能项目教学研究》，硕士学位论文，华中师范大学，2014 年。

辛志英、黄国文：《系统功能语言学研究方法论》，《外语研究》2010 年第 5 期。

邢福义：《现代汉语的"要么 P，要么 Q"句式》，《世界汉语教学》1987 年第 2 期。

熊文：《助动词研究述略》，《汉语学习》1992 年第 4 期。

熊学亮：《第一人称零主语的 ICM 分析》，《现代外语》2001 年第 1 期。

徐默凡：《"这""那"研究述评》，《汉语学习》2001 年第 6 期。

徐盛桓：《疑问句探询功能的迁移》，《中国语文》1999 年第 1 期。

徐思益：《在一定的语境中产生的歧义现象》，《中国语文》1985 年第 5 期。

徐渊：《从历时十年之久的一场辩论中得到的启发——再谈关于 D. A. 威尔金斯〈意念大纲〉之争》，《外语界》1983 年第 1 期。

薛玉萍：《汉语祈使句和形容词的类》，《语言与翻译（汉文）》2001 年第 4 期。

杨才英：《礼貌性、商讨性和连贯性》，《外语研究》2006 年第 3 期。

杨德峰：《VC_1OC_2 中宾语的语义类及范畴化现象》，《华文教学与研究》2011 年第 1 期。

杨德峰：《再议"V 来 V 去"及与之相关的格式——基于语料库的研究》，《世界汉语教学》2012 年第 2 期。

杨德峰：《上世纪 80 年代以来的对外汉语语法教材的"得"与"失"》，《汉语学习》2012 年第 2 期。

杨德峰：《主动宾句的宾语话题化考察》，《语言科学》2015 年第 4 期。

杨雪燕，《系统功能语言学视角下的话语分析》，《外语教学》2012 年第 2 期。

姚占龙：《方位词"里、内"的方位表达及其范畴化》，《汉语学习》2009 年 12 月。

尤庆学：《汉语歧义研究综述》，《汉语学习》2001 年 8 月。

尹相熙：《现代汉语祈使范畴研究》，博士学位论文，复旦大学，2011 年。

俞建梁、黄和斌：《原型理论的缺陷与不足》，《外语学刊》2008 年第 2 期。

袁毓林：《语言学研究的现状和发展趋势》，《汉语学习》2001 年第 3 期。

乐耀：《汉语中表达建议的主观性标记词"最好"》，《语言科学》2010 年第 2 期。

曾炯巍：《建议专栏中的语气隐喻及其功能》，《语文学刊》2013 年第 7 期。

张博：《现代汉语同形同音词与多义词的区分原则和方法》，《语言教学与研究》2004 年第 4 期。

张美兰、穆涌：《称谓词"兄弟"历时演变及其路径》，《中国语文》2015年第4期。

张伯江：《汉语句法的功能透视》，《汉语学习》1994年第3期。

张伯江：《功能语法与汉语研究》，《语言科学》2005年第6期。

张德禄：《功能语言学语言教学研究成果概观》，《外语与外语教学》2005年第1期。

张江丽：《提供核心义对汉语第二语言学习者多义词词义猜测的影响》，《语文文字应用》2013年第6期。

张金圈、唐雪凝：《汉语中的认识立场标记"要我说"及相关格式》，《世界汉语教学》2013年第2期。

张黎：《言语交际中的歧解现象》，《语言教学与研究》1996年第1期。

张黎：《连字句的序位框架及其对条件成分的映现》，《汉语学习》2005年第2期。

张旺熹、姚京晶：《汉语人称代词类话语标记系统的主观性差异》，《汉语学习》2009年第3期。

张旺熹、李慧敏：《对话语境与副词"可"的交互主观性》，《语言教学与研究》2009年第2期。

张旺熹：《汉语"人称代词+NP"复指结构的话语功能——基于电视剧〈亮剑〉台词的分析》，《当代修辞学》2010年第5期。

张旺熹、韩超：《人称代词"人家"的劝解场景与移情功能——基于三部电视剧台词的话语分析》，《语言教学与研究》2011年第6期。

张先亮：《"可不是"的语篇功能及词汇化》，《世界汉语教学》2011年第2期。

张治：《面向对外汉语教学的同意应答语研究》，博士学位论文，武汉大学，2009年。

赵金铭：《对外汉语语法教学的三个阶段及其教学主旨》，《世界汉语教学》1996年第3期。

赵金铭：《论对外汉语教材评估》，《语言教学与研究》1998年第3期。

赵金铭：《对外汉语教学理念管见》，《语言文字应用》2007年第

4 期。

赵金铭：《汉语作为第二语言教学：理念与模式》，《世界汉语教学》2008 年第 1 期。

赵金铭：《汉语句法结构与对外汉语教学》，《中国语文》2010 年第 3 期。

周家庭：《汉语句子重音的位置和句意》，《汉语学习》1980 年第 6 期。

周韧：《韵律的作用到底有多大》，《世界汉语教学》2012 年第 4 期。

周瑞英：《英语词义特点原型范畴理论视角研究》，《湖南社会科学》2016 年第 3 期。

朱德熙：《汉语句法中的歧义现象》，《中国语文》1980 年第 1 期。

朱炜：《话语基调研究动态概览》，《外语与外语教学》2009 年第 9 期。

朱志平：《作为应用语言学分支的对外汉语教学》，《北京师范大学学报》（社会科学版）2000 年第 6 期。

朱志平、江丽莉、马思宇：《1998－2008 十年对外汉语教材述评》，《北京师范大学学报》（社会科学版）2008 年第 5 期。

朱志平：《"句本位"观与基础阶段汉语教学——写于黎锦熙先生诞辰 120 周年之际》，《武陵学刊》2010 年第 5 期。

朱志平：《海外中小学汉语教学课程大纲的设计——以泰国中学汉语课程为例》，《国际汉语教学研究》2015 年第 1 期。

朱志平、伏学凤、步延新、孙红娟、赵宏勃：《汉语二语教学标准制定的几个问题——谈非汉语环境下中小学汉语教学》，《北京师范大学学报》（社会科学版）2016 年第 2 期。

外文文献：

Brown. G. & Yule. G., *Discourse Analysis*, Cambridge：Cambridge University Press，1983，

D. A. Wilkins., *Notional Syllabuses*, Oxford：Oxford University Press，1983，p.47.

Halliday.M.A.K., "Categories of the Theory of Grammar", *Word* 17（3），

1961, pp.241-292.

Halliday.M.A.K., *Explorations in the Functions of Language*, London: Edward Arnold (Macmillan of Canada), 1973, p.140.

Halliday, M.A.K., *Learning how to mean: Explorations in the Development of Language*, London: Edward Arnold, 1975, p.164.

Halliday.M.A.K.& Hasan.R., *Cohesion in English*, London: Longman, 1976, pp.4-7.

Halliday.M.A.K., "Text as Semantic Choice in Social Contexts", in Van Dijk.T.A. and J.Petöfi eds., *Grammars and Descriptions*, Berlin: Walter de Gruyter, 1977, pp.176-226.

Halliday.M.A.K., "Modes of Meaning and Modes of Expression: Types of Grammatical Structure and Their Determination by Different Semantic Functions", in D.J.Allerton, E.Carney and D.Holdcroft eds., *Function and Context in Linguistic Analysis: Essays Offered to William Haas.*, Cambridge: Cambridge University Press, 1979, pp.57-59.

Halliday.M.A.K., *Introduction to Functional Grammar*, London: Edward Arnold, 1985, 2nd rev.edn.1994, p.524.

Halliday.M.A.K., "Towards probabilistic interpretations", in E.Ventola ed., *Functional and Systemic Linguistics: Approaches and Uses*, Berlin: Mouton de Gruyter, 1991, pp.39-61.

Halliday.M.A.K., *Computing meanings: Some Reflections on Past Experience and Present Prospects*, Paper presented to the second conference of the Pacific Association of Computational Linguistics, University of Queensland, Brisbane, 1995.

Halliday.M.A.K., "Grammar and daily life: concurrence and complementarity", in Tuen A.van Dijk ed., *Functional Approaches to Language, Culture and Cognition*, John Benjamins, pp.221-237.

Halliday.M.A.K., *The Essential Halliday*, Professor Jonathan J.Webster ed., London: Continuum International Publishing Group, 2009.

John R.Searle, *Expression and Meaning: Studies in the Theory of Speech Acts*, Berkeley: Cambridge University Press, 1979, pp.12-20, 外语教学与

研究出版社引进，2001.

Jon F. Miller, *Assessing Language Production in Children: Experimental Procedures*, Boston: Allyn and Bacon, 1988.

John Lyons, *Semantics*, Cambridge: Cambridge University Press, 1977, Vol.1, p.1.

Newmeyer J. Frederick, "Grammar is Grammar and Usage is Usage", *Language*, Vol.79, 2003, pp.682-707.

Rosch.E., "Natural categories", *Cognitive Psychology*, Vol.4, 1973, pp.328-350.

Schegloff.E.A., Jefferson.G.& Sacks.H., "The Preference for Self-correction in the Organization of Repair in Conversation", *Language*, Vol.53, 1977, pp.361-382.

Stubbs.M., *Discourse Analysis*, Oxford: Blackwell, 1983.

Talmy.L., "The Windowing of attention in language", in Shibatani.M.& Thompson.S.A. eds., *Grammatical Constructions: Their Form And Meaning*, Oxford: Clarendon Press, 1996.

Van Dijk T.A., "Cognitive situation models in discourse production", in J.P. Forgas ed., *Language and Social Situations*, New York: Springer-Verlag, 1985, p.61.

Whorf B.L., "Language.Mind and Reality, Language.Thought and Reality", John B.Carroll ed., *Selected Essays*, Cambridge: MA and New York: MIT Press and Wiley, 1956, p.246.